Nachträge im Bauwesen

Nachträge im Bauwesen

Grundlagen und Kalkulation

von

Rechtsanwalt Dr.-Ing. Helmuth Duve

Reguvis
Bundesanzeiger Verlag

Bibliografische Information der Deutschen Nationalbibliothek
Die Deutsche Nationalbibliothek verzeichnet diese Publikation in der Deutschen Nationalbibliografie; detaillierte bibliografische Daten sind im Internet über http://dnb.d-nb.de abrufbar.

Reguvis | Bundesanzeiger Verlag
Eine Marke der Bundesanzeiger Verlag GmbH · Amsterdamer Straße 192 · 50735 Köln
www.reguvis.de

Beratung und Bestellung:
Tel.: +49 (0) 221 97668-306
Fax: +49 (0) 221 97668-236
E-Mail: bau-immobilien@bundesanzeiger.de
Weitere Informationen finden Sie auch in unserem Themenportal unter www.betrifft-bau.de

ISBN (Print): 978-3-8462-1112-0
ISBN (E-Book): 978-3-8462-1113-7

Herstellung: Günter Fabritius
Produktmanagement: Bettina Kronier
Satz: MainTypo, Reutlingen
Druck und buchbinderische Verarbeitung: Appel & Klinger Druck und Medien GmbH, Schneckenlohe
Titelabbildung: © Peter – stock.adobe.com

Printed in Germany

Inhaltsübersicht

Inhaltsverzeichnis

1 Einleitung

„Nachträge“ sind mehr oder weniger der Alltag bei der Abwicklung von Werkverträgen. Jeder Bauleiter hat damit früher oder später zu tun. Man kann ja mit seinem Gegenüber einmal darüber reden. Häufig findet sich auch schon auf diesem Weg eine Lösung. Das ist der beste Weg, aber leider funktioniert dies nicht immer. Und dann stellen sich Fragen, wie weiter vorzugehen ist. Diese Situationen liefern meist die gleiche Ausgangslage: Es ist kein Schriftverkehr geführt worden, Protokolleintragungen ergeben keine klare Situation, der Vertrag als Grundlage der Forderungen des Auftragnehmers wird unterschiedlich verstanden, ein Anspruch sei nicht gegeben und die geltend gemachten Kosten werden als überhöht angesehen. 1

In dieser Ausgangslage ist ein Streit unter Beteiligung von Dritten programmiert. Auf beiden Seiten sollen Rechtskundige den Vertrag untersuchen, Sachverständige die Forderung prüfen oder berechnen und intern müssen weitere Entscheidungsträger eingebunden werden. Es beginnt teuer zu werden. Lohnt sich der Aufwand? Ist die Maschinerie erst einmal in Gang, gibt es kein Zurück mehr. Daher muss der Nachtrag ganz am Anfang, also wenn die Forderung bei Ausführung der Leistungen entsteht, immer sofort und sorgfältig aufgestellt werden. Hier muss Zeit investiert werden, eine begründete Forderung anzumelden, zu begründen und zu berechnen. Das Buch gibt einen Leitfaden zur Bearbeitung von Vergütungsfragen bei Nachträgen.

1.1 Rechtliche Grundlagen und Normen

Rechtliche Voraussetzungen sind die Grundlagen für Nachträge. Daher ist zunächst das zugrunde liegende Vertragsverhältnis wichtig. Im deutschen Recht ergeben sich gegenseitige Verpflichtungen unter Beteiligten dadurch, dass sie sich mit übereinstimmenden Willenserklärungen, zum Beispiel den Unterschriften unter einem Vertrag, gegenseitig verpflichten, Leistungen auszutauschen. Hier gilt das Prinzip, dass abgeschlossene Verträge einzuhalten sind. Das bedeutet, dass jeder Vertragspartner die Leistungen erbringen muss, zu denen er sich in dem Vertrag verpflichtet hat, aber nicht mehr und nicht weniger. 2

Möchte ein Vertragspartner nach Vertragsabschluss eine andere Leistung von seinem Vertragspartner, muss der andere Vertragspartner zu dieser Änderung des Vertrages sein Einverständnis erklären. Im einfachsten Fall fragt der Vertragspartner an und äußert sein Änderungsbegehren. Rechtlich handelt es sich um ein Angebot, den Vertrag zu ändern. Der andere Vertragspartner wird über dieses Angebot entscheiden, zum Beispiel, indem er 3 die geänderte Leistung zusagt, aber dafür eine höhere Vergütung fordert. Rechtlich handelt es sich also um ein Gegenangebot zur Änderung des bestehenden Vertrages.

4 Sind sich beide Vertragspartner einig, ändern sie mit zwei übereinstimmenden Willenserklärungen den alten Vertrag ab. Dies geschieht im besten Fall schriftlich und wird mit den beiden Unterschriften der Vertragspartner versehen. Ab diesem Zeitpunkt gilt der abgeänderte Vertrag und die Vertragspartner haben die dort festgelegten Leistungen zu erbringen. Dieses Vorgehen ist der beste Weg und rechtlich die einfachste Lösung.

5 Die Verträge, die Bauleistungen zum Inhalt haben, weisen aber auch Besonderheiten auf. Nicht immer ist alles so klar, wie es morgens der Brötchenkauf bei dem Bäcker ist. Häufig stellt sich heraus, dass der Auftraggeber doch noch Wünsche hat, die Leistung zu ändern: „Könnte man da nicht noch die Garage vergrößern?" „Andere Fliesen wären doch passender?" „Doch ein anderer Ladenmieter mit geänderten Bedürfnissen?" Bei diesen regelmäßigen Anliegen der Auftraggeber wäre der Auftragnehmer in der Lage, die Situation des Auftraggebers auszunutzen. Wäre der Auftraggeber darauf angewiesen, dass der Auftragnehmer einer Änderung des Leistungsumfangs und damit des Vertrages zustimmt, kann der Auftragnehmer seinen Preis für die Leistungsänderung oder zusätzliche Leistungen frei bestimmen. Das ist für den Auftraggeber ein erheblicher Nachteil.

6 Um dies zu vermeiden, hat man für Werkverträge allgemeine Geschäftsbedingungen entwickelt, die diese Situation regeln. Es handelt sich um § 1 Abs. 3 und Abs. 4 VOB/B. Hier ist ein Recht des Auftraggebers vorgesehen, nach Vertragsabschluss mit einer einseitigen Willenserklärung die Leistungen, die der Auftragnehmer erbringen muss, zu ändern und zu erweitern. Da der Auftragnehmer durch seine Zustimmung, die Geltung der VOB/B für den Vertrag zu vereinbaren, dem Auftraggeber dieses Recht vertraglich zugesichert hat, muss der Auftragnehmer die durch den Auftraggeber einseitig geänderten Leistungen ausführen. Seine weitere Zustimmung ist nicht erforderlich.

7 Im Gegenzug muss der Auftragnehmer bei einer Anordnung des Auftraggebers zum Beispiel mehr Leistungen ausführen. Allerdings war die im ursprünglichen Vertrag vereinbarte Vergütung nur für den Leistungsumfang vereinbart, der dort beschrieben war. Also hat jetzt der Auftragnehmer einen Nachteil, da die vereinbarte Vergütung zu niedrig ist, wenn er mehr ausführen muss. Daher sind in § 2 VOB/B Regelungen enthalten, wie sich eine geänderte Vergütung berechnet, wenn sich durch Umstände nach Vertragsabschluss, also zum Beispiel eine Anordnung des Auftraggebers, die vertraglich vereinbarte Leistung ändert.

Diese Regelungen, nach denen die geänderte Vergütung zu berechnen ist, sind in § 2 VOB/B nicht eindeutig formuliert. In der Praxis hat sich aber die so genannte Preisfortschreibung durchgesetzt. Diese Methode geht von dem Grundsatz aus, dass eine Anpassung der Vergütung nach den vertraglich vereinbarten Preisen zu erfolgen hat. Haben also die Vertragspartner hohe Preise vereinbart, wird dieses hohe Preisniveau für die Berechnung der zu ändernden Preise fortgeschrieben. Sind die im Vertrag enthaltenen Preise niedrig, muss der Auftragnehmer auch bei der Bestimmung geänderter Preise das niedrige Preisniveau hinnehmen. „Guter Preis bleibt guter Preis, schlechter Preis bleibt schlechter Preis". 8

Zu den Einzelheiten dieser Berechnung sind zu vielen Details sehr unterschiedliche Meinungen veröffentlicht worden. Auch in der Praxis findet man sehr unterschiedliche Berechnungsansätze und Gepflogenheiten. Daher wird in Einzelfällen eine Diskussion über die Berechnung entstehen können. Diese kann auch mit den nachfolgend dargestellten Lösungen nicht ausgeschlossen werden. 9

Wichtig!

Trotz der vertraglichen Regelung der Berechnung einer Vergütung für nicht im vertraglichen Leistungsumfang enthaltene Leistungen gibt es immer die Möglichkeit für die Vertragspartner, sich auf die Vergütung zu einigen. Allerdings ist es wichtig, dass eine Einigung schriftlich festgehalten wird und eine endgültige Regelung der Vertragspartner darstellt, die Leistung und die Vergütung abschließend festzulegen. Im Prinzip handelt es sich also um eine Änderung des bestehenden Vertrages. Für die Bestimmung der Vergütung sind die Vertragspartner nicht auf eine bestimmte Methode festgelegt, sondern können diese frei vereinbaren.

Zu beachten ist weiterhin, dass in vielen Verträgen für Nachträge besondere Regelungen enthalten sind. Es steht den Vertragspartnern frei, von der VOB/B abweichende Regelungen zu vereinbaren. Wenn diese Regelungen vorrangig vereinbart sind, müssen sie im Grundsatz von den Vertragspartnern eingehalten werden. Daher ist immer zu prüfen, ob der jeweilige Vertrag besondere Regelungen enthält. In den meisten Fällen sind diese Regelungen weitgehend identisch mit den Bestimmungen in § 2 VOB/B. Daher können die folgenden Ausführungen auch bei abweichenden Regelungen sinngemäß angewendet werden. 10

Wichtig!

In Verträgen sind ebenso häufig besondere Regelungen zu finden, welche formellen Voraussetzungen der Auftragnehmer für die Geltendmachung eines Nachtrages einzuhalten hat. Diese Regelungen sind damit verbunden, dass der Auftragnehmer selbst berechtigte Ansprüche nicht geltend machen kann, wenn er diese Formalitäten nicht einhält. Daher muss der Vertrag immer auch darauf geprüft werden, ob erweiterte formelle Bedingungen einzuhalten sind.

11 In den gesetzlichen Vorschriften des BGB gab es bislang keine Bestimmungen, welche ein Leistungsänderungsrecht des Auftraggebers vorgesehen haben. Dementsprechend gab es auch keine Regelung, wie sich die Vergütung des Auftragnehmers ändert beziehungsweise wie diese zu berechnen ist. Das hat sich durch die neuen Bestimmungen im BGB geändert, die für Verträge gelten, die nach dem 01.01.2018 abgeschlossen worden sind. Diese neuen Bestimmungen werden in Kapitel 16 vorgestellt.

12 In diesen neuen Bestimmungen des BGB ist eine alternative Berechnung der Vergütung vorgesehen, die von der bisherigen Praxis der Preisfortschreibung abweicht. Es handelt sich um die Berechnung der Vergütung auf der Grundlage der tatsächlich erforderlichen Kosten. Damit wird nicht mehr der vereinbarte Preis für die Berechnung des Nachtrages angewendet, sondern die Kosten. Diese Berechnungsgrundlage der Kosten findet sich ebenfalls bereits in frei vereinbarten Vertragsregelungen, zum Beispiel als Kosten der Leistung zuzüglich eines vorab festgelegten Zuschlags. Man nennt dies „cost + fee“.

Weitere Ausführungen finden sich in den jeweiligen Kapiteln, dort in den Ausführungen zur Anspruchsgrundlage.

1.2 Zu beachtende Entwicklungen

13 Durch die neuen gesetzlichen Vorschriften im BGB ist eine Entwicklung in Gang gekommen, deren Folgen derzeit nicht absehbar sind. An dieser Stelle wird auf den derzeitigen Stand hingewiesen und mögliche Auswirkungen beschrieben. Damit werden dem Verwender Handlungsmöglichkeiten aufgezeigt.

14 In § 2 VOB/B sind Regelungen für die Berechnung von Nachträgen enthalten. Diese Regelungen werden zwar sehr unterschiedlich interpretiert und die Kommentierungen hierzu füllen Bücherwände. Einig war man sich aber bisher, dass bei Vereinbarung der Gültigkeit der VOB/B im Vertrag diese Regelungen allgemein dahingehend verstanden werden, dass bei Nachträgen die Berechnung des Preises für die Leistungen einer Leistungsänderung, einer zusätzlichen Leistung, von Mehr- oder Mindermengen, für Leistungen ohne Auftrag etc. auf der Grundlage der Kalkulation des Auftragnehmers zu erfolgen hat. Kurz gesagt, die Höhe der Vergütung für Nachträge werden als „Preisfortschreibung" unter Zuhilfenahme der Kalkulation des Auftragnehmers berechnet, trotz aller unterschiedlichen Meinungen, wie das letztlich im Detail berechnet wird.

Liest man in § 2 VOB/B genau nach, steht in den verschiedenen Absätzen in 15
unterschiedlicher Formulierung, dass bei der Ermittlung der neuen Preise die Mehr- und Minderkosten zu berücksichtigen sind. Man kann diese Formulierung in sehr weiter Interpretation so verstehen, dass damit „Einzelkosten der Teilleistungen" aus der Kalkulation gemeint seien. In der neueren Rechtsprechung der obersten Gerichte sind aber erste Urteile ergangen, in denen diese Formulierungen so verstanden werden, dass damit die tatsächlichen Mehr- und Minderkosten gemeint sind. Das hat Richtwirkung für die zukünftige Rechtsprechung.

Folge dieser Urteile ist, dass sich die Vergütung für den vertraglichen 16
Leistungsumfang nach den vereinbarten Preisen richtet. Die Vergütung für die geänderten, zusätzlichen etc. Leistungen eines Nachtrages bestimmt sich aber nicht mehr als Preisfortschreibung mittels der in der Kalkulation vorhandenen Bestandteile, sondern nur nach den tatsächlichen Mehr- und Minderkosten. Es handelt sich damit also um eine Abrechnung als Kostenerstattung auch in den Fällen, in denen die Geltung der VOB/B vereinbart ist.

Zu beachten ist, dass dies bislang nur Gültigkeit hat, wenn sich die Vertrags- 17
partner nicht auf die Vergütung des Nachtrages geeinigt haben, sondern vor Gericht darüber streiten. Das bedeutet, dass sich im Streitfall die Vergütung für Nachträge so berechnet, wie es in Kapitel 16 für die Alternative 1, also nach tatsächlichen Mehr- und Minderkosten, ausgeführt worden ist, obwohl die Geltung der VOB/B vereinbart worden ist. Der Auftragnehmer sollte also in jedem Fall eine sehr detaillierte Dokumentation anlegen, die seine tatsächlichen Mehr- und Minderkosten nachweist.

Allerdings kann man derzeit auch nicht sagen, dass die Preisfortschreibung 18
mit diesen ersten Urteilen und der Annahme, dass die Gerichte diese Rechtsprechung für alle Fälle streitiger Nachtragsvergütungen fortsetzen, nicht mehr möglich ist. Eine zweite Linie in der Rechtsprechung ist zu beachten. Einigen sich die Vertragspartner bei der Vergütung von Nachträgen auf eine Berechnung unter Anwendung der Kalkulationsbestandteile, dann zeigt dieses Vorgehen, dass die Vertragspartner in übereinstimmendem Verständnis der vertraglichen Regelungen oder in Abweichung davon das

Verständnis haben, die Vergütung für Nachträge mit Hilfe der Preisbestandteile fortzuschreiben. Lässt sich dieses gemeinsame Verständnis der Vertragspartner feststellen, zum Beispiel durch die Festlegung der Vergütung für vorangegangene Nachträge bei dem Bauvorhaben mit Hilfe der Preisfortschreibung, sind auch streitige Vergütungen für Nachträge weiterhin mit Hilfe der Preisfortschreibung zu bestimmen.

19 Diese Vorgehensweise wird auch durch die neuen gesetzlichen Regelungen gestützt, die in § 650c Abs. 2 BGB vorsehen, dass eine Berechnung mit den Ansätzen einer vereinbarungsgemäß hinterlegten Kalkulation zur Wahl des Auftragnehmers steht und damit möglich ist. So bleibt weiterhin die Möglichkeit offen, die Vergütung für Nachträge nach Preisbestandteilen zu berechnen.

20 Für die Vertragspartner ist es also die beste Lösung, unabhängig von der Vereinbarung der Geltung der VOB/B, sich gleich zu Beginn der Baumaßnahme darauf zu einigen, wie sie die Vergütung für Nachträge berechnen wollen. Diese Einigung kann auch in einem gemeinsamen Protokoll festgehalten werden, welches die vertretungsberechtigten Personen unterschreiben. Hier sollte klar geregelt werden, dass man bei der Berechnung der Vergütung für alle Fälle des § 2 VOB/B die Preisbestandteile der Kalkulation des Auftragnehmers zu Grunde legt und diese Berechnungsmethode auch beibehalten will, falls man sich letztlich nicht über die Höhe der Vergütung für einzelne Nachträge einigt.

21 Ist die Geltung der VOB/B im Vertrag nicht vereinbart und der Vertrag nach dem 01.01.2018 abgeschlossen, gelten die Ausführungen in Kapitel 16. Liegen aber in dem abgeschlossenen Bauvertrag individuelle Regelungen vor, ist nach diesen Regelungen zu verfahren. Im Zweifelsfall sollte eine juristische Beratung eingeholt werden, welche Berechnungsmethode für Nachträge anzuwenden ist.

22 Sollte die Geltung der VOB/B vereinbart sein, aber eine Berechnung nach tatsächlichen Kosten erforderlich sein, können neben den Ausführungen in Kapitel 16 bezüglich der Berechnung nach der Alternative 1, also nach § 650c Abs. 1 BGB, auch die Ausführungen in den anderen Kapiteln zu der Berechnung nach der VOB/B angewendet werden. Dabei ist aber jeweils zu beachten, dass Gewinne und Verluste, die sich aus der Kalkulation ergeben, zu eliminieren sind.

23 Unabhängig aller Entwicklungen gibt es immer noch sehr viele offene Fragen, die durch die Rechtsprechung nicht geklärt sind. Das betrifft insbesondere eine Abrechnung nach den tatsächlichen Mehr- und Minderkosten. Auch aus diesem Grund ist es den Vertragspartnern dringend anzuraten, mit klaren vertraglichen Regelungen und einem eindeutigen Vorgehen nach Vertragsabschluss Streit zu vermeiden, zumindest aber den Streit um die Berechnungsmethode auszuschließen.

1.3 Voraussetzungen der Kalkulation

Für die Positionen des im Folgenden verwendeten Grundfalles werden die vier Kostenarten Lohn, Material, Gerät und Sonstiges verwendet, da die Aufteilung in diese Kostenarten der weit verbreiteten Praxis bei der Kalkulation im Baubereich entspricht. Für den Lohn wird ein Mittellohn verwendet. Dieser berechnet sich aus den einzelnen Löhnen der zu einer Kolonne zusammengefassten Mitarbeiter. Die Kostenart Material umfasst die verwendeten Baustoffe. Hierbei wird sich auf einen Baustoff, die Fliesen, beschränkt, um das verwendete Beispiel übersichtlicher zu halten. Daher werden weitere Baustoffe, zum Beispiel der Fliesenkleber, nicht erwähnt. 24

Für das eingesetzte Gerät wird die Kostenart Gerät verwendet. Hier wird ein Betrag pro Monat oder pro Tag eingesetzt. Dieser Betrag kann über die Baugeräteliste ermittelt, aber auch durch innerbetriebliche Annahmen bestimmt werden. Der Betrag setzt sich grundsätzlich aus verschiedenen Komponenten zusammen. Das sind üblicherweise die Abschreibung und Verzinsung des Gerätes, die nach einer festgelegten Nutzungsdauer eine Neuanschaffung ermöglichen. Weiterhin kommen betriebsabhängige Komponenten hinzu, wie zum Beispiel die Betriebsstoffe oder Verschleiß. Letzteres ergibt dann die sogenannten Wartungs- und Reparaturkosten. Diese Kostenbestandteile werden in den Beispielen allgemein auch nicht besonders berücksichtigt. Ausnahmen werden lediglich dann gemacht, wenn sich Auswirkungen auf diese Kostenbestandteile ergeben, welche auch auf die Einsatzdauer oder den Verschleiß Einfluss haben. 25

Die Kostenart Sonstiges wird in der Praxis für sehr unterschiedliche Kosten verwendet. In den Beispielen werden lediglich Kosten für Nachunternehmer verwendet. Auch dies entspricht der üblichen Vorgehensweise. Da der Nachunternehmer gegenüber seinem Auftraggeber Rechnungen stellt, wird an dieser Kostenart verdeutlicht, wie sich letztlich die Vergütung für einen Nachtrag berechnet, der eine Rechnung zugrunde liegt. Im Prinzip sind die diesbezüglichen Ausführungen für alle Kostenarten anwendbar, in denen der Auftragnehmer eine Vergütung berechnet, der an ihn gestellte Rechnungen zugrunde liegen. Für Kalkulationen, in denen eigene Kosten in der Kostenart Sonstiges kalkuliert worden sind, können die Ausführungen zu den anderen Kostenarten entsprechend angewendet werden, zum Beispiel die Kostenart Lohn. 26

Die Zuschläge werden in vier verschiedene Arten unterteilt. Es gibt Zuschläge für Baustellengemeinkosten, BGK genannt, Zuschläge für allgemeine Ge- 27 schäftskosten, AGK genannt, einen Zuschlag für das Wagnis, mit einem W bezeichnet, sowie einen Zuschlag für Gewinn, mit G bezeichnet.

In der Praxis zeigt sich immer wieder, dass in die unterschiedlichen Zuschläge, obwohl sie gleich bezeichnet werden, andere Kosten eingerechnet werden. Daher wird hier erläutert, wie sich die in den Fällen verwendeten Zuschläge zusammensetzen, sowie die Verfahrensweise bei Abweichungen angegeben.

28 Baustellengemeinkosten sind diejenigen Kosten, die sich zwar in ihrer Entstehung einer bestimmten Baustelle zuordnen lassen. Allerdings lassen sie sich nicht einzelnen Positionen und deren Einzelkosten der Teilleistungen als Kostenträger zuweisen. Grund dafür ist, dass die Baustellengemeinkosten für mehrere oder auch alle Positionen eines Leistungsverzeichnisses entstehen, aber der Anteil, der auf die jeweiligen Positionen entfällt, lässt sich der Höhe nach nicht berechnen. Daher werden die Baustellengemeinkosten zunächst der Höhe nach für die gesamte Baustelle und alle Teilleistungen ermittelt. In einem zweiten Schritt wird berechnet, wie hoch die Baustellengemeinkosten im Verhältnis zu den Einzelkosten der Teilleistungen der Positionen sind. Dieser Prozentwert stellt den Zuschlag für Baustellengemeinkosten dar, der dann auf die Einzelkosten der Teilleistungen verteilt wird.

In den Beispielen wird dieser Zuschlag für Baustellengemeinkosten gleichmäßig auf alle Positionen und auf alle Kostenarten der Positionen verteilt. Daher ergibt sich ein einheitlicher Prozentsatz, der in den Beispielen auch durchgängig verwendet wird.

Allerdings kann der Zuschlag für die Baustellengemeinkosten auch ungleichmäßig auf die Titel eines Leistungsverzeichnisses, die Positionen oder auf die Kostenarten innerhalb der Positionen umgelegt werden. In diesen Fällen müssen für die Berechnung von Mehr- oder Minderkosten die auf den Kostenarten liegenden, unterschiedlichen Zuschläge entsprechend beibehalten werden.

29 Sehr wichtig ist die Frage, welche Kosten der einzelne Unternehmer in die Baustellengemeinkosten eingerechnet hat. Das ist zunächst dem Kalkulierenden freigestellt, wenn der Vertrag oder die Ausschreibung nicht zwingende Vorgaben enthalten. Üblicherweise werden in die Baustellengemeinkosten Kosten für die Baustelleneinrichtung eingerechnet, die allgemein für die Baustelle anfallen. Hierzu gehören Container, der Bauzaun, Toiletten etc.

Wenn ein Kran eingesetzt wird, ist dessen Einsatzzeit meist auch nicht einzelnen Teilleistungen zuzurechnen, also zum Beispiel der Anteil für Schal-, Bewehrungs- oder Betonierarbeiten. Daher entspricht es auch der Üblichkeit, die Krankosten einschließlich des Kranfahrers in den Zuschlag für Baustellengemeinkosten einzurechnen. Klar ist damit aber auch, dass die Kosten für den Kran auch durch Positionen erlöst werden, bei denen der Kran nicht eingesetzt wird.

Neben diesen Kosten für Geräte werden auch so genannte Einmalkosten in die Zuschläge für Baustellengemeinkosten eingerechnet. Hierzu zählen alle Kosten, die für den Antransport, den Aufbau, den Abbau und den Rücktransport anfallen. Damit werden einmalig anfallende Kosten auf Positionen umgelegt, die mengen- oder zeitabhängig beziehungsweise pauschal abgerechnet werden. **30**

Üblich ist es auch, das Baustellenführungspersonal in die Baustellengemeinkosten einzurechnen. Hierzu zählen zunächst die Bauleiter. Unabhängig von der Frage der konkreten Tätigkeit werden die erforderlichen Mannmonate bestimmt und deren Kosten gleichmäßig über den Zuschlag auf die Positionen verteilt. Bezüglich der Poliere kann man ebenso verfahren und auch deren Kosten in den Zuschlag für Baustellengemeinkosten einrechnen. Alternativ können die Kosten für die Poliere in den Mittellohn eingerechnet werden. Dann sind diese Kosten nicht im Zuschlag enthalten, sondern in der Kostenart Lohn. **31**

Für die Fälle wird ein einheitlicher Zuschlag für Baustellengemeinkosten in Höhe von 10 % angenommen, der die Baustelleneinrichtung, deren Vorhaltung und das Räumen enthält. Ebenfalls ist in den Baustellengemeinkosten der Bauleiter enthalten. **32**

Die allgemeinen Geschäftskosten sind diejenigen Kosten, welche weder einer einzelnen Teilleistung direkt zugeordnet werden können, aber auch nicht einer einzelnen, bestimmten Baustelle. Die allgemeinen Geschäftskosten entstehen also unabhängig von einzelnen Baustellen und können daher auch nicht als konkreter Kostenanteil bestimmten Baustellen zugeordnet werden. Das unterscheidet prinzipiell allgemeine Geschäftskosten von Geschäftskosten der Baustelle. **33**

Auch hier steht es dem Kalkulierenden frei, welche Kostenanteile eines Betriebes er in die allgemeinen Geschäftskosten einrechnet. Üblicherweise sind dies Kosten für die Firmenleitung, Stabsabteilungen, wie zum Beispiel kaufmännische Abteilungen, die Revisionsabteilung etc., Kosten der Firmengebäude, Bauhöfe, Firmenfahrzeuge, die nicht als Geräte auf Baustellen eingesetzt werden usw. Da diese Kosten von der Betriebsorganisation abhängen, handelt es sich bei den Bestandteilen der allgemeinen Geschäftskosten um unterschiedliche Kosten in sehr unterschiedlicher Höhe.

Für die Fälle wird ein einheitlich auf alle Kostenarten und Positionen umgelegter Zuschlag mit einem Prozentsatz angenommen. Grundlage dieses Prozentsatzes ist die Ermittlung der allgemeinen Geschäftskosten aus dem Umsatz des vorherigen Geschäftsjahres und den tatsächlich angefallenen **34**

Geschäftskosten aus dem letzten Geschäftsjahr. Damit kann der Prozentsatz ermittelt werden, wie viel die allgemeinen Geschäftskosten bezogen auf den Jahresumsatz ausmachen.

$$\frac{AGK_{Vorjahr}\ €}{Umsatz_{Vorjahr}\ €} = \%\ Zuschlag\ AGK_{Vorjahr}$$

Dann werden für das kommende Geschäftsjahr die Umsatzerwartung und die erwarteten Geschäftskosten ermittelt. Daraus lässt sich dann der notwendige Zuschlag ermitteln, mit dem man den Umsatz beaufschlagen muss, damit die allgemeinen Geschäftskosten gedeckt sind.

$$\frac{AGK_{Prognose\ Folgejahr}\ €}{Umsatz_{Prognose\ Folgejahr}\ €} = \%\ Zuschlag\ AGK_{Folgejahr}$$

Für die Fälle wird für die allgemeinen Geschäftskosten ein Zuschlag in Höhe von 5 % angenommen. Hier sind die Kosten des Betriebes und der Verwaltung enthalten sowie die Kosten der Angebotskalkulation.

35 Ein weiterer Zuschlag wird für Wagnis berechnet. Er wird hier gesondert betrachtet, da der Zuschlag genau genommen sehr unterschiedliche Größen enthalten kann. Zwar wird er in der Praxis häufig mit dem Gewinnzuschlag zusammengelegt und auch nur gemeinsam ausgewiesen. Das ist aber bei genauer Betrachtung nicht zutreffend. Zunächst wäre zu unterscheiden, welches Wagnis der Auftragnehmer überhaupt mit diesem Zuschlag abdeckt. Betrachtet man das Risiko der Ausführung, wird dieses häufig über eine Bauleistungsversicherung abgedeckt. Deren Prämie ist allerdings meist Bestandteil der allgemeinen Geschäftskosten oder einer Umlage, die durch den Auftraggeber von der Vergütung in Abzug gebracht wird. Dann befindet sich dieser Betrag möglicherweise in anderen Zuschlägen.

Ebenfalls werden Ausführungsrisiken, die Schäden bei Dritten hervorrufen, durch eine Betriebshaftpflichtversicherung abgedeckt. Deren Prämie zählt üblicherweise auch zu den allgemeinen Geschäftskosten und ist dort enthalten. Gleiches gilt für Maschinenversicherungen etc., die ebenfalls vom Auftragnehmer standardmäßig abgeschlossen werden und daher nicht für die konkrete Baumaßnahme anfallen.

36 Es verbleiben die Ausführungsrisiken, welche sich als Mangel zeigen. Diese sind nicht versichert. Daher ist der Aufwand für eine Mangelbeseitigung vom Auftragnehmer als Wagnis zu berechnen und in einen Wagniszuschlag einzurechnen. Dazu folgendes Beispiel. Der Auftragnehmer stellt Bohrpfähle her. Er weiß aus seinen bisherigen Ausführungen, dass bei 100 Bohrpfählen 2 Stück mangelhaft sind und die Kosten dafür anfallen. Also muss der Auftragnehmer bei seinem Angebot für 100 Bohrpfähle die Mangelbeseitigungskosten für 2 Bohrpfähle einrechnen. Vereinfacht hat er also Kosten für die

Herstellung von 102 Pfählen, während er nur die 100 mangelfreien Pfähle abrechnen kann. Also wäre hier der Wagniszuschlag 2 %.

Weitere Wagnisse sind das allgemeine Unternehmerwagnis, das Gewährleistungswagnis, Finanzierungswagnisse, Wechselkurswagnisse etc. Zusammengenommen ergeben diese angesetzten Wagnisse nach ihrer Bewertung den Wagniszuschlag für die angebotene Baumaßnahme. In den Fällen wird ein Wagniszuschlag in Höhe von 3 % angewendet.

Da der Auftragnehmer mit der Durchführung der Bautätigkeit auch einen **37**
Gewinn machen möchte, schlägt er ebenfalls einen Zuschlag für den Gewinn auf. Diesem Gewinn stehen also planmäßig keine Kosten gegenüber. In den Fällen wird ein Gewinnzuschlag in Höhe von einheitlich 2 % angewendet.

Der Gesamtzuschlag beträgt damit 20 %, gleichmäßig auf alle Kostenarten **38**
und Positionen verteilt.

1.4 Der Ausgangsfall

In den folgenden Ausführungen wird in der Regel immer der gleiche Fall **39**
zugrunde gelegt. Dieser Fall stellt den vertraglich vereinbarten Leistungsumfang dar. Der Fall ist sehr stark vereinfacht und auf eine Position eines Leistungsverzeichnisses beschränkt. Dies reicht aus, um die Vorgehensweise zu erläutern. Sind in der Anwendung mehrere Positionen eines Leistungsverzeichnisses zu betrachten, ist die erläuterte Verfahrensweise für die weiteren Positionen zu wiederholen.

Die folgende Position wurde mit Werten und Kosten versehen, um zur Vereinfachung mit möglichst runden Beträgen rechnen zu können. Die Werte entsprechen daher nicht der Realität, sondern sind rein theoretische Annahmen für möglichst simple Berechnungen. Das vereinfacht es für den Verwender, die Berechnungen nachzuvollziehen.

Folgender Leistungsverzeichnistext wird verwendet, der in einer Aus- **40**
schreibung des Auftraggebers enthalten ist:

> 100 m^2 Verlegen von Fliesen, 20 cm x 20 cm, weiß, als Wandbelag
>
> Wand 5 Meter hoch, 20 Meter breit.

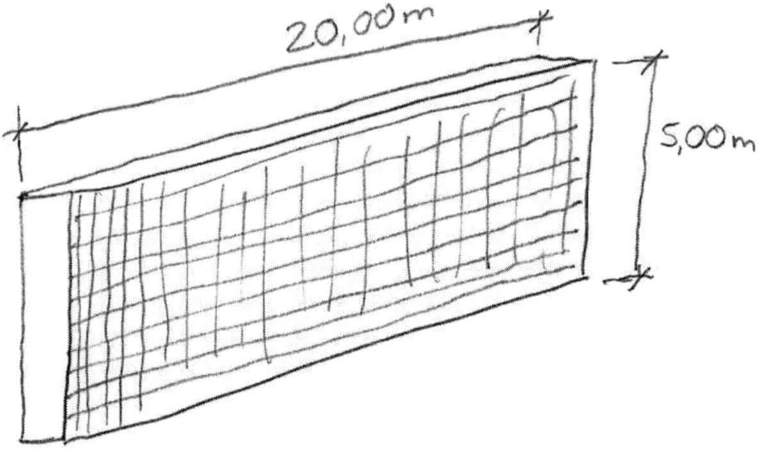

Vertraglicher Leistungsumfang

41 Die durch den Auftragnehmer verwendeten Kalkulationskomponenten für die Einzelkosten der Teilleistungen sind folgende:

Lohn: Mittellohn 50 €/h

Material: Fliese 20 €/m²

Gerät: Hubsteiger 1.000,00 €/Monat, vereinfacht 20 Arbeitstage im Monat, also 50,00 €/AT

Sonstiges: Nachunternehmer für Verfugung 500,00 € pauschal

Zuschlag:

BGK 10 %, AGK 5 %, W 3 %, G 2 %, gesamt 20 %, auf alle Einzelkosten der Teilleistungen gleichmäßig verteilt

Leistungswert für die Tätigkeit Fliesen: 2 m²/h

Daraus berechnet sich der Einheitspreis wie folgt:

Lohnkosten

42 Der Auftragnehmer hat aus Erfahrungswerten ermittelt, dass seine Arbeitskräfte bei den vorgesehenen Fliesenarbeiten durchschnittlich ungefähr 2 m²/h schaffen. Bei diesem Leistungswert ist der Auftragnehmer davon ausgegangen, dass seine Mitarbeiter diese Leistung in jedem Fall erbringen können. Der Leistungswert liegt daher aus Sicht des Auftragnehmers auf der sicheren Seite. Der Aufwand beträgt daher 1 h für 2 m² Fliesenfläche, als Aufwandswert 1h/2m² oder 0,5h/1m².

Der Mittellohn bestimmt sich nach der Qualifikation des eingesetzten Personals. Hier sind übliche Fliesenarbeiten ohne besondere Schwierigkeiten auszuführen. Daher reicht Personal mit durchschnittlicher Qualifikation aus.

Entsprechend den Löhnen und den Arbeitgeberanteilen sowie eventueller sonstiger Zahlungen an die Arbeitskräfte wird aus der Lohnbuchhaltung der entsprechende Mittellohn bestimmt. Hier wird ein Mittellohn in Höhe von 50,00 €/h angesetzt. Daraus ergibt sich für die Einzelkosten der Teilleistung Lohn Folgendes:

100 m^2 : 2 m^2/h = 50 h

50 h × 50,00 €/h Mittellohn = 2.500,00 €

Materialkosten

43 Für das Material ergeben sich die Kosten aus dem Wert, den der Auftragnehmer für die Fliesen einsetzt. Weitere Materialien und Verbrauchsmaterial sind ebenfalls zu berücksichtigen. Das wären vorliegend der Fliesenkleber, Fugenkreuze etc. als eingebaute Materialien. Einzurechnen sind aber auch Verbrauchsmaterial, Verschnitt und Übermengen aus Gebinden. Der Einfachheit halber werden diese Kosten hier vernachlässigt. Der Wert für die Materialkosten kann durch den Unternehmer unterschiedlich ermittelt werden. Eine Abfrage des Preises für die Fliesen bei dem Baustoffhändler ergibt die ihm entstehenden Kosten für die Fliesen. Aber auch eine Schätzung aus vorhergehenden Einkäufen, ein Katalogpreis etc. können Grundlage für die Kosten des Materials sein. Im Grundfall hat der Auftragnehmer 20 €/m^2 für die Fliesen ermittelt. Für den Materialanteil ergibt sich damit folgender Wert:

100 m^2 × 20 €/m^2 = 2.000,00 €

Gerätekosten

44 Da die Höhe der Wand das Fliesen vom Boden aus nicht zulässt, will der Auftragnehmer einen Hubsteiger einsetzen, also ein fahrbares Gerät, welches man anstelle eines Gerüstes nutzt. Die Kalkulation von Geräten erfolgt schulmäßig nach der Baugeräteliste, abgekürzt BGL. Diese Kalkulation nach BGL ist eine Kalkulationshilfe, aber nicht zwingend so auszuführen. Auch im Streitfall über die Höhe von Gerätekosten ist die BGL nicht verbindlich. Viele Auftragnehmer setzen Erfahrungswerte aus der Maschinenabteilung oder aus vorherigen Einsätzen der Geräte zur Kalkulation ein. Wenn der Unternehmer keine eigenen Geräte besitzt, werden diese angemietet. In diesen Fällen ist die zu zahlende Miete Grundlage der Kalkulation der Gerätekosten.

In dem Grundfall wird für die Dauer der Fliesenarbeiten einschließlich des Verfugens der Einsatz eines Hubsteigers angesetzt. Die Einsatzdauer bestimmt sich nach der Dauer der mit dem Hubsteiger auszuführenden Arbeiten. Der Einsatz wird vereinfacht mit der Gesamtdauer der Lohnstunden ermittelt. Das ist ein sehr auskömmlicher Ansatz, da die benötigten Lohnstunden für das Fliesen nur der Dauer der Arbeiten entsprechen, wenn lediglich eine Arbeitskraft eingesetzt würde. Wenn zwei Arbeitskräfte eingesetzt werden, halbiert sich die Ausführungsdauer auf 25 Stunden. Hier hat der Auftragnehmer also bereits zeitliche Reserven kalkuliert.

45 Der Zeitbedarf für das Fliesen beträgt 50 h. Hinzu kommen 35 h Zeitbedarf für das Nacharbeiten Verfugen durch den Nachunternehmer. Somit ergeben sich in Summe 85 h Ausführungszeit. Dies entspricht einem halben Monat. Das Gerät kostet 1000,00 € im Monat.

1.000,00 €/Monat × 0,5 Monate = 500,00 €.

Vereinfacht entspricht ein Monat 4 Wochen zu je 5 Arbeitstagen, also 20 Arbeitstagen im Monat. Damit berechnet sich die Vergütung für den Hubsteiger je Arbeitstag wie folgt:

1.000,00 €/Monat : 20 AT/Monat = 50,00 €/AT

Sonstiges

46 Der Auftragnehmer führt die Fliesenarbeiten mit eigenen Arbeitskräften aus. Das Verfugen der Fliesen will er aber nicht mit dem eigenen Personal ausführen, sondern mit diesen Arbeiten einen Nachunternehmer beauftragen. Es fragt sich, wie der Auftragnehmer seine Kosten für den Nachunternehmer ermittelt, die er dann in der Kostenart Sonstiges in seine Kalkulation übernimmt.

Wie bei der Kostenart Geräte hat der Unternehmer mehrere Möglichkeiten, diese Kosten zu ermitteln. Die sichere Variante ist, einen Nachunternehmer anzufragen und auf Grundlage des Angebotes des Nachunternehmers bereits dessen verbindliche Zusage zu erhalten, im Falle der Beauftragung des Auftragnehmers die Arbeiten zu dem angebotenen Preis in der vorgesehenen Bauzeit auszuführen. Der Nachunternehmer gibt also dem Auftragnehmer gegenüber ein verbindliches Angebot ab, welches endverhandelt ist. Der Auftragnehmer macht aber seine Zustimmung zu diesem Vertragsabschluss davon abhängig, dass er den Hauptauftrag bekommt.

47 Es steht dem Auftragnehmer auch frei, die Kosten des Nachunternehmers zu schätzen und diesen Betrag als Kosten für die Kostenart Sonstiges zu verwenden. In diesen Fällen trägt der Auftragnehmer das Risiko, dass er im Falle einer späteren Beauftragung des Nachunternehmers mehr bezahlen muss. Umgekehrt besteht auch die Möglichkeit, dass bei einer späteren Vergabe der Verfugungsarbeiten an einen Nachunternehmer die geschätzten Kosten unterschritten werden. In diesem Fall ergibt sich für den Auftragnehmer in der Kostenart Sonstiges ein Gewinn durch die bessere Vergabe.

48 Hier wird unterstellt, dass der Nachunternehmer für 500,00 € verpflichtet werden kann. Mit dem Nachunternehmer wird eine pauschale Vergütung vereinbart. Die Kostenart Sonstiges ergibt sich damit wie folgt:

Nachunternehmer 500,00 € pauschal

Damit ergeben sich für die Einzelkosten der Teilleistungen der Position in Summe 5.500,00 €.

Der Zuschlag in Höhe von gesamt 20 % wird hier einheitlich auf die Einzelkosten der Teilleistung aufgeschlagen.

5.500,00 € × 1,2 = 6.600,00 €

Dieser Ausgangsfall mit dieser Kalkulation wird nachfolgend als Grundfall bezeichnet und verwendet. 49

Sonderfall:

Alternativ ist es auch möglich, den Zuschlag für die Baustellengemeinkosten zunächst auf die Einzelkosten der Teilleistungen aufzuschlagen. Auf diese Beträge werden dann die anderen Zuschläge für AGK, W und G hinzugerechnet. Dann sind auch die Baustellengemeinkosten mit den Zuschlägen für AGK, W und G beaufschlagt.

5.500,00 € × 1,1 = 6.050,00 € = EkdT zzgl. 10 % BGK

6.050,00 € × 1,1 = 6.655,00 € = (EkdT zzgl. 10 % BGK) zzgl. 10 % AGK, W und G

Wendet man diese Berechnung an, kommt betragsmäßig mehr heraus. Die Angebotssumme wird also höher. Es steht dem Kalkulierenden frei, welche Variante er wählt. Daher ist bei den folgenden Berechnungen zu beachten, dass die Zuschlagsberechnung in zwei Schritten auszuführen ist, wenn man die hier zuletzt vorgestellte Methodik angewendet hat. Dies macht die Berechnung aber komplizierter und daher wird hier davon abgesehen. Sollte aber so kalkuliert worden sein, ist eine entsprechende Berechnung auch bei Nachträgen vorzunehmen.

Der Gesamtpreis für die Leistung der Position beträgt damit 6.600,00 €. Daraus ergibt sich folgender Preis pro Einheit: 50

6.600,00 € : 100 m² = 66,00 €/m²

Jetzt ist der Ausgangsfall kalkuliert und im Ergebnis entspricht dies dem Angebot. Es wird unterstellt, dass der Vertrag auf Grundlage dieses Angebotes abgeschlossen wird. Der Auftragnehmer hat also für die in der Position ausgeschriebene Leistung einen Einheitspreis im Angebot abgegeben. Dieser Einheitspreis ist Vertragsbestandteil geworden. Damit ist der Einheitspreis dem Auftraggeber bekannt. Das Leistungsziel ist ebenfalls klar, der Werkerfolg ist das Fliesen der gesamten Wandfläche.

Wichtig!

In dem Beispiel sieht der Vertrag vor, dass die VOB/B als Bestandteil des Vertrages eingeschlossen worden ist. Wird die VOB/B nicht als geltend im Vertrag vereinbart, gilt sie nicht automatisch. Sie ist kein Gesetz! Falls die VOB/B nicht im Vertrag als Bestandteil vereinbart ist, gelten die vertraglichen Regelungen. Sind für Nachträge keine vertraglichen Regelungen vorhanden, gelten die gesetzlichen Regelungen des BGB.

1.5 Fallbeispiele

51 Der Ausgangsfall wird für die einzelnen Beispiele als Fallvariante für die Nachträge abgewandelt. Für diese Beispiele wird dann aufgezeigt, wie sich ein entsprechender Nachtrag berechnet. Dafür wird in diesen Kapiteln ein einheitlicher Aufbau verwendet. Dieser Aufbau gliedert sich wie folgt.

1. Sachverhalt
   In jedem Fall wird zunächst unterstellt, dass der Vertrag so abgeschlossen wurde, wie es in dem Ausgangsfall dargestellt ist. Dann ist in den Fällen jeweils ein weiterer Sachverhalt im Bauablauf eingetreten. Dieser Sachverhalt wird eingangs geschildert, wie er sich zugetragen hat. Daher ist zunächst zu prüfen, ob der konkrete Sachverhalt, wie er für den Anwender vorliegt, sich mit diesem Sachverhalt deckt. Wenn das bejaht werden kann, sind die Ausführungen in dem Kapitel zutreffend.
2. Vertraglicher Leistungsinhalt
   Hier wird jeweils der Ausgangsfall dargestellt. Dies ist allgemein der dargestellte Sachverhalt mit der zugrunde liegenden Kalkulation. Sollten alternative Varianten aufgezeigt werden, wird der Ausgangsfall als geänderter vertraglicher Leistungsinhalt dargestellt.
3. Tatsächlich auszuführende Leistung
   Unter diesem Gliederungspunkt wird dargestellt, welche Leistung tatsächlich auszuführen ist. Hierbei ist es zunächst nicht maßgeblich, warum das so ist. Es kommt also lediglich darauf an, was ausgeführt wird.
4. Änderung der zu erbringenden Leistung
   Unter diesem Gliederungspunkt wird lediglich ermittelt, welche Differenz sich zwischen dem vertraglichen Leistungsumfang aus Punkt 2 und dem tatsächlichen Leistungsumfang aus Punkt 3 ergibt.
5. Anspruchsgrundlage
   Unter diesem Gliederungspunkt werden kurz die rechtlichen Grundlagen für diesen Nachtrag erläutert. Dabei wird auch darauf ein-

gegangen, welche Handlungen erforderlich sind, um die formellen Voraussetzungen zu erfüllen.

6. Anspruchshöhe
   Wenn sich aus den Gliederungspunkten 1 bis 5 ergibt, dass ein Anspruch besteht, ist die Höhe der Forderung zu ermitteln. Das ist nichts Anderes als die so genannte Nachtragskalkulation. Unter diesem Gliederungspunkt werden daher alle bei der Kalkulation der vertraglichen Position verwendeten Kostenarten und Zuschläge in immer der gleichen Reihenfolge abgearbeitet. Diese Reihenfolge ist folgende:

   Einzelkosten der Teilleistung:
   - Lohn
   - Material
   - Gerät
   - Sonstiges

   Zuschläge:
   - BGK
   - AGK
   - Wagnis
   - Gewinn

In diesen Unterpunkten wird jeweils ausgeführt, ob und wie sich diese Kostenart oder dieser Zuschlag geändert hat. Aus Punkt 4 folgt der Unterschied zwischen der vertraglichen Leistung und der tatsächlich auszuführenden Leistung. Diese Unterschiede sind bei der Kalkulation des Nachtrags zu berücksichtigen. Dabei ist zu beachten, dass die Unterschiede der Leistung dazu führen können, dass sich Einzelkosten der Teilleistungen erhöhen, geringer werden oder auch gleich bleiben. Daher sind diese Einzelkosten der Teilleistungen immer gesondert zu betrachten.

Die Änderungen der Leistung können auch Einfluss auf die Zuschläge haben. **52**
Hier ist es ebenfalls denkbar, dass sich diese Einflüsse so auswirken, dass sich einzelne Zuschläge erhöhen, niedriger werden oder auch gleich bleiben. Daher werden auch immer alle Zuschläge getrennt betrachtet und untersucht, ob sich durch die Einflüsse Änderungen ergeben.

Innerhalb der Fallbeispiele werden Sonderfälle betrachtet, wenn sich aus **53**
den Besonderheiten nur geringfügige Abweichungen zu dem im Kapitel behandelten Sachverhalt des Nachtrags ergeben. Wenn allerdings eine andere Fallkonstellation zu größeren Änderungen bei der Bearbeitung des entsprechenden Nachtrags führt, wird diese Fallvariante in dem gleichen Kapitel, aber gesondert mit allen Gliederungspunkten aufgeführt.

2 Aufbereitung und Durchsetzung von Nachträgen

54 In der Praxis sind immer wieder Vorgehensweisen zu finden, die eine Geltendmachung von Mehrkosten und deren Zahlung erheblich erschweren. In diesem Kapitel werden daher Hinweise und Empfehlungen ausgesprochen, wie Nachträge aufbereitet werden müssen und wie man diese gegenüber seinem Vertragspartner argumentativ geltend macht.

Eingangs muss man sich zunächst selbst vor Augen führen, dass ein Nachtrag nichts Ungewöhnliches ist, nichts Unanständiges oder auch keine Forderung, die aus heiterem Himmel fällt. Es handelt sich um eine Forderung nach einer Vergütung, weil der Vertragspartner mehr Leistungen erhält, als er bezahlt, wenn er nur die vertragliche Vergütung entrichtet.

Hierzu ein Beispiel aus dem Alltag. Man bringt sein Auto zur Werkstatt, weil eine bestimmte Inspektion ansteht. Sie soll ungefähr 500,00 € kosten und das Auto könne am nächsten Tag ab 16.00 Uhr abgeholt werden. Die Werkstatt ruft am nächsten Tag an und teilt mit, dass man bei der Durchsicht des Wagens festgestellt habe, dass hinten die Reifen abgefahren sind. Man könne dies gleich mit erledigen, es koste ca. 400 € mehr. Der Termin bleibe gleich. Im Prinzip handelt es sich um eine Mehrkostenanmeldung mit der Bitte, die zusätzliche Leistung zu beauftragen. Das nennen wir Kundenservice.

Hätte die Werkstatt nicht angerufen, die Reifen montiert und dann zum Abholtermin womöglich auch noch dem Kunden gesagt, dass der Wagen nicht fertig sei, wäre der Kunde nicht nur verärgert gewesen, sondern es hätte auch Streit geben. Daher ist es leicht nachzuvollziehen, dass eine Mehrkostenanmeldung der Information des Auftraggebers dient und es ihm ermöglicht, eine Entscheidung zu treffen. Für die Baustelle gilt also das Gleiche wie für die Autowerkstatt. Mehrkosten gleich anmelden, den Auftraggeber einbeziehen und ihm die Entscheidung überlassen.

55 Es ist ebenfalls wichtig, die Mehrkosten gegenüber dem Auftraggeber zu begründen. In vielen Fällen besteht darüber Streit, ob dem Auftragnehmer Mehrkosten zustehen, oder ob die zugrunde liegenden Leistungen nicht bereits mit der vertraglichen Vergütung bezahlt sind. Hier wird von Auftragnehmern häufig vorschnell eine Begründung von Mehrkosten dargelegt, die sich als nicht zutreffend herausstellt. Dann wird in einem zweiten Anlauf eine neue Begründung nachgereicht, die möglicherweise mehrfach nachgebessert wird.

Umgekehrt werden aber auch Nachträge durch Auftraggeber ohne weitere Begründung abgelehnt. Besteht der Auftragnehmer auf dem Nachtrag, werden alle möglichen Ablehnungsgründe geltend gemacht. So diskutiert man in der einen Baubesprechung über ein Argument, in der nächsten Baubesprechung über ein anderes Argument und kommt nicht weiter. Was hilft?

Wie in den folgenden Fällen dargestellt, sollte der Auftragnehmer immer die nachstehenden fünf Punkte zur Begründung eines Nachtrags aufbereiten. Diese Aufbereitung muss gründlich erfolgen und man muss sich dafür entsprechend Zeit nehmen. Wichtig ist, dass man die dafür verwendeten Dokumente gleich kopiert und in der entsprechenden Ausarbeitung anfügt. **56**

- Darstellung des vertraglichen Leistungsumfangs **57**

  Hier muss der Auftragnehmer alle vertraglichen Unterlagen sichten und die Unterlagen des Vertrages herausholen, aus denen sich der vertragliche Leistungsumfang bezüglich der für den Nachtrag relevanten Leistungen ergibt. Aus diesen Unterlagen kann also vollständig abgeleitet werden, welche Leistung der Auftragnehmer nach den vertraglichen Unterlagen für die vertraglich vereinbarte Vergütung ausführen muss. In den vertraglichen Unterlagen wird textlich dargestellt, welche Leistung nach Vertrag auszuführen war.

  Dem Kapitel anzuhängende Dokumentation: Alle Dokumente aus dem Vertrag, aus denen sich der vertragliche Leistungsumfang ergibt. Dies sind in erster Linie Auszüge aus dem Leistungsverzeichnis, Vorbemerkungen aus dem Leistungsverzeichnis, Pläne, Baubeschreibungen, Vertragsauszüge etc. Bezüglich des Ausführungszeitraums Vorlage des Bauzeitenplans, Angabe der Daten der geplanten Ausführung.

  Zu den Vorgaben des Vertrages gehören aber auch Dokumente, deren Geltung im Vertrag vereinbart worden ist, die dem Vertrag aber nicht als Ausdruck beiliegen. Dies sind beispielsweise die Normen der VOB/C. Falls die Geltung der VOB/B im Vertrag vereinbart wurde, gilt die VOB/C nach § 1 Abs. 1 VOB/B auch. Sind zum Beispiel besondere Leistungen nach den Abschnitten 4 der Normen der VOB/C auszuführen, sind die entsprechenden Auszüge des Normentextes ebenfalls anzuhängen.

- Tatsächlich auszuführende Leistung **58**

  Hier sind die tatsächlich auszuführenden Leistungen durch den Auftragnehmer darzustellen. Zwei Fälle sind zu unterscheiden. Sind die Leistungen bereits ausgeführt, entspricht die Darstellung einem Aufmaß der entsprechenden Leistungen mit einer Beschreibung. Sind die Leistungen noch nicht ausgeführt, reicht eine Leistungsbeschreibung des Auftraggebers aus. Diese Leistungsbeschreibung muss in der Anordnung des Nachtrags enthalten sein, denn das Leistungsverzeichnis für die Nachtragsleistungen muss im Regelfall der Auftraggeber erstellen. Gibt es keine Leistungsbeschreibung des Auftraggebers, kann der Auftragnehmer die Leistung nur umschreiben, die er glaubt ausführen zu müssen.

Dem Kapitel anzuhängende Dokumentation: Leistungsbeschreibung der Leistungen des Nachtrags, also Leistungsverzeichnis des Auftraggebers für die geänderte oder zusätzliche Leistung, Pläne, bei bereits ausgeführten Leistungen die Aufmaße. Bezüglich des Ausführungszeitraums Vorlage des Bauzeitenplans, Angabe der Daten der tatsächlichen Ausführung.

59 • Änderung der Ausführung

Hier hat der Auftragnehmer nur textlich zu beschreiben, welche Leistungen er mehr oder weniger ausführen muss, weil zwischen dem vertraglichen Leistungsumfang und der tatsächlich auszuführenden Leistung Unterschiede bestehen. Zwar ist es nicht zwingend, aber sachdienlich, hier bereits auf Details einzugehen. Das bedeutet, nicht lapidar nur zu schreiben, dass die Leistung im Vertrag nicht vorhanden war, aber jetzt ausgeführt werden muss. Man sollte die Punkte einzeln durchgehen und jeweils die Abweichungen beschreiben. Dazu kann man sehr gut die Einzelkosten der Teilleistungen und die Zuschläge als Gliederung verwenden. Beispielsweise ist auszuführen, dass die zusätzliche Leistung durch gesondert zur Verfügung zu stellendes Personal ausgeführt werden muss, andere Geräte auf die Baustelle gebracht werden müssen, das Material teurer ist und die Gründe dafür etc.

Dem Kapitel anzuhängende Dokumentation: Üblicherweise keine. Bezüglich des Ausführungszeitraums Vorlage des Bauzeitenplans, Angabe der Daten der tatsächlichen Ausführung, Angabe von Änderungen des Bauablaufes oder einer Verlängerung der Bauzeit.

60 • Anspruchsgrundlage

Hier sind die formellen und die rechtlichen Grundlagen für den Nachtrag anzugeben. Das sind zum Beispiel die Anordnung des Auftraggebers, eine Änderung der Ausführungsplanung, die Mehrkostenanzeige des Auftragnehmers etc. Rechtliche Ausführungen sind hier nicht zwingend, aber meist ist die Angabe der vertraglichen Regelung hilfreich. Dabei handelt es sich in den meisten Fällen um eine Variante des § 2 VOB/B.

Dem Kapitel anzuhängende Dokumentation: Unterlagen, aus denen sich die Anordnung der geänderten oder zusätzlichen Leistungen ergibt, zum Beispiel geänderte Pläne, Schriftverkehr mit der Anordnung des Auftraggebers oder seines Bevollmächtigten, Protokolle mit der ändernden Anordnung des Auftraggebers oder seines Bevollmächtigten, Anmeldung der Mehrkosten und möglicher Ansprüche auf Bauzeitverlängerung durch den Auftragnehmer.

- Anspruchshöhe 61

  Hier wird durch den Auftragnehmer dargestellt und berechnet, wie sich die Höhe des Nachtrags ergibt. Wenn in dem Unterpunkt der Änderung der Ausführung bereits detailliert dargelegt wurde, welche Änderungen bei den Einzelkosten der Teilleistungen und den Zuschlägen eingetreten sind, ist es ausreichend, wenn man diese geänderten Punkte abarbeitet und entsprechend kalkuliert.

  Wenn die vertragliche Vergütung als Grundlage für die Berechnung der Vergütung für den Nachtrag herangezogen wird, ist mit anzugeben, welche Preisbestandteile der Kalkulation der Vertragspreise verwendet worden sind. Diese Preisbestandteile ergeben sich aus der Kalkulation, die der Auftragnehmer zur Ermittlung des vertraglich vereinbarten Einheitspreises erstellt hat. Diese Kalkulation ist dem Auftraggeber in der Regel nicht bekannt.

  Wurde eine Kalkulation der Vertragspreise bei der Auftragsvergabe hinterlegt, kann zum Nachweis der Preisbestandteile in diese Kalkulation Einsicht genommen werden. In den Ausführungen zur Anspruchshöhe ist es daher sinnvoll anzugeben, wo diese Preisbestandteile in der Kalkulation erwähnt wurden, und es kann auf die entsprechenden Seitenzahlen verwiesen werden.

  Ist keine Kalkulation hinterlegt worden, sind trotzdem Angaben zur Preisermittlung sinnvoll. In diesen Fällen kann die Kalkulation, zumindest auszugsweise für die entsprechend verwendeten Preisbestandteile, dem Nachtrag beigefügt werden. Ist allerdings keine Kalkulation vorhanden, da der Unternehmer die Preise rein aus Erfahrungswerten bestimmt hat, muss im Nachgang durch den Auftragnehmer eine Kalkulation angefertigt werden. Diese Kalkulation enthält dann die Annahmen, welche zu den Einheitspreisen geführt haben.

  Dem Kapitel anzuhängende Dokumentation: Kalkulation der abgerechneten Leistungen, Angaben zur Herleitung von Kalkulationswerten, welche durch zusätzliche oder geänderte Leistungen zu bestimmen waren, Angaben zur Herkunft von Kalkulationswerten, wenn diese in der Kalkulation der vertraglichen Leistungen verwendet worden sind, entsprechende Auszüge aus der Kalkulation der vertraglichen Leistung.

Der Nachtrag enthält nun alle Bestandteile, die für seine Durchsetzung erforderlich sind. Am besten ist es, diese Unterlagen und die textliche Ausarbeitung in einem Ordner zusammenzustellen. Wenn man jetzt den Nachtrag verhandelt, kann man alle Argumente diesen fünf Punkten zuordnen 62

63 Wendet der Auftraggeber ein, die Leistungen seien bereits im vertraglichen Leistungsumfang enthalten, ist dies anhand der Unterlagen des Vertrages aus dem ersten Unterpunkt zu prüfen. Hier gibt es die Variante, dass der Auftragnehmer einen Teil der vertraglichen Leistungsbeschreibung übersehen hatte, aus dem sich diese Leistung ergibt. In diesem Fall ist der Nachtrag nicht berechtigt. Zweite Variante ist, dass der Auftragnehmer alle Unterlagen zutreffend zusammengestellt hat, dann müsste über den vertraglichen Leistungsumfang Einigkeit bestehen.

64 Dritte Variante ist, dass beide Vertragspartner die gleichen Vertragsunterlagen für relevant erachten, aber über die Auslegung dieser Vertragsunterlagen anderer Meinung sind. In diesen Fällen kann man den Meinungsunterschied häufig nicht beseitigen. Dann muss man sich der Hilfe Dritter bedienen. Aber auch in einem Fall, in dem über den vertraglichen Leistungsumfang unterschiedliche Meinungen bestehen, sollte man die weiteren vier Punkte abarbeiten.

65 Die tatsächlich ausgeführte Leistung sollte eigentlich immer unstreitig sein. Hier ist lediglich festzustellen, was ausgeführt worden ist oder was der Auftragnehmer ausführen soll. Das ist in jedem Fall unabhängig von der Frage, ob es sich dabei um einen Nachtrag handelt. Besteht in diesem Punkt Einigkeit, ist das gemeinsam, zum Beispiel in einem Protokoll, festzuhalten.

66 Die Änderungen der Leistung sind ebenfalls zunächst eine rein technische Frage. Daher sollte es möglich sein, auch diesen Punkt zu diskutieren und zwischen den Vertragspartnern zu klären. Das kann unter dem Vorbehalt stehen, dass der vertragliche Leistungsumfang noch streitig ist.

67 Wendet der Auftraggeber ein, dass der Auftragnehmer keinen Anspruch hätte, da bestimmte rechtliche Fragen unklar seien, sind diese Streitpunkte diesem Unterpunkt zuzuordnen. Meist hängen solche Streitpunkte mit dem Streit über den vertraglichen Leistungsumfang zusammen. Daher kann man diesen Punkt offen lassen. Allerdings sind die streitigen Standpunkte zu protokollieren. Damit ist sichergestellt, dass zwischen den Vertragspartnern die streitigen Punkte feststehen.

68 Die Höhe des Anspruchs kann man zwischen den Vertragspartnern auch in jedem Fall diskutieren. Hier geht es nur um Fragen, ob, einen Anspruch unterstellt, der Auftraggeber die Berechnung der Höhe akzeptiert oder auch hier Einwände hat. Diese Einwände lassen sich unabhängig von allen anderen Unterpunkten klären.

69 Idealerweise erreicht man mit der Diskussion der fünf Punkte eine Feststellung der vorgebrachten Argumente und eine Zuordnung zu jeweils einem der fünf Punkte. Damit ist geklärt, worum es den Vertragspartnern geht und in welchen Punkten Uneinigkeit besteht. Kurz gesagt, man einigt sich, worüber

man streitet. Jetzt ist man auch in der Lage, nach entsprechenden Lösungsmöglichkeiten zu suchen. In den meisten Fällen ergibt sich, dass man sich nach Feststellung der Streitpunkte und der Argumente in einem weiteren Schritt doch einigen kann.

Sollte man sich nicht einigen, kann der Auftragnehmer seine Ausarbeitung des Nachtrags um die Punkte ergänzen, welche die Gegenseite vorgebracht hat. Man fügt also in die entsprechenden Kapitel eine kurze Erläuterung ein, mit welchen Argumenten der Auftraggeber den Nachtrag diesbezüglich ablehnt. Damit kann ein Dritter den gemeinsamen Diskussionsstand schnell beurteilen und der Ersteller des Nachtrags muss keine weiteren Tätigkeiten mehr zur Aufbereitung ausführen. Das ist ein großer Vorteil.

3 Abrechnung des vertraglichen Leistungsumfangs

70 In diesem Kapitel wird erläutert, wie die Abrechnung von Positionen eines Leistungsverzeichnisses vorgenommen wird, wenn nur die vertragliche Leistung ausgeführt wurde. Das bedeutet, dass es keine Leistungsänderungen und keine Änderungen der ausgeführten Mengen gegeben hat. Damit wird auch aufgezeigt, wie sich die Kalkulationsannahmen des Auftragnehmers auswirken können.

71 Bei Einheitspreisen ergeben sich allerdings Abweichungen von dem im Leistungsverzeichnis angegebenen Gesamtpreis für die Position, wenn die ausgeführte Menge von dem im Leistungsverzeichnis angegebenen Vordersatz abweicht. Die Fälle der Abweichungen der tatsächlich ausgeführten Menge von dem angegebenen Vordersatz werden in Kapitel 6 für Mengenmehrungen und in Kapitel 7 für Mengenminderungen behandelt.

3.1 Sachverhalt

72 Nach dem Vertragsabschluss führt der Auftragnehmer zum vorgesehenen Zeitpunkt die im Vertrag angegebenen Leistungen aus.

3.2 Vertraglicher Leistungsinhalt

73 Vertraglicher Leistungsinhalt ist die Position des Ausgangsfalls.

100 m² Verlegen von Fliesen, 20 cm x 20 cm, weiß, als Wandbelag

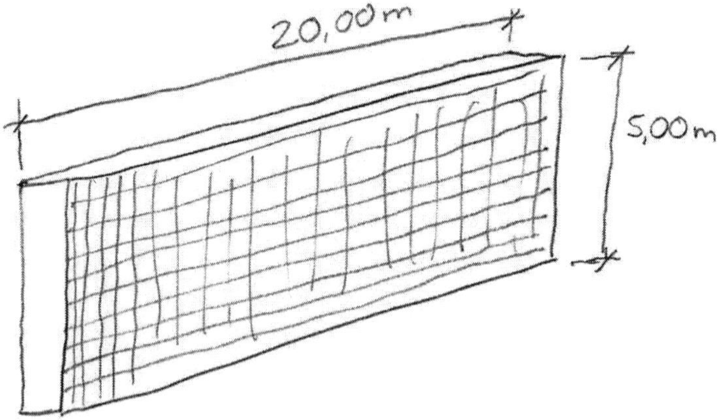

Vertraglicher Leistungsumfang

3.3 Tatsächlich auszuführende Leistung

Der Auftragnehmer führt genau die im Vertrag vorgesehene Leistung aus. Der angegebene Vordersatz weicht nicht von der ausgeführten Menge ab. **74**

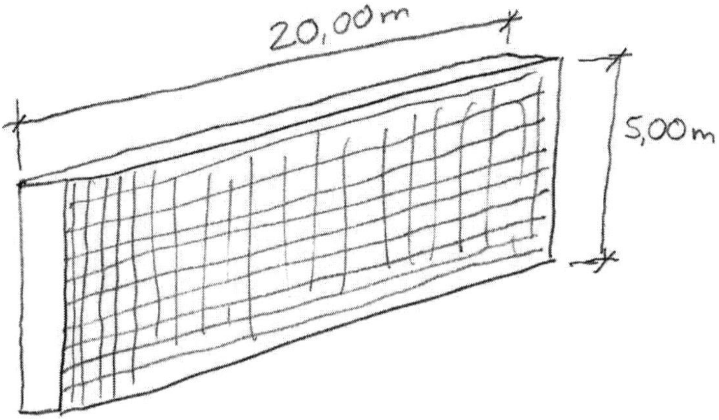

Tatsächlicher Leistungsumfang

3.4 Änderung der zu erbringenden Leistung

Da genau die im Vertrag vorgesehene Leistung in der gleichen Menge des im Leistungsverzeichnis angegebenen Vordersatzes ausgeführt wird, ist der vertragliche Leistungsumfang gleich dem tatsächlichen Leistungsumfang. Es liegt keine Änderung vor. **75**

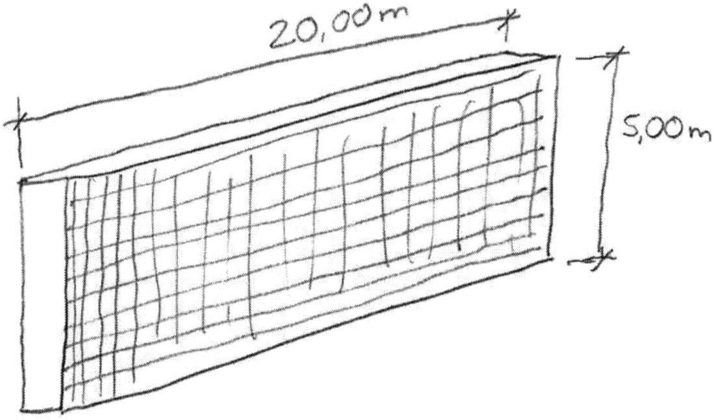

Kein geänderter Leistungsumfang

3.5 Anspruchsgrundlage

76 Für die Abrechnung von vertraglichen Leistungen ist zunächst das Vorliegen der vertraglichen Vereinbarung zu prüfen. Dies beinhaltet, dass der Auftragnehmer mit der Ausführung der gegenständlichen Leistungen durch den Auftraggeber beauftragt ist. Dies ergibt sich üblicherweise aufgrund des abgeschlossenen Werkvertrags. Anspruchsgrundlage für die Vergütung ist dann § 631 BGB.

77 In § 2 Abs. 2 VOB/B ist ausgeführt, dass bei entsprechender Vereinbarung die erbrachte Leistung nach den vereinbarten Einheitspreisen und den tatsächlich ausgeführten Mengen berechnet wird. Eine Änderung bezüglich des Preises gibt es in den Fällen, in denen nur die vertragliche Leistung ausgeführt wird, nicht. Das gilt für die Einheitspreise pro Einheit und für die Pauschalen. Die Bestimmung der Forderungshöhe für die Rechnungsstellung ergibt sich bei Einheitspreisen aus der Anzahl der tatsächlich ausgeführten Einheiten multipliziert mit dem vertraglichen Einheitspreis. Bei Pauschalen ist die Forderungshöhe durch die Pauschale festgelegt, unabhängig von der tatsächlich ausgeführten Menge.

78 Ist für die ausgeführte Leistung eine Position vorgesehen, dann ist die ausgeführte Leistung mit dem Positionstext abzugleichen. Hierfür ist auch zu prüfen, ob die Position für die ausgeführte Leistung an dieser Stelle des Gesamtbauwerkes vorgesehen ist. Häufig gibt es gleiche Leistungsbeschreibungen in verschiedenen Positionen, die aber in unterschiedlichen Titeln eingefügt sind. Die Titel sind für geometrisch verschiedene Bauabschnitte vorgesehen. In diesen Fällen geben Auftragnehmer möglicherweise unterschiedliche Preise für die Positionen an, da der Aufwand für die gleichen Arbeiten in den Bauabschnitten voneinander abweicht.

79 Weiterhin ist zu prüfen, ob die Vertragspartner für diese Leistung eine Vergütung vereinbart haben und wie hoch die vereinbarte Vergütung ist. Das ergibt sich bei einem bepreisten Leistungsverzeichnis aus dem angegebenen Einheitspreis. Bei einem pauschalen Preis ist zu prüfen, ob die beschriebene Leistung ausgeführt ist, für welche die pauschale Preisangabe vereinbart ist. Wenn die Leistung nicht vollständig erbracht ist, müssen vertragliche Regelungen vorhanden sein, welche eine Abrechnung von Teilen der Pauschale nach erbrachtem Leistungsstand ermöglichen. In diesen Fällen ist der entsprechende Leistungsstand abzugleichen.

80 Formelle Voraussetzungen der Abrechnung von Leistungen aus Positionen sind ebenfalls im Vertrag zu suchen. Meistens handelt es sich um die Berechtigung des Auftragnehmers, trotz unvollständiger Leistungserbringung zu bestimmten Zeitpunkten oder bei Erreichen bestimmter Abrechnungssummen Abschlagsrechnungen stellen zu dürfen. Sollte es sich

um Bedarfs-, Alternativ- oder Zulagepositionen handeln, sind die weiteren Voraussetzungen für deren Abrechnung festzustellen, also zum Beispiel die Beauftragung der Alternative.

Voraussetzung für Abschlagsrechnungen ist, dass diese im Vertrag vorgesehen sind. Gibt es keine vertragliche Regelung, kann der Auftragnehmer nach § 632a BGB Abschlagszahlungen verlangen. 81

Die Rechnung nebst den Nachweisen für die erbrachte Leistung muss den vertraglichen und rechtlichen Vorgaben entsprechen. Hierzu ist häufig in den Verträgen vorgesehen, dass Rechnungen in bestimmter Art und Weise angefertigt und eingereicht werden müssen. Neben den formellen Voraussetzungen müssen auch alle Anforderungen an die Prüfbarkeit der Rechnung erfüllt sein. Hierzu finden sich Reglungen in § 14 VOB/B. Insgesamt richten sich die Anforderungen nach dem Einzelfall. 82

3.6 Anspruchshöhe

Ausgangspunkt für die Feststellungen sind die vertraglichen Vorgaben zu dem Leistungsumfang. Nach diesen Vorgaben ist der tatsächlich ausgeführte Leistungsumfang festzustellen. Handelt es sich um eine Position mit einem Einheitspreis, ist die im Vertrag angegebene Einheit des Vordersatzes maßgeblich als Abrechnungseinheit. Dementsprechend sind die so genannten Aufmaße durchzuführen. Beträgt die Einheit m^2, sind die ausgeführten Quadratmeter aufzumessen, beträgt die Einheit m^3, sind es entsprechend die Kubikmeter. Handelt es sich bei der verwendeten Einheit m^3 um Erdmassen oder Schüttgüter, muss in den vertraglichen Bestandteilen, insbesondere in vereinbarten Normen der VOB/C, geprüft werden, ob es sich um die feste Masse oder das größere Volumen der geschütteten oder aufgelockerten Massen handelt. Vielfach werden auch die Einheiten Stück, laufende Meter oder Tonne aufgeführt. Die Tonnage wird durch Wiegescheine nachgewiesen. 83

In den Normen der VOB/C findet man Abrechnungsregelungen, welche auch Aufmaßregeln enthalten. Es ist daher zu prüfen, ob die VOB/B vereinbart ist. Wenn das zutrifft, gilt nach § 1 Abs. 1 VOB/B auch die VOB/C. Ist aber weder die Geltung der VOB/B noch gesondert die Geltung der VOB/C vereinbart, richtet sich die Abrechnung allein nach den sonstigen vertraglichen Regeln. Meist ist dann die tatsächlich ausgeführte Menge zu ermitteln, unabhängig von den Regeln der VOB/C für Übermessen etc. 84

Um die tatsächlich ausgeführte Leistung für die Rechnung zu dokumentieren, sind Aufmaßblätter üblich. Hierbei handelt es sich meist um Skizzen, in denen die Maßangaben enthalten sind. Diese Maßangaben werden dann für die Mengenermittlung in gesonderten Berechnungsblättern weiter ver- 85 wendet. Dort sind die abgerechneten Mengen ermittelt. Weitere Anlagen können Lieferscheine, Wiegescheine und dergleichen sein. Damit wird der tatsächlich erbrachte Leistungsumfang dokumentiert.

In aller Regel sind die Aufmaße durch beide Vertragspartner gemeinsam durchzuführen. Die Aufmaßblätter sollten dann direkt von beiden Seiten durch Unterschrift als richtig bestätigt werden. Das ist vor allem in den Fällen wichtig, in denen es sich um Leistungen handelt, die im weiteren Verlauf der Arbeiten überbaut werden und für eine spätere Feststellung nicht mehr zugänglich sind. Allerdings ist es auch üblich, die Aufmaße nicht direkt an der tatsächlich ausgeführten Leistung vorzunehmen, sondern die Maße aus den Ausführungsplänen zu ermitteln. In diesen Fällen ist die Dokumentation sehr gut einseitig auszuführen, da den Aufmaßblättern die Planausschnitte beigefügt werden, die jederzeit nachprüfbar sind.

86 Wenn für die in einer Position beschriebene Leistung eine pauschale Vergütung vereinbart ist, ist diese Vergütung von der tatsächlich ausgeführten Menge, also dem ausgeführten Vordersatz, unabhängig. Daher ist in diesen Fällen nur festzustellen und zu dokumentieren, dass die Gesamtleistung ausgeführt ist. Somit besteht der Anspruch auf die Pauschale, wenn zum Beispiel die Baugrube in den vertraglichen Abmessungen hergestellt ist. Auf die tatsächlich ausgehobene Menge des Bodens oder die Tonnage kommt es dann nicht an. In diesen Fällen ist also nur die tatsächliche Ausführung der vertraglichen Gesamtleistung dieser Position maßgeblich. Wenn in Abschlagsrechnungen Teile der pauschalen Vergütung in Rechnung gestellt werden, dann bedarf es der Feststellung des in Rechnung gestellten Umfanges an der Gesamtleistung, also vereinfacht ergibt der Aushub der halben Baugrube die Abrechnung der halben Pauschale.

87 Ergänzend wird in § 2 Abs. 1 VOB/B klargestellt, dass zu dem vereinbarten Preis auch die Leistungen auszuführen sind, die nach dem Vertrag und der gewerblichen Verkehrssitte zu den vertraglichen Leistungen gehören. Zu den vertraglichen Leistungen, die nicht ausdrücklich im Leistungsverzeichnis erwähnt sein müssen, gehören insbesondere die Nebenleistungen gemäß den Abschnitten 4 der VOB/C. Ergänzend verweist § 14 VOB/B auf die notwendigen Nachweise für die Mengenberechnung und die ebenfalls einschlägigen Aufmaßvorschriften der Abschnitte 5 der VOB/C.

88 Die ausgeführte Menge ist von der tatsächlichen Ausführung abhängig. Sie steht nicht vor der Ausführung fest. Der Auftraggeber zahlt das, was ausgeführt wird. Der Aufwand pro Einheit bleibt im Risiko des Auftragnehmers. Das beinhaltet auch das grundsätzliche Verständnis, dass die Einheitspreise Festpreise sind. Eine Preisanpassung, also zum Beispiel eine Teuerung, ist in aller Regel nicht vorgesehen.

3.6.1 Einzelkosten der Teilleistung

Da nur die vertraglich vorgesehene Leistung ausgeführt wurde, ändert sich am Einheitspreis nichts. Daher bleiben auch alle im Einheitspreis enthaltenen Einzelkosten der Teilleistungen unverändert für die Abrechnung gegenüber dem Auftraggeber erhalten. Allerdings ist zu beachten, dass sich für den Auftragnehmer trotz der Abrechnung der unveränderten Einheitspreise deutliche Änderungen ergeben können. Das wird nachfolgend für die einzelnen Kostenarten exemplarisch dargestellt. 89

Kalkulation Lohn:

Mittellohn 50 €/h, Leistungswert Fliesen 2 m²/h

Lohnkosten

100 m² : 2 m²/h = 50 h

50 h × 50 €/h Mittellohn = 2.500,00 €

Nehmen wir an, gegenüber der Annahme in der Kalkulation schaffen die Mitarbeiter des Auftragnehmers 4 m²/h. Das bedeutet, dass die tatsächlich benötigten Lohnstunden statt der kalkulierten 50 h nur 100 m² : 4 m²/h = 25 h betragen. Die tatsächlichen Lohnkosten betragen damit nur 25 h × 50 €/h = 1.250,00 €. Der Unternehmer rechnet also die vereinbarte Vergütung ab, obwohl er weniger Kosten in der Kostenart Lohn hat. Das bedeutet, dass er einen Gewinn in der Kostenart Lohn erwirtschaftet, der 1.250,00 € beträgt. Dieser Gewinn hat nichts mit dem kalkulierten Gewinnzuschlag zu tun, sondern resultiert aus der Steigerung der Leistung des Personals bei der tatsächlichen Verlegung gegenüber der Kalkulationsannahme. 90

Kalkulation Material:

Fliesen 20 €/m²

Materialkosten

100 m² × 20 €/m² = 2.000,00 €

Der Auftragnehmer hat hier eine Annahme für den Einkaufspreis des Materials zugrunde gelegt. Wir unterstellen, dass der Auftragnehmer bei dem tatsächlichen Einkauf aber statt der angenommenen 20 €/m² Fliese jetzt 25 €/m² bezahlen muss. Da sich die vertragliche Leistung nicht geändert hat, hat der Auftragnehmer auch das Risiko, dass sich seine Kalkulationsannahmen verschlechtern. 91

Die tatsächlichen Kosten für die Kostenart Material betragen nun

100 m² × 25 €/m² = 2.500,00 €.

Das bedeutet, dass der Auftragnehmer in der Kostenart Material 500,00 € Verlust macht.

Kalkulation Gerät:

Hubsteiger 1.000,00 €/Monat

Gerätekosten

50 h Zeitbedarf für Fliesen, 35 h Zeitbedarf für Nacharbeiten Verfugen ergeben 85 h Ausführungszeit. Dies entspricht einem halben Monat.

1.000,00 €/Monat × 0,5 Monate = 500,00 €.

92 Da sich der Leistungswert für das Fliesen gesteigert hat, verringert sich die Zeit, in der der Auftragnehmer den Hubsteiger benötigt. Die tatsächlichen Einsatzzeiten betragen 25 h Zeitbedarf für Fliesen, 35 h für Verfugen und ergeben insgesamt 60 h. Dies entspricht ca. 1/3 Monat. Damit sinken die Gerätekosten ebenfalls auf 1.000,00 €/Monat × 1/3 Monat = 330,00 €. Es ergibt sich ein weiterer Gewinn des Auftragnehmers in der Kostenart Gerät durch die Leistungssteigerung in Höhe von 170,00 €.

Sonstiges

Nachunternehmer für Verfugung 500,00 € pauschal

Der Nachunternehmer rechnet gleich ab. Daher hat der Auftragnehmer in der Kostenart Sonstiges genau die kalkulierten Kosten.

3.6.2 Zuschläge

93 Die Zuschläge ändern sich nicht, da sich die ausgeführte Leistung gegenüber der vertraglichen Leistung nicht verändert hat. Der Auftragnehmer erwirtschaftet daher genau die von ihm kalkulierten Deckungsbeiträge für alle Zuschläge. Da allerdings die zugrunde liegenden Einzelkosten der Teilleistungen tatsächlich niedriger oder höher ausgefallen sind, hat der Auftragnehmer genau genommen durch die Änderungen der Einzelkosten der Teilleistungen auch eine Unterdeckung erlitten oder zusätzliche Deckungsbeiträge erwirtschaftet.

Für den Auftragnehmer ergibt sich eine Abrechnungssumme in Höhe von

100 m² × 66 €/m² = 6.600,00 €.

Die kalkulierten Kosten ohne Gewinn betrugen 5.500,00 € × 1,18 = 6.490,00 €.

Der kalkulierte Gewinn betrug 2 %, also 5.500,00 € × 0,02 = 110,00 €.

Das Ergebnis der Baustelle sieht allerdings anders aus, obwohl es keine Leistungsänderungen gegeben hat. Die tatsächlichen Einzelkosten der Teilleistungen betragen **94**

Lohn	1.250,00 €
Material	2.500,00 €
Gerät	330,00 €
Sonstiges	500,00 €
	4.580,00 €

Die tatsächlichen Kosten betragen damit einschließlich der Zuschläge ohne Gewinn

4.580,00 € × 1,18 = 5.404,40 €.

Damit stellt sich ein Gewinn gegenüber den Kalkulationsannahmen in Höhe von

6.490,00 € - 5.404,40 € = 1.085,60 €

ein, zzgl. dem kalkulierten Gewinnzuschlag in Höhe von 110,00 €, gesamt 1.195,60 €.

An diesem Beispiel lässt sich erkennen, dass bei einem Einheitspreis von **95**
dem Unternehmer das gesamte Risiko für alle kalkulierten Annahmen übernommen wird. Er bekommt, vorausgesetzt, es ändert sich nichts an der vertraglichen Leistung, genau seinen Einheitspreis für jede ausgeführte Einheit. Im Prinzip ist daher der Einheitspreisvertrag ein Vertrag, bei dem der Auftraggeber das Risiko der ausgeführten Mengen trägt, da er diese nach der aufgemessenen Menge bezahlen muss. Das Risiko der Auskömmlichkeit des Einheitspreises trägt der Auftragnehmer. Daher ist der Einheitspreis genau genommen eine Pauschale pro Einheit.

4 Abrechnung bei Stundenlohn und Support

96 Hier werden die Fälle behandelt, in denen der Auftraggeber die Leistungen des Auftragnehmers nicht nach Einheitspreisen bezahlt, aber auch nicht pauschal. Die Vertragspartner vereinbaren eine Vergütung, die man als „Regie“ oder als „im Stundenlohn“ bezeichnet. Die Abrechnung nach Regie kann nur bestimmte Leistungsteile betreffen. In diesen Fällen richtet sich die Abrechnung nach diesem Kapitel. Daher ist es auch nicht maßgeblich, ob es sich bei den nach Regie abzurechnenden Leistungen um bereits im Vertrag vorgesehene Regiearbeiten handelt, oder ob diese Regiearbeiten erst im Laufe der Ausführung sonstiger Arbeiten entstehen, also Nachträge „in Regie“.

Sind Einheitspreise vereinbart, finden sich die entsprechenden Ausführungen in Kapitel 3.

4.1 Sachverhalt

97 Der Auftraggeber möchte die im Ausgangsfall beschriebene Leistung haben. Er vereinbart mit dem Auftragnehmer, dass er die Leistung „in Regie“ bezahlt. Im Vertrag wird für eine Regiestunde für das Verlegepersonal 60,00 € vereinbart. Aufsichtspersonal ist in diesem Stundensatz enthalten. Material und andere Kosten werden auf Nachweis und mit 20 % Zuschlag durch den Auftraggeber bezahlt.

4.2 Vertraglicher Leistungsinhalt

98 Vertraglicher Leistungsinhalt ist die Position des Ausgangsfalls.

100 m² Verlegen von Fliesen, 20 cm x 20 cm, weiß, als Wandbelag

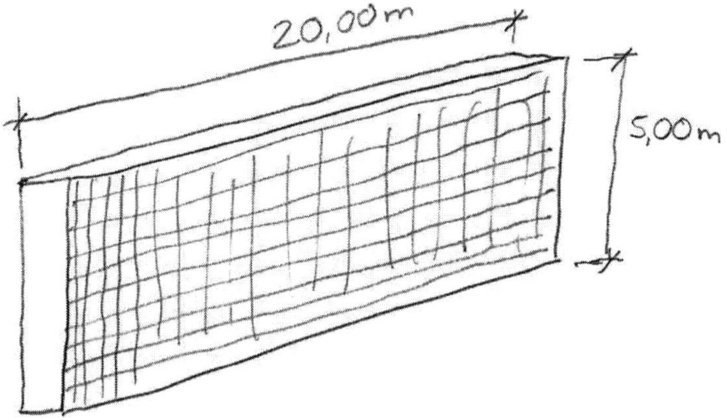

Vertraglicher Leistungsumfang

Ein Einheitspreis ist allerdings nicht vereinbart, sondern die Abrechnung in „Regie". Damit ist auch die Bauzeit nicht festgelegt. Die Dauer der Ausführung richtet sich also nach der konkreten Ausführungszeit.

4.3 Tatsächlich auszuführende Leistung

Der Auftragnehmer führt genau die im Vertrag vorgesehene Leistung aus. **99**
Der angegebene Vordersatz weicht nicht von der ausgeführten Menge ab.

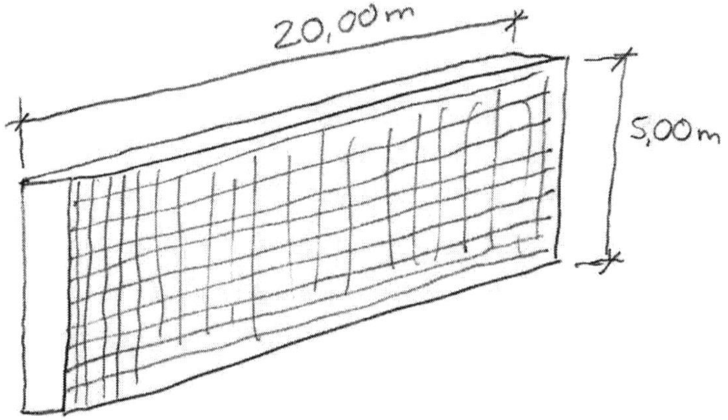

Tatsächlicher Leistungsumfang

4.4 Änderung der zu erbringenden Leistung

100 Da genau die im Vertrag vorgesehene Leistung in der gleichen Menge des im Leistungsverzeichnis angegebenen Vordersatzes ausgeführt wird, ist der vertragliche Leistungsumfang gleich dem tatsächlichen Leistungsumfang. Es liegt keine Änderung vor.

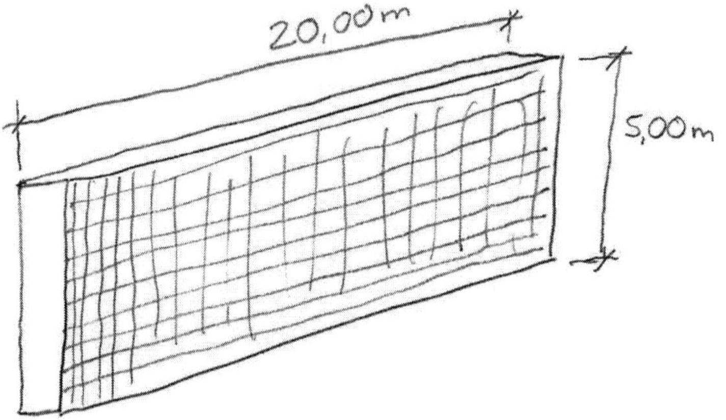

Kein geänderter Leistungsumfang

4.5 Anspruchsgrundlage

101 Der Anspruch des Auftragnehmers auf eine Vergütung ergibt sich aus dem abgeschlossenen Werkvertrag. Das bedeutet, dass sich in dem hier vorliegenden Fall aus dem Vertrag ergeben muss, dass der Auftraggeber die Leistung nach „Regie" bezahlt. Hier ist allerdings schon der erste Streitpunkt angelegt. Was bedeutet, in Regie abzurechnen?

Genau genommen bedeutet die Abrechnung nicht, wie in der Praxis oft angenommen wird, eine Abrechnung nach dem tatsächlichen Aufwand. In der Kostenart Lohn wurde in unserem Beispiel die Abrechnung nach den tatsächlich erbrachten Stunden vereinbart. Die Vergütung je Stunde ist allerdings durch die Vertragspartner frei festgelegt und übereinstimmend vereinbart worden. Daher trägt hier der Auftragnehmer das Risiko, dass dieser vereinbarte Stundensatz für die Deckung der Lohnkosten des Verlegepersonals einschließlich des Aufsichtspersonals auskömmlich ist. Der vereinbarte Stundensatz für „Regiearbeiten" muss sich ebenfalls aus dem Vertrag ergeben.

102 Die Abrechnung in „Regie" ist daher vorliegend bezüglich der Kostenart Lohn eine Risikoteilung zwischen Auftraggeber und Auftragnehmer. Der Auftrag-

geber trägt das Risiko der zu zahlenden Stunden. Das ist also vergleichbar mit dem Einheitspreisvertrag, in dem der Auftraggeber das Risiko trägt, welche Anzahl von Einheiten er bezahlen muss. Der Auftragnehmer trägt das Risiko seiner Deckung der Kosten für das eingesetzte Personal durch den vereinbarten Preis für eine Einheit, hier eine Stunde. Auch dieses Risiko ist so gesehen das gleiche wie bei einem Einheitspreisvertrag.

Aus der Vereinbarung des Stundensatzes muss sich ergeben, wofür dieser **103**
Stundensatz vereinbart ist. Wie bei der Bildung des Mittellohns kann auch der Stundensatz für Regiearbeiten verschiedene Personalgruppen bezüglich der Lohn- und Gehaltskosten enthalten. Daher ist bezüglich des vereinbarten Stundensatzes insbesondere anzugeben, welche Qualifikation das enthaltene Personal hat, ob Poliere zur Aufsicht und ob weitergehend auch die Bauleitung oder andere Kosten in dem vereinbarten Stundensatz enthalten sind.

Da das Personal bei vielen Regiearbeiten zumindest Kleingeräte benötigt, **104**
sollte in die Vereinbarung des Stundensatzes auch aufgenommen werden, ob Kleingeräte eingeschlossen sind. Kleingeräte sind nicht nur Schaufeln, Hacken etc., sondern auch elektrische Geräte, wie Bohrmaschinen, Rührgeräte, Schrauber etc.

Bei Regieabrechnungen in der Kostenart Lohn ist die Besonderheit, dass **105**
die erbrachten Lohnstunden nicht im Nachgang „aufgemessen" werden können. Wenn der Auftraggeber also die Anzahl der erbrachten Stunden kontrollieren will, muss er vor Ort während der Ausführung nachsehen, wie viel Personal der Auftragnehmer einsetzt und wie lange diese Mitarbeiter arbeiten. Da dies häufig ein Problem darstellt, gibt es in Werkverträgen meist Regelungen für die Abrechnung von Regiearbeiten. Diese Regelungen sind zu beachten und stellen für den Auftragnehmer formelle Voraussetzungen dar, die er erfüllen muss.

In dem Beispiel hat der Auftraggeber die Ausführung aller Arbeiten „in **106**
Regie" beauftragt. In der Praxis ist es allerdings meist so, dass im Rahmen eines Werkvertrags durch den Auftragnehmer viele Leistungen nach vereinbarten Positionen und Einheitspreisen erbracht werden. Daneben fallen spontan kleinere Arbeiten an, die zeitnah erledigt werden sollen. In diesen Fällen bietet es sich an, diese Arbeiten nicht als Nachtrag abzuarbeiten, sondern einfach die Vergütungsart zu wechseln und diese Arbeiten in Regie zu bezahlen. Das bedeutet aber, dass durch den Auftraggeber oder seinen berechtigten Vertreter dem Auftragnehmer gegenüber erklärt werden muss, welche Arbeiten zusätzlich ausgeführt werden sollen und dass für diese Arbeiten die Vergütung in Regie vereinbart wird. Sollten noch keine Regiesätze vereinbart worden sein, müssen diese spätestens jetzt mit vereinbart

werden. Kann der Auftragnehmer das Vorliegen einer Stundenlohnvereinbarung und die Beauftragung des Leistungsumfangs nicht beweisen, ist sein Anspruch auf Vergütung stark gefährdet.

107 Für die Abrechnung der Regiearbeiten werden in den Verträgen meist auch weitere, formelle Voraussetzungen aufgestellt. Diese sind einzuhalten, da bei fehlenden formellen Voraussetzungen ein Anspruch auf Vergütung der in Regie erbrachten Leistungen entfallen kann. Daher muss in jedem Fall bei einer Beauftragung von Regiearbeiten gleich der Vertrag durchgesehen werden, ob es besondere vertragliche Regelung für Regiearbeiten gibt.

Wenn die Geltung der VOB/B vereinbart ist, so enthält § 15 VOB/B hierzu Regelungen. Zunächst ist dort ausgeführt, dass Stundenlohnarbeiten einer vertraglichen Regelung bedürfen. Für den Fall, dass keine Vergütung im Vertrag geregelt ist, enthält § 15 Abs. 1 Nr. 2 VOB/B den Hinweis, dass dann eine ortsübliche Vergütung zu zahlen ist, hilfsweise der erforderliche Aufwand zu erstatten ist, der mit Zuschlägen für Gemeinkosten und Gewinn beaufschlagt werden kann.

108 Wichtiger sind allerdings die weiteren Voraussetzungen, die der Auftragnehmer erfüllen muss, und die sich ähnlich in den meisten Werkverträgen finden. Diese Voraussetzungen lassen sich zeitlich ordnen. Bevor der Auftragnehmer mit den Stundenlohnarbeiten beginnt, muss er dies anmelden. Erst die Mitteilung des Beginns der Regiearbeiten ermöglicht es dem Auftraggeber, diese zu kontrollieren. Die Mitteilung muss so früh erfolgen, dass der Auftraggeber oder sein Bevollmächtigter bereits ab Beginn der Arbeiten vor Ort anwesend sein kann.

109 Der Auftragnehmer hat die Regiearbeiten zu dokumentieren. Dazu führt er die so genannten Regieberichte. Sie müssen bezüglich der Kostenart Lohn die Anzahl und die Qualifikation der eingesetzten Mitarbeiter ausweisen, üblicherweise werden auch die Namen der Mitarbeiter aufgelistet, die Uhrzeit des Beginns der Tätigkeit für die einzelnen Mitarbeiter und die Uhrzeit für das Ende der Arbeiten. Wenn Führungspersonal getrennt abgerechnet wird, ist dies auch getrennt anzugeben. Weiterhin sollte die Art der ausgeführten Tätigkeit genau beschrieben werden. Dazu gehört auch der Umfang der Arbeiten, wo diese ausgeführt wurden etc.

110 Für die Kostenarten Gerät, Material oder Sonstiges sind ebenfalls Angaben zu machen. Hier ist das Gerät zu bezeichnen, die Einsatzzeit, das verbrauchte und verbaute Material unter genauer Angabe der Mengen, sowie sonstige Kosten. Das können zum Beispiel Kranstunden sein, wenn ein Kran angemietet wird, Transportkosten etc.

111 Diese Regieberichte werden täglich angefertigt. Der Aufsichtführende unterzeichnet den Regiebericht und dokumentiert damit, dass er zutreffend ist.

Es hat sich auch eingebürgert, dass die Regieberichte von einer anwesenden Person im Dienste des Auftraggebers unterschrieben werden. Das ist allerdings nicht zwingend und hilft im Prinzip nur, wenn diese Person durch den Auftraggeber bevollmächtigt ist, in seinem Namen durch Unterschrift die dort angegebenen Arbeiten anzuerkennen.

Die Regieberichte sollten in möglichst kurzen Zeitabständen dem Auftrag- **112**
geber übergeben werden mit der Bitte um entsprechendes Anerkenntnis. Daher können die Berichte täglich übergeben werden, längstens sollte der Zeitabstand eine Arbeitswoche sein. Die Rückgabe der Regieberichte sollte dann ebenfalls spätestens nach einer weiteren Arbeitswoche erfolgen. Sind die Regieberichte ohne Beanstandungen zurückgegeben worden, ist unverzüglich eine Rechnung über diese geleisteten Arbeiten an den Auftraggeber zu senden.

Im Falle einer Beanstandung sollte dies sehr zeitnah zwischen dem Auftrag- **113**
nehmer und dem Auftraggeber geklärt werden. Wartet man zu lange, lassen sich die rapportierten Leistungen meist nicht mehr erinnern und eine Klärung der Beanstandung wird unnötig erschwert. Wichtiger als die Klärung der Beanstandung ist es, den Grund für die Beanstandung mit dem Auftraggeber zu besprechen und nach einer Lösung zu suchen, wie sich dies zukünftig vermeiden lässt.

4.6 Anspruchshöhe

Um die Höhe der Vergütung zu ermitteln, müssen die Regieberichte als Be- **114**
rechnungsgrundlage verwendet werden. Sie sind im Prinzip so etwas wie die Aufmaßblätter für die Feststellung der ausgeführten Leistungen. Zweite Grundlage sind die vertraglichen Vereinbarungen für die Regieleistungen. Jeder Regierechnung sind daher die Beauftragung der Regiearbeiten und die Regieberichte beizulegen.

4.6.1 Einzelkosten der Teilleistung

Die Kostenart Lohn ermittelt sich zunächst aus der Anzahl der geleisteten **115**
Stunden. Diese ist den Regieberichten zu entnehmen. Rechnet man die Regieleistungen wöchentlich ab, addiert man alle Stunden aus den Regieberichten dieser Arbeitswoche. Eine entsprechende Aufstellung kann wie folgt aussehen, wobei hier die gesamte Ausführungszeit inklusive der nächsten drei Arbeitstage der Folgewoche berücksichtigt wurde.

Montag:	2 AK × 8,5 h = 17,0 h
Dienstag:	2 AK × 8,0 h = 16,0 h
Mittwoch:	1 AK × 8,5 h = 8,5 h
Donnerstag:	1 AK × 8,5 h = 8,5 h
Freitag:	2 AK × 4,0 h = 8,0 h
	58,0 h

Montag:	2 AK × 6,0 h = 12,0 h
Dienstag:	1 AK × 8,0 h = 8,0 h
Mittwoch:	1 AK × 8,0 h = 8,0 h
	28,0 h

Dies ergibt in Summe 86 Stunden.

Die Anzahl der Lohnstunden wird mit dem vereinbarten Lohnansatz pro Stunde multipliziert.

86 h × 60,00 €/h = 5.160,00 €

Da hier ein einheitlicher Satz pro Stunde vereinbart war, kommt es nicht darauf an, welche Qualifikation das eingesetzte Personal hat. Sollten verschiedene Stundensätze vereinbart sein, ist je nach der Qualifikation zu unterscheiden. In diesen Fällen müssen die Regierapporte die Stunden getrennt nach den jeweils angegebenen Stundensätzen ausweisen. Entsprechend sind die rapportierten Stunden mit den zugehörigen Lohnansätzen zu multiplizieren. Sollten Poliere nicht enthalten sein, sind diese ebenfalls nach den in den Regieberichten angegebenen Stunden abzurechnen.

116 Die Einzelkosten für Material müssen nach der vertraglichen Vereinbarung abgerechnet werden. In diesem Fall wurde vereinbart, dass diese Kosten auf Nachweis vergütet werden. Das bedeutet eine andere Vergütungsart als bei der Kostenart Lohn. Der Nachweis der Materialkosten ist üblicherweise die Rechnung für das eingekaufte Material. Es handelt sich also um eine echte Kostenerstattung. Der Auftragnehmer bekommt das bezahlt, was er selbst ausgegeben hat.

Ausgangsbasis der Abrechnung auf Nachweis ist also zunächst die Rechnung für die verwendeten Materialien. Eventuell im Einkauf erlangte Rabatte usw. sind an den Auftraggeber weiterzugeben, da der Auftraggeber die nachgewiesenen Kosten bezahlen muss. Es wird unterstellt, dass der Auftragnehmer für die Fliesen den Preis in Höhe von 20 €/m² bezahlt hat und dies auf der entsprechenden Rechnung von seinem Baustoffhändler nachgewiesen ist. Damit ergeben sich die Materialkosten wie folgt.

100 m² × 20 €/m² = 2.000,00 €

Bezüglich der Kostenart Geräte war ebenfalls eine Erstattung der Kosten vereinbart. Das bedeutet, dass der Auftragnehmer einen Nachweis der entstandenen Kosten liefern muss. Die Ausführungszeit ergibt sich hier durch die eigenen Lohnstunden für das Fliesen und das Verfugen durch den Nachunternehmer. Es wurden 86 Stunden für das Fliesen benötigt innerhalb einer Woche. Das Verfugen des Nachunternehmers ist gleich geblieben und benötigt weitere 35 Stunden. Die Ausführungsdauer beträgt gesamt 121 Stunden, allerdings in hier nur zwei Wochen, da der Nachunternehmer mit zwei Mann seine Verfugungsarbeiten in zwei Tagen erledigt. **117**

Daher stellt sich zunächst die Frage, ob der Auftragnehmer die Kosten nur für die zwei Wochen ansetzen darf, oder die Dauer der gesamten 121 Stunden, die ca. 3 Wochen à 40 Stunden entspricht. Hier kommt es aber nicht mehr auf die kalkulierte Zeit oder die kalkulierten Gerätekosten an, sondern auf die tatsächlichen Kosten. Daher kann der Auftragnehmer nur die tatsächliche Ausführungsdauer geltend machen, hier also zwei Wochen oder ½ Monat.

Es stellt sich die weitere Frage, wie hoch die tatsächlichen Kosten für das Gerät sind. Wurde das Gerät durch den Auftragnehmer angemietet, stellt dies kein Problem dar. Die in der Rechnung für die Mietfirma ausgewiesenen Kosten für die tatsächliche Dauer des Einsatzes können geltend gemacht werden. Hierzu zählt auch die Dauer für den Hin- und Rücktransport. **118**

Komplizierter wird es, wenn das Gerät nicht angemietet ist und für das eigene Gerät kein Stunden- oder Tagessatz vereinbart worden ist. Kalkulierte Ansätze müssen nicht den tatsächlichen Kosten entsprechen. Auch die Ansätze aus der Baugeräteliste BGL sind nur eine Kalkulationshilfe und entsprechen nicht den tatsächlichen Kosten. Ein möglicher Ansatz ist, aus der internen Buchhaltung die Kosten für das Gerät zu entnehmen, die der Firma bei vorherigen Einsätzen entstanden sind. Findet sich kein Ansatz, bleibt nur die Lösung, sich mit dem Auftraggeber zu einigen. Daher kann die Empfehlung nur sein, auch für die Geräte, wie für die Kostenart Lohn, vorher einen Satz je Stunde oder Tag zu vereinbaren. In diesen Satz sollten auch die Betriebskosten und der An- und Abtransport eingerechnet werden. **119**

Wir unterstellen, dass der Auftragnehmer die kalkulierten Kosten in Höhe von 1.000,00 €/Monat auch als Kosten nachweisen kann. Da das Gerät ½ Monat gebraucht wurde, betragen die Gerätekosten **120**

1.000,00 €/Monat × 0,5 Monate = 500,00 €.

In der Kostenart Sonstiges wurde der Nachunternehmer eingesetzt, der eine Rechnung über 500,00 € an den Auftragnehmer gestellt hat. Dies entspricht den tatsächlichen Kosten und diese können mit dem Nachweis der Rechnung geltend gemacht werden. **121**

500,00 €

Das ergibt vorläufig folgenden Betrag für die Abrechnungssumme:

Lohnkosten	5.160,00 €
Materialkosten	2.000,00 €
Gerätekosten	500,00 €
Sonstiges	500,00 €
	8.160,00 €

4.6.2 Zuschläge

122 Bei der Vereinbarung der Preise für Regieleistungen ist darauf zu achten, dass auch die Deckungsbeiträge für die Zuschläge berücksichtigt werden. Werden Regiesätze vereinbart, ist darauf kein weiterer Zuschlag zu bezahlen. Wenn der Auftragnehmer auf die Regiesätze noch den Zuschlag hinzurechnen will, muss dies ausdrücklich vertraglich vereinbart werden.

In dem Beispiel sind die Lohnkosten als Regiesatz in Höhe von 60,00 €/h festgelegt worden. Der Auftragnehmer hatte seinen kalkulierten Mittellohn in Höhe von 50,00 €/h angesetzt und diesen mit 20 % beaufschlagt. Das ergibt 60,00 € für eine Regiestunde. Da keine weitere Vereinbarung getroffen war, ist dieser Stundensatz nicht mehr mit weiterem Zuschlag zu versehen.

Das bedeutet, dass die Regiestunden einschließlich der Baustellengemeinkosten in der vereinbarten Vergütung je Stunde enthalten sind. Das deckt sich auch mit der Vereinbarung zwischen Auftraggeber und Auftragnehmer, dass in den Regiesätzen für Stunden auch das Führungspersonal enthalten ist. Weiterhin ist auch der Zuschlag für allgemeine Geschäftskosten, Wagnis und Gewinn enthalten.

123 Für die anderen Kostenarten, also Material, Gerät und Sonstiges, wurde eine Kostenerstattung auf Nachweis vereinbart, die üblicherweise mit einer Rechnung belegt wird. Für diese nachgewiesenen Kosten wurde ein Zuschlag in Höhe von 20 % vereinbart. Daher sind diese Kostenarten mit dem Zuschlag zu berechnen. Dieser Zuschlag umfasst also nicht nur die allgemeinen Geschäftskosten, Wagnis und Gewinn, sondern auch die Baustellengemeinkosten.

124 Der Auftragnehmer trägt die allgemeinen Geschäftskosten, die in jedem Fall entstehen. Daher muss das eingesetzte Personal auch im Falle der Regieabrechnung einen Deckungsbeitrag für die allgemeinen Geschäftskosten erwirtschaften. Regieleistungen sind daher auch mit einem Zuschlag für AGK zu versehen.

125 Der Auftragnehmer muss auch bedenken, dass er die gleichen rechtlichen Pflichten trägt, unabhängig davon, ob er die Leistungen im Rahmen einer Regieabrechnung oder im Rahmen eines Einheitspreisvertrages erbringt.

Vor der Abnahme trägt der Auftragnehmer das Risiko des zufälligen Untergangs, der Beschädigung und nach der Abnahme liegt der gleiche Gewährleistungsumfang vor wie bei einem Einheitspreisvertrag. Daher ist das Wagnis gleich, da auch für die in Regie ausgeführten Fliesenarbeiten die gleichen Wagnisse vorhanden sind.

Für die Abrechnung sind daher die Kosten für Material, Gerät und Nachunternehmer mit dem vereinbarten Zuschlag in Höhe von 20 % zu versehen. **126**

Material

2.000,00 € × 1,2 = 2.400,00 €

Gerät

500,00 € × 1,2 = 600,00 €.

Sonstiges

500,00 € × 1,2 = 600,00 €.

Das ergibt folgende endgültige Abrechnungssumme:

Lohnkosten	5.160,00 €
Materialkosten	2.400,00 €
Gerätekosten	600,00 €
Sonstiges	600,00 €
	8.760,00 €

5 Die Mehrkostenforderungen

127 In den folgenden Kapiteln werden Mehrkostenforderungen behandelt, die so genannten Nachträge. Entsprechende Forderungen kann ein Auftragnehmer stellen, wenn er mehr ausführt als in seinem vertraglichen Leistungsumfang enthalten ist. Es können durch einen geringeren Leistungsumfang aber auch Minderkosten entstehen. Für Minderkosten ist die gleiche Berechnung maßgeblich, die auch der Berechnung von Mehrkosten zugrunde liegt. Dies wird nicht jeweils gesondert ausgeführt.

In den folgenden Kapiteln werden für die anschauliche Darstellung der vertraglichen Leistungen weiterhin folgende Abbildungen eingefügt. Nachstehend findet sich diese Abbildung für den vertraglichen Leistungsumfang.

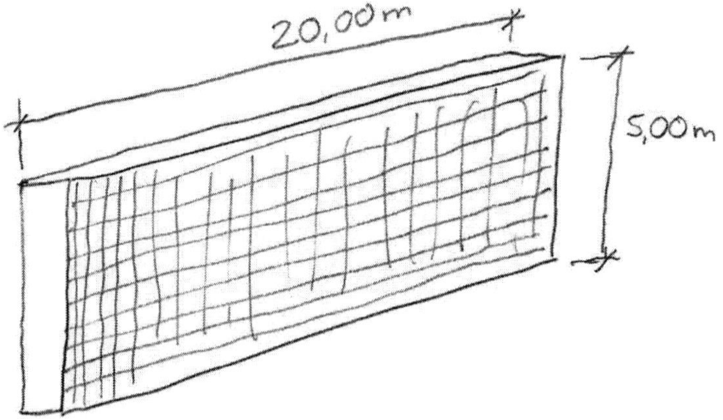

Vertraglicher Leistungsumfang

Sie zeigt, welche Leistung der Auftragnehmer ausführen muss. Hier ist also die Wand in den Abmessungen 20,00 m × 5,00 m abgebildet. Auf der Wand sind die auszuführenden Fliesen zu erkennen. Gegebenenfalls wird der vertragliche Leistungsumfang mit einem Bauzeitenplan ergänzt.

128 Die tatsächlich auszuführende Leistung wird mit der gleichen Abbildung dargestellt, die allerdings im Unterschied zu dem vertraglichen Leistungsumfang die geänderte, tatsächliche Ausführung zeigt.

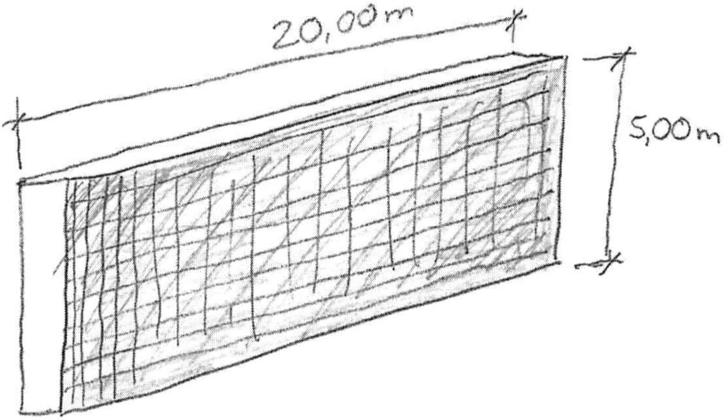

Tatsächlicher Leistungsumfang

Hier zeigt die Abbildung, dass die Farbe der Fliesen geändert wurde. Auch die tatsächliche Ausführung wird um einen Bauzeitenplan ergänzt, wenn Änderungen der Ausführungsdauer vorliegen.

In einem nächsten Schritt wird in der folgenden Abbildung aufgezeigt, welche Änderung zwischen dem vertraglichen Leistungsumfang und dem tatsächlichen Leistungsumfang besteht. Diese Änderung wird schraffiert dargestellt. 129

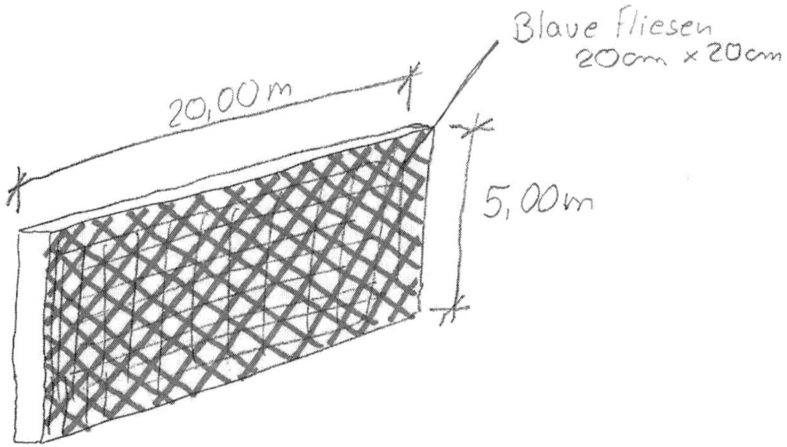

Geänderter Leistungsumfang

Die Darstellung des geänderten Leistungsumfangs zeigt lediglich auf, welche sichtbare Änderung der Ausführung eingetreten ist. Die geänderten Parameter der Ausführung ergeben sich aber erst, wenn diese Änderungen aus technischer Sicht bewertet werden. Die technischen Auswirkungen der

Änderung des Leistungsumfangs werden in diesem Unterpunkt bereits erläutert.

130 Weiterführend werden die Kapitel bezüglich der rechtlichen Voraussetzungen der Anspruchsgrundlage und der Kalkulation des Nachtrags, also der Anspruchshöhe, abgearbeitet. In diesen Kapiteln werden auch Varianten aufgezeigt, welche bei dem grundlegenden Fall auftreten können.

131 Wenn zu einzelnen Punkten bei besonderen Fallkonstellationen andere Gesichtspunkte zu berücksichtigen sind, werden die Ausführungen für die besondere Fallkonstellation als eigener Absatz mit der Überschrift

Sonderfall:

eingefügt.

132 Wenn bei einzelnen Nachträgen eine andere Fallkonstellation erhebliche Auswirkungen auf die Bearbeitung des Nachtrags hat, wird diese Fallkonstellation als

Fallvariante:

eingefügt. Die Fallvariante wird dann vollständig abgearbeitet, wie es vorstehend für einzelne Nachträge beschrieben worden ist.

6 Mehrkostenforderungen aufgrund von Mehrmengen

In diesem Kapitel werden jene Fälle behandelt, in denen es bedingt durch eine „reine" Mengenänderung zur Mengenmehrung einer im Vertrag enthaltenen Leistung kommt. Es handelt sich also um die Fälle, in denen sich die tatsächlich ausgeführte Menge gegenüber dem Vordersatz erhöht, aber keine Anordnung des Auftraggebers vorliegt. 133

Liegt eine Anordnung des Auftraggebers vor, dass der Auftragnehmer mehr von der vertraglichen Leistung ausführen soll, handelt es sich um eine Leistungsänderung nach § 2 Abs. 5 VOB/B. Diese Fälle werden in Kapitel 8 behandelt. In der Praxis ist es üblich, auch im Falle einer Anordnung des Auftraggebers, von im Vertrag vorgesehenen Leistungen mehr auszuführen, § 2 Abs. 3 VOB/B anzuwenden. Das ist aber im Grundsatz nicht zutreffend. Einigen sich die Vertragspartner aber auch in den Fällen einer Anordnung auf eine Berechnung des Nachtrags nach § 2 Abs. 3 VOB/B, so ist dies möglich. 134

Wird nur der vertragliche Leistungsumfang erbracht, also der ausgeschriebene Vordersatz des Leistungsverzeichnisses ausgeführt, liegen keine Mengenabweichung und keine geänderte Leistung vor. Diese Fälle werden in Kapitel 3 behandelt. 135

Verändert sich durch die größere auszuführende Menge die Bauzeit, dann ist diese Bauzeitverlängerung in Kapitel 10 und eine Bauzeitverkürzung durch beschleunigende Maßnahmen in Kapitel 11 zusätzlich zu berücksichtigen. Das gilt für die Fälle, in denen zeitabhängige Kosten nicht durch die Leistungsänderung selbst, also deren Kosten einschließlich der Zuschläge, abgedeckt sind. 136

6.1 Sachverhalt Fallvariante Mehrmengen kleiner 10 %

Nach dem Vertragsabschluss führt der Auftragnehmer zum vorgesehenen Zeitpunkt die im Vertrag angegebenen Leistungen aus. Der Auftragnehmer fliest die Wand und lässt sie durch den Nachunternehmer verfugen. Bei dem anschließenden Aufmaß der Leistungen stellt sich heraus, dass die Wand 21 Meter lang und 5 Meter hoch ist. Die aufgemessene Menge beträgt damit 105 m². 137

6.2 Vertraglicher Leistungsinhalt

138 Der vertragliche Leistungsinhalt ist die Position des Ausgangsfalls.

100 m² Verlegen von Fliesen, 20 cm x 20 cm, weiß, als Wandbelag

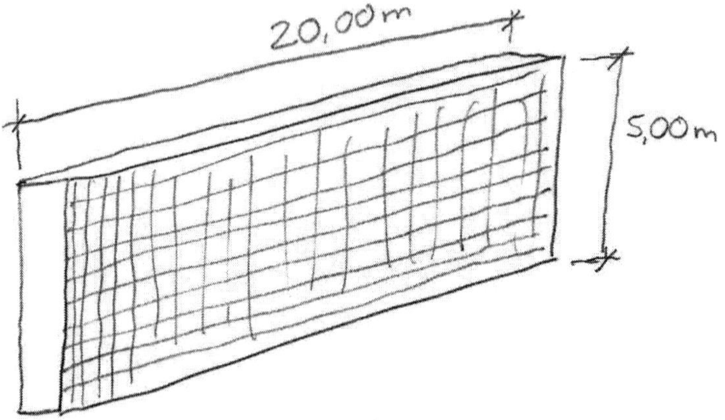

Vertraglicher Leistungsumfang

6.3 Tatsächlich auszuführende Leistung

139 Der Auftragnehmer fliest die Wand und lässt sie durch den Nachunternehmer verfugen.

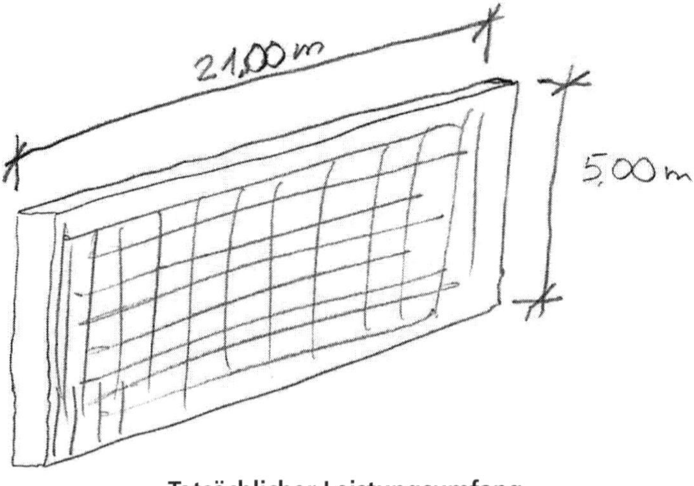

Tatsächlicher Leistungsumfang

6.4 Änderung der zu erbringenden Leistung

Wie sich bei dem Aufmaß herausstellt, hat der Auftragnehmer einen Abschnitt von 1 Meter Länge und 5 Meter Höhe mehr gefliest. Dementsprechend hat auch der Nachunternehmer diese Fläche von 5 m² mehr verfugt. 140

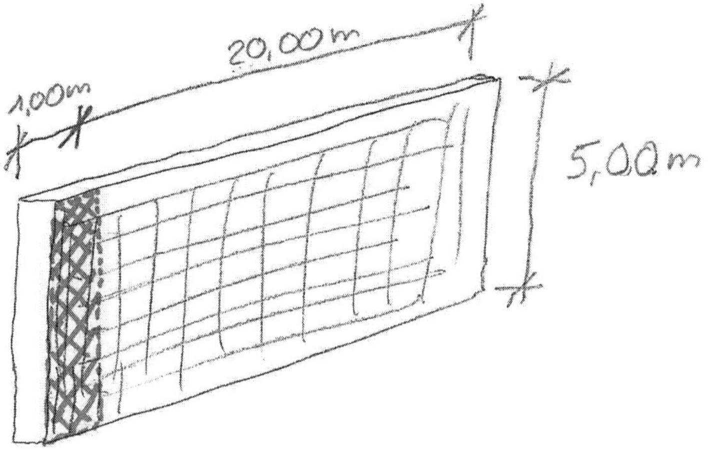

Geänderter Leistungsumfang

6.5 Anspruchsgrundlage

Der Auftragnehmer hat bei dem Einheitspreisvertrag einen Anspruch auf Vergütung in Höhe des vereinbarten Einheitspreises, der mit der tatsächlich ausgeführten Menge zu multiplizieren ist. Dieser Anspruch besteht als Anspruch auf die vertragliche Vergütung nach § 631 BGB. In § 2 Abs. 2 VOB/B ist ausgeführt, dass bei entsprechender Vereinbarung die erbrachte Leistung nach den vereinbarten Einheitspreisen und den tatsächlich ausgeführten Mengen berechnet wird. 141

Bei Vereinbarung der VOB/B als mitgeltender Vertragsbestandteil regelt § 2 Abs. 3 Nr. 1 VOB/B, dass bei einer Abweichung um nicht mehr als 10 % die vertraglich vereinbarten Einheitspreise unverändert gelten. Die Abweichung bestimmt sich aus der für jede einzelne Position durch das Aufmaß ermittelten, tatsächlich ausgeführten Menge und dem Abgleich mit dem für diese Position ausgeschriebenen Vordersatz. Ist die tatsächlich ausgeführte Menge um nicht mehr als 10 % höher als der Vordersatz, bleibt es bei dem vereinbarten Einheitspreis für die jeweilige Position. 142

Die Regelung des § 2 Abs. 3 VOB/B ist nicht anwendbar, wenn die Vertragspartner eine Kostenerstattung, eine Abrechnung in Regie oder eine pauschale Abrechnung ohne Berücksichtigung der Mengen in der Position vereinbart haben, die in größerer Menge auszuführen ist.

143 Ist die Geltung der VOB/B nicht vereinbart, muss im Vertrag nachgeschlagen werden, ob eine entsprechende Regelung enthalten ist. Gibt es keine gesonderte Regelung, gilt lediglich das BGB. Dort gibt es keine Regelung, dass Einheitspreise bei Änderungen des Vordersatzes angepasst werden. In vielen Fällen ist auch gerade eine Anpassung der Vergütung als Folge von Mengenänderungen ausgeschlossen. Das bedeutet, dass ohne Geltung der VOB/B die gesamte Menge nach dem vertraglichen Einheitspreis abzurechnen ist.

144 Im Prinzip handelt es sich bei der Abrechnung der um nicht mehr als 10 % erhöhten Menge nicht um einen Nachtrag, sondern lediglich um die Abrechnung der Menge nach unveränderten vertraglichen Preisen. Die Vergütung erhöht sich zwar gegenüber der Auftragssumme. Das ist aber eine normale Konstellation bei Einheitspreisverträgen, in denen der Vordersatz nicht zwingend genau ermittelt wird und daher die im Vertrag angegebene Gesamtvergütung oder der bei den Positionen angegebene Gesamtpreis nicht verbindlich ist.

6.6 Anspruchshöhe

145 Die Anspruchshöhe bestimmt sich nach der Abrechnung mit den vertraglich vereinbarten Einheitspreisen, wie dies bereits in Kapitel 3 ausgeführt worden ist. Der Einheitspreis ändert sich nicht und ist auf die tatsächlich ausgeführte Menge anzuwenden. Der Abrechnung ist das Aufmaß der tatsächlich ausgeführten Leistungen zugrunde zu legen.

Nachfolgend wird ausgeführt, welche Konsequenzen sich für die einzelnen Kostenbestandteile und die Zuschläge aus der Erhöhung der Menge ergeben.

6.6.1 Einzelkosten der Teilleistung

146 Die Kostenart Lohn wird mit dem kalkulierten Mittellohn und dem in der Kalkulation angenommenen Leistungswert abgerechnet. Das bedeutet, dass der Auftragnehmer die in dieser Kostenart ermittelten Anteile auch für die den Vordersatz überschreitenden Mengen erhält. Da das ausführende Personal sich bei der gleichen Ausführung, die nur in größerer Menge vorliegt, nicht ändert, bleibt der Mittellohn gleich. Dies gilt auch für den angesetzten Leistungswert, da sich auch diesbezüglich an der Art der auszuführenden Leistung nichts ändert. Hat der Auftragnehmer den Leistungswert zu nied-

rig angesetzt und erzielen die Mitarbeiter bei der tatsächlichen Ausführung einen höheren Leistungswert, schreibt sich der Gewinn auch mit den für die Mehrmenge erforderlichen Lohnstunden fort.

In der Kostenart Material erhält der Auftragnehmer ebenfalls die kalku- **147**
lierten Einzelkosten für die ausgeführten Einheiten. Damit schreiben sich auch bei diesen Einzelkosten der Teilleistung die kalkulierten Kosten bei der Mehrmenge fort, sodass sich auch hier die in der Kalkulation enthaltenen Gewinne und Verluste durch die Veränderung der tatsächlich eintretenden Materialkosten fortführen.

Bei der Kostenart Gerät rechnet der Auftragnehmer ebenfalls seine er- **148**
mittelten Einzelkosten der Teilleistungen ab. Das ist bezüglich der reinen Gerätekosten und der Betriebsstoffe folgerichtig, da sich diese durch die Mehrmenge auch linear erhöhen. Diese Kosten sind also entsprechend den kalkulativen Annahmen des Auftragnehmers erlöst. Darin enthaltene Gewinne oder Verluste, die sich aus den der Kalkulation zugrunde gelegten Annahmen des Auftragnehmers ergeben, zum Beispiel dem Leistungswert, setzen sich für die Mehrmenge fort.

Sind allerdings in der Kostenart Gerät auch die vollständigen Kosten für den An- und Abtransport in den Preis je Einheit eingerechnet, werden diese Kostenanteile durch die Mehrmenge in größerem Umfang erlöst, obwohl keine höheren Kosten für den An- und Abtransport entstehen. In diesem Fall erwirtschaftet der Auftragnehmer durch die Mehrmenge in der Kostenart Gerät einen zusätzlichen Gewinn.

In der Kostenart Sonstiges hatte der Auftragnehmer die Vergütung für den **149**
Nachunternehmer eingesetzt und auf den berechneten Einheitspreis verteilt, den er für 500,00 € pauschal verpflichtet hatte. Da der Auftragnehmer den entsprechenden Anteil der Nachunternehmervergütung über den Einheitspreis auch für die Mehrmenge abrechnet, erlöst der Auftragnehmer einen linear höheren Betrag in der Kostenart Sonstiges bei seinem Auftraggeber.

Da der Auftragnehmer aber gegenüber seinem Nachunternehmer eine pauschale Abrechnung vereinbart hat, stellen sich hier Abweichungen zwischen den Kosten des Auftragnehmers, nämlich der Nachunternehmervergütung, und seinen erwirtschafteten Vergütungsanteilen gegenüber dem Auftraggeber ein. Der Nachunternehmer erhält aufgrund der vereinbarten pauschalen Vergütung auch bei Ausführung der erhöhten Menge nur die pauschal vereinbarte Vergütung in Höhe von 500,00 € von dem Auftragnehmer. Das bedeutet, dass der Auftragnehmer durch die unterschiedlichen Vergütungsarten seine Kosten in der Kostenart Sonstiges konstant hält, aber den bei dem Auftraggeber erlösten Kostenanteil für die Kostenart Sonstiges linear steigern kann. Daher erwirtschaftet der Auftragnehmer mit jeder Einheit der Mengenmehrung einen zusätzlichen Gewinn in der Kostenart Sonstiges. Dieser Gewinn stellt sich unabhängig davon ein, ob die Nachunternehmervergabe für den Auftragnehmer kostendeckend war oder nicht.

150 Hätte der Auftragnehmer mit seinem Nachunternehmer ebenfalls einen Einheitspreisvertrag vereinbart, würden die Kosten durch die Nachunternehmervergütung ebenfalls aufgrund der größeren Menge linear ansteigen. In diesem Fall würde sich der Vergabegewinn oder der Vergabeverlust der Nachunternehmerbeauftragung bei der Abrechnung der Mehrmenge mit den vereinbarten Einheitspreisen linear fortsetzen.

6.6.2 Zuschläge

151 Der Zuschlag für Baustellengemeinkosten wird in kalkulierter Höhe von 10 % durch die Berechnung der Vergütung für die Mehrmengen mit den unveränderten Einheitspreisen in kalkulierter Höhe bezogen auf den Umsatz erlöst. Unterstellt man, dass der Bauleitungsaufwand linear mit der Mehrmenge ansteigt, stellt sich lediglich im kalkulierten prozentualen Umfang der Deckungsbeitrag ein.

Sind allerdings in den Baustellengemeinkosten auch einmalige Kosten enthalten, wie zum Beispiel für das Einrichten oder Räumen der Baustelle, so werden diese Kostenbestandteile, die in dem Zuschlag enthalten sind, bei den Mehrmengen auch abgerechnet, obwohl keine erhöhten Kosten anfallen. Daher wird in diesen Fällen der Auftragnehmer eine Überdeckung der Baustellengemeinkosten erwirtschaften, indem er die Mehrmenge zu unveränderten Einheitspreisen abrechnet.

152 Der Zuschlag für allgemeine Geschäftskosten wird ebenfalls durch die Abrechnung mit den vereinbarten und unveränderten Einheitspreisen erlöst. Der Deckungsbeitrag setzt sich damit in kalkuliertem Umfang linear fort und ändert sich prozentual auf den Umsatz bezogen nicht.

153 Änderungen ergeben sich für das Wagnis durch die Mehrmenge ebenfalls nicht, da sich für alle Wagnisse die Parameter durch die höhere Menge nicht ändern. Auch der Gewinn wird in gleichbleibendem prozentualem Umfang bezogen auf den Umsatz erwirtschaftet.

154 Für den Auftragnehmer ergibt sich damit eine Abrechnungssumme, die ohne gesonderten Ausweis der Mehrmenge in Rechnung gestellt wird.

$105\ m^2 \times 66{,}00\ €/m^2 = 6.930{,}00\ €$

6.7 Sachverhalt Fallvariante Mehrmengen größer 10 %

Nach dem Vertragsabschluss führt der Auftragnehmer zum vorgesehenen Zeitpunkt die im Vertrag angegebenen Leistungen aus. Der Auftragnehmer fliest die Wand und lässt sie durch den Nachunternehmer verfugen. Bei dem anschließenden Aufmaß der Leistungen stellt sich heraus, dass die Wand 21,5 Meter lang und 6 Meter hoch ist. Die aufgemessene Menge beträgt damit 129 m². **155**

6.8 Vertraglicher Leistungsinhalt

Der vertragliche Leistungsinhalt ist die Position des Ausgangsfalls. **156**

100 m² Verlegen von Fliesen, 20 cm x 20 cm, weiß, als Wandbelag

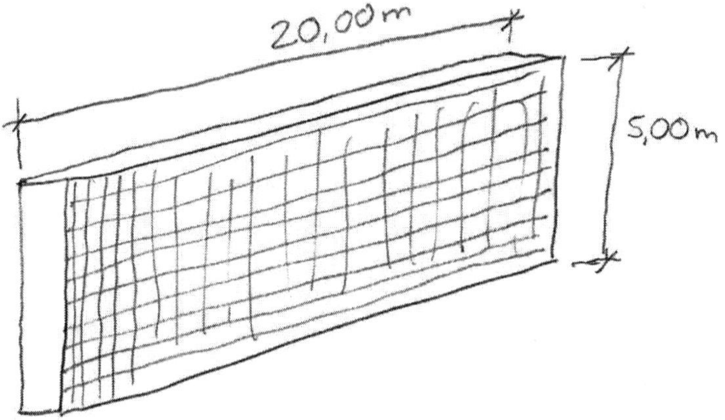

Vertraglicher Leistungsumfang

6.9 Tatsächlich auszuführende Leistung

Der Auftragnehmer fliest die Wand und lässt sie durch den Nachunternehmer verfugen. **157**

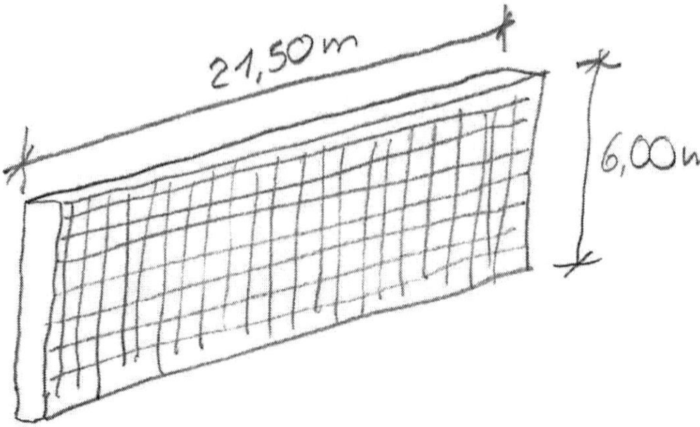

Tatsächlicher Leistungsumfang

6.10 Änderung der zu erbringenden Leistung

158 Wie sich bei dem Aufmaß herausstellt, hat der Auftragnehmer eine Fläche von insgesamt 129 m² gefliest, also 29 m² mehr als im Vordersatz des Leistungsverzeichnisses vorgesehen. Dementsprechend hat auch der Nachunternehmer diese Fläche von 29 m² mehr verfugt.

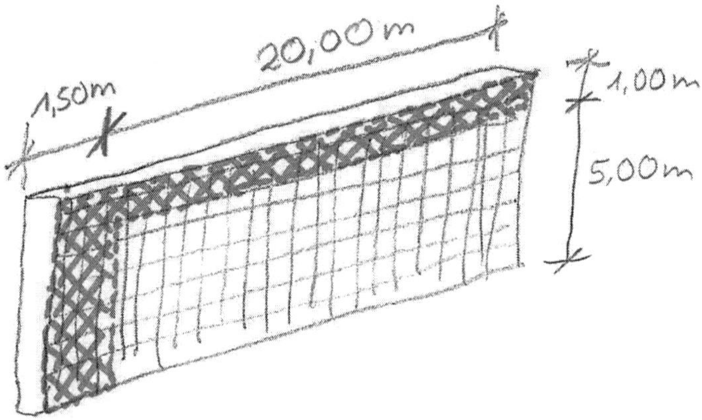

Geänderter Leistungsumfang

6.11 Anspruchsgrundlage

159 Der Auftragnehmer hat bei dem Einheitspreisvertrag einen Anspruch auf Vergütung in Höhe des vereinbarten Einheitspreises, der mit der tatsächlich

ausgeführten Menge zu multiplizieren ist. Dieser Anspruch besteht als Anspruch auf die vertragliche Vergütung nach § 631 BGB. In § 2 Abs. 2 VOB/B ist ausgeführt, dass bei entsprechender Vereinbarung die erbrachte Leistung nach den vereinbarten Einheitspreisen und den tatsächlich ausgeführten Mengen berechnet wird.

Bei Vereinbarung der VOB/B als mitgeltender Vertragsbestandteil regelt § 2 **160** Abs. 3 Nr. 2 VOB/B, dass bei einer Erhöhung der Mengen um mehr als 10 % die vertraglich vereinbarten Einheitspreise auf Verlangen zu ändern sind. Die Abweichung bestimmt sich aus der für jede einzelne Position durch das Aufmaß ermittelten, tatsächlich ausgeführten Menge und dem Abgleich mit dem für diese Position ausgeschriebenen Vordersatz. Ist die tatsächlich ausgeführte Menge um mehr als 10 % höher als der Vordersatz, kann der vereinbarte Einheitspreis für die jeweilige Position geändert werden.

Die Änderung des Einheitspreises muss verlangt werden. Das bedeutet, dass **161** die erbrachten Leistungen auch bei einer Mehrmenge, die größer als 10 % des Vordersatzes ist, der vertraglich vereinbarte Einheitspreis für die gesamte, tatsächlich ausgeführte Menge abgerechnet werden kann, wenn kein entsprechendes Verlangen vorliegt. Das Verlangen nach der Vereinbarung eines neuen Einheitspreises kann sowohl der Auftragnehmer als auch der Auftraggeber stellen. Zwar spricht § 2 Abs. 3 Nr. 2 VOB/B davon, dass ein neuer Preis zu vereinbaren sei. Einigen sich die Vertragspartner aber nicht auf einen neuen Preis, muss der Auftragnehmer seinen ermittelten neuen Preis in Rechnung stellen und bei Kürzungen den entsprechenden Forderungsanteil anderweitig, streitig geltend machen.

Die Regelung des § 2 Abs. 3 VOB/B ist nicht anwendbar, wenn die Vertrags- **162** partner eine Kostenerstattung, eine Abrechnung in Regie oder eine pauschale Abrechnung ohne Berücksichtigung der Mengen in der Position vereinbart haben, die in größerer Menge auszuführen ist.

Ist die Geltung der VOB/B nicht vereinbart, muss im Vertrag nachgeschlagen **163** werden, ob eine entsprechende Regelung enthalten ist. Gibt es keine gesonderte Regelung, gilt lediglich das BGB. Dort gibt es keine Regelung, dass Einheitspreise bei Änderungen des Vordersatzes angepasst werden. In vielen Fällen ist auch gerade eine Anpassung der Vergütung als Folge von Mengenänderungen ausgeschlossen. Das bedeutet, dass ohne Geltung der VOB/B die gesamte Menge nach dem vertraglichen Einheitspreis abzurechnen ist.

Unabhängig von der Frage der Abrechnung der Gesamtforderung sollte der **164** Auftragnehmer bei der Anfertigung von Abschlagsrechnungen darauf achten, ob die im Leistungsverzeichnis angegebenen Vordersätze der einzelnen Positionen überschritten werden. Wird eine Überschreitung von mehr als 10 % bereits während der Ausführungszeit festgestellt, sollte der Auftragnehmer dem Auftraggeber mitteilen, dass sich die auszuführenden Mengen vergrößern und es aus diesen Gründen zu einer Verschiebung anderer Arbeiten oder einer Verlängerung der Bauzeit kommen kann. Gleichzeitig kann er die Änderung des Preises verlangen. Liegt kein Verlangen vor, ist für die Abschlagsrechnungen der vertraglich vereinbarte Einheitspreis einzusetzen.

165 Bei der Abrechnung der um mehr als 10 % erhöhten Menge handelt es sich um einen Nachtrag, wenn die Abrechnung der Menge über 110 % nach veränderten Preisen erfolgt.

6.12 Anspruchshöhe

166 Zunächst muss der Auftragnehmer die tatsächlich ausgeführte Menge mit einem Aufmaß nachweisen. Das Aufmaß ist der Abrechnung beizufügen.

Die tatsächlich ausgeführte Menge bis einschließlich 110 % des Vordersatzes der jeweiligen Position ist mit den vertraglich vereinbarten Einheitspreisen abzurechnen. Da es sich insoweit um die Abrechnung einer vertraglich vereinbarten Vergütung handelt, ist dieser Mengenanteil so abzurechnen, wie es in Kapitel 3 ausgeführt worden ist. Das betrifft in diesem Beispiel also genau 110 m² der zu fliesenden Fläche, da der im Leistungsverzeichnis angegebene Vordersatz 100 m² beträgt. Dieser Vergütungsanteil berechnet sich damit wie folgt.

110 m² × 66,00 €/m² = 7.260,00 €.

Damit verbleiben 129 m² tatsächlich ausgeführte Menge abzüglich der mit dem vertraglich vereinbarten Einheitspreis abgerechneten 110 m², also 19 m², noch abzurechnende Menge. Für diese 19 m² ist auf Verlangen ein neuer Einheitspreis zu bilden und diese Menge mit dem neuen Einheitspreis als Nachtrag in Rechnung zu stellen. Nachfolgend wird dargestellt, wie sich die vergrößerte Menge auf die Einzelkosten der Teilleistungen und die Zuschläge auswirken kann und somit bei Verlangen nach einem neuen Preis ein Nachtrag zu berechnen ist. Dabei ist zu beachten, dass nach § 2 Abs. 3 Nr. 2 VOB/B vorgesehen ist, dass es zu Mehr- oder Minderkosten kommen kann. Dementsprechend kann sich der neue Preis gegenüber dem vereinbarten Einheitspreis erhöhen oder reduzieren.

167 Gemäß § 2 Abs. 3 Nr. 4 VOB/B kann sich auch der Pauschalpreis einer Position ändern, wenn durch höhere Mengen in einer Position eine andere Position betroffen ist. Das stellt klar, dass bei Mengenänderungen einer Position mit Einheitspreis, die mit einem bestimmten Vordersatz ausgeschrieben wurde, möglicherweise auch Leistungen einer anderen Position betroffen sein können, die eigentlich wegen der dort getroffenen pauschalen Preisabrede nicht geändert werden könnte. In diesen Fällen kann der Auftragnehmer oder der Auftraggeber auch eine Änderung der Pauschalsumme verlangen.

6.12.1 Einzelkosten der Teilleistung

In der Kostenart Lohn ist der kalkulierte Mittellohn unverändert, da das ausführende Personal die gleichen Arbeiten ausführt. Für die über 110 % hinausgehende Menge von 19 m² ist also der Mittellohn beizubehalten. Da die 19 m² Mehrmenge unter unveränderten Bedingungen ausgeführt wird, ist auch der kalkulierte Leistungsansatz für die Berechnung des Nachtrags zu verwenden. Die Ermittlung für die Kostenart Lohn aus der Kalkulation ändert sich daher für den Nachtrag für die 19 m² Fliesen nicht. 168

Lohn Mittellohn 50 €/h

Leistungswert Fliesen 2 m²/h

Daher ergibt sich folgender Vergütungsanteil für die Kostenart Lohn.

19 m² : 2 m²/h = 9,5 h

9,5 h × 50 €/h Mittellohn = 475,00 €

Da der Auftragnehmer einen Leistungswert von 2 m²/h in der Kalkulation verwendet hatte, aber sein Personal 4 m²/h tatsächlich erbringt, hatte der Auftragnehmer in der Kostenart Lohn einen Gewinn erwirtschaftet. Da für die Berechnung des neuen Preises die Kalkulationsbestandteile weiterhin verwendet werden, schreibt sich auch für die Mehrmenge über 110 % dieser Gewinn fort.

Für die 19 m² Mehrmenge sind die gleichen Fliesen zu verwenden. Wird unterstellt, dass der Auftragnehmer die Fliesen bei seinem Baustoffhändler zu dem gleichen Preis erhält, verändert sich nichts. Die Ermittlung für die Kostenart Material aus der Kalkulation ändert sich daher für den Nachtrag für die 19 m² Fliesen nicht. 169

Kalkulierte Kosten für die Fliesen 20 €/m²

Daher ergibt sich folgender Vergütungsanteil für die Kostenart Material.

Materialkosten

19 m² × 20 €/m² = 380,00 €

Wie bei der Kostenart Lohn hatte der Auftragnehmer auch bei der Kalkulationsannahme der Kosten für die Fliesen eine Abweichung zu den tatsächlichen Kosten. Er musste für die Fliesen bei dem Baustoffhändler 25,00 €/m² bezahlen. Der Verlust in Höhe von 5,00 €/m² Fliesen setzt sich also ebenfalls für die Mehrmenge von 19 m² fort. 170

Sonderfall: 171

Es kommt aus verschiedenen Gründen vor, dass der Auftragnehmer beim Einkauf von Material mehr bezahlen muss. Ein Mehrpreis bei dem

Materialeinkauf stellt Mehrkosten im Sinne des § 2 Abs. 3 Nr. 2 VOB/B dar, wenn der Grund für den höheren Einkaufspreis auf der eintretenden Mehrmenge beruht. Das ist gegeben, wenn zum Beispiel der Einkauf von 100 m² durch den Auftragnehmer direkt nach Vertragsabschluss erfolgte und der Baustoffhändler diese Fliesen zu einem rabattierten Preis verkauft, da es sich um eine große Menge handelte, die Anlieferung frei Baustelle vornimmt etc. Kauft der Auftragnehmer die zusätzlichen 29 m² als kleinere Menge erst später ein und gewährt der Baustoffhändler nun keinen Rabatt, steigt der Preis bei dem Baustoffhändler. Dementsprechend hat der Auftragnehmer für diese 29 m² Fliesen höhere Kosten.

Es wird unterstellt, dass der Baustoffhändler statt des ursprünglichen Preises in Höhe von 25,00 €/m² wegen der kleinen Menge dem Auftragnehmer die 29 m² Fliesen jetzt zu einem Preis in Höhe von 28,00 €/m² verkauft. Die Kosten in der Kostenart Material betragen für den Auftragnehmer damit 3,00 €/m² mehr. Diese Mehrkosten kann der Auftragnehmer für die 110 % der ausgeführten Menge nicht geltend machen, da bezüglich dieser Mehrmenge in Höhe von 10 % das Risiko bei dem Auftragnehmer bleibt, da die Regelung in § 2 Abs. 3 Nr. 1 VOB/B bis zu 110 % des Vordersatzes den Einheitspreis unverändert belässt.

Für die weiteren 19 m² Fliesen kann der Auftragnehmer aber die Mehrkosten in Höhe von 3,00 €/m² geltend machen. Konsequenterweise hat er aber nach wie vor den in der Kalkulation hervorgerufenen Verlust weiter zu tragen, da es sich nicht um Mehrkosten wegen der Erhöhung der Menge handelt. Es ergibt sich in diesem Sonderfall folgender Vergütungsanteil für die Kostenart Material.

19 m² × [20 €/m² (kalkuliert) + 3,00 €/m² (Mehrkosten)] = 437,00 €

172 **Sonderfall:**

Möglicherweise kauft der Auftragnehmer die Fliesen bereits in Kenntnis der Mehrmenge ein und der Baustoffhändler gibt dem Auftragnehmer wegen der größeren Menge einen zusätzlichen Rabatt. Wir unterstellen, dass der Auftragnehmer 129 m² Fliesen einkauft und der Baustoffhändler ihm den ursprünglichen Preis in Höhe von 25,00 €/m² auf 22 €/m² für die gesamte Menge reduziert. Die Menge in Höhe von 110 % rechnet der Auftragnehmer zu dem vereinbarten Einheitspreis ab. Daher reduziert sich hier sein aus der Kalkulation stammender Verlust um 3,00 €/m².

Für die über 110 % hinausgehende Menge von 19 m² hat der Auftragnehmer den reduzierten Preis für die Fliesen als Minderkosten in dem Nachtrag zu berechnen. Die Minderkosten betragen 3,00 €/m² Fliesen. Diese sind von dem kalkulierten Fliesenpreis in Abzug zu bringen. Es ergibt sich damit folgender Vergütungsanteil für die Kostenart Material für die 19 m² Fliesen.

19 m² × [20 €/m² (kalkuliert) - 3,00 €/m² (Minderkosten)] = 323,00 €

In der Kostenart Gerät hatte der Auftragnehmer für den Hubsteiger 1.000,00 €/Monat in der Kalkulation angesetzt. Für die Zeitdauer hatte er den Leistungswert für das Fliesen und die Zeit der Ausführung des Nachunternehmers angesetzt. Da die Arbeiten gleich bleiben, ändert sich an diesen Kalkulationsansätzen durch die größere Menge in Höhe von 19 m² nichts. Es entstehen gegenüber den angesetzten Kosten für das Gerät keine Mehrkosten. Die Ermittlung für die Kostenart Gerät aus der Kalkulation ändert sich daher für den Nachtrag für die 19 m² Fliesen nicht. **173**

Gerät Hubsteiger 1.000,00 €/Monat

Mit der Annahme, dass die Ausführungszeit für das Fliesen und für das Verfugen der zusätzlichen 19 m² insgesamt zwei Arbeitstage beträgt und der Hubsteiger je Arbeitstag 50,00 € kostet, ergibt sich folgender Vergütungsanteil für die Kostenart Gerät.

2 AT × 50,00 €/AT = 100,00 €

Sind allerdings in der Kostenart Gerät auch die vollständigen Kosten für den An- und Abtransport in den Preis je Einheit eingerechnet, werden diese Kostenanteile durch die Mehrmenge in größerem Umfang erlöst, obwohl keine höheren Kosten für den An- und Abtransport entstehen. In diesem Fall sind bei der Mehrmenge über 110 % in der Kostenart Gerät die einmaligen Kosten in Abzug zu bringen. Die einmaligen Kosten werden mit 50,00 € angenommen. Damit ergibt sich folgender Vergütungsanteil für die Kostenart Gerät unter Berücksichtigung der Minderkosten, die durch den Abzug der einmaligen Kostenbestandteile entstehen. **174**

2 AT × [(1.000,00 €/Monat – 50,00 € Einmalkosten) : 20 AT/Monat] = 95,00 €

In der Kostenart Sonstiges war der Nachunternehmer für das Verfugen kalkuliert worden. Da der Nachunternehmer in der Kalkulation mit 500,00 € pauschal angesetzt worden ist, ändern sich die Kosten in dieser Kostenart durch die Mehrmenge nicht. Es wird dabei angenommen, dass der Nachunternehmer durch den Pauschalpreis die Mehrmenge nicht gesondert abrechnen kann. Das bedeutet, dass für die Mehrmenge in Höhe von 19 m² für den Auftragnehmer keine Vergütung an seinen Nachunternehmer zu zahlen ist und daher gegenüber dem Auftraggeber Minderkosten gegeben sind. Die Minderkosten berechnen sich, indem die Kostenart Sonstiges im Nachtrag mit 0,00 € eingesetzt wird. **175**

19 m² × 0,00 €/m² = 0,00 €

176 **Sonderfall:**

Wenn der Nachunternehmer einen Einheitspreisvertrag mit dem Auftragnehmer abgeschlossen hat, ändert sich in der Kostenart Sonstiges gegenüber der Kalkulation nichts. Der Nachunternehmer erhält seine Vergütung auch für die 19 m² erhöhte Menge. Daher kann auch der Auftragnehmer in der Kostenart Sonstiges seine Ansätze unverändert belassen.

Sollte die erhöhte Menge so groß sein, dass der Nachunternehmer trotz einer pauschalen Preisvereinbarung eine Mehrvergütung verlangen kann, ist auch der Auftragnehmer berechtigt, entsprechende Kosten gegenüber seinem Auftraggeber abzurechnen.

177 Für die Einzelkosten der Teilleistungen ergeben sich daher folgende Vergütungsanteile unter Berücksichtigung der Mehr- und Minderkosten, die durch die Mehrmenge ausgelöst worden sind.

Lohn	475,00 €
Material	380,00 €
Gerät	95,00 €
Sonstiges	0,00 €
	950,00 €

6.12.2 Zuschläge

178 Der Zuschlag für Baustellengemeinkosten wird in kalkulierter Höhe von 10 % durch die Berechnung der Vergütung für die Mehrmengen über 110 % hinaus in kalkulierter Höhe bezogen auf den Umsatz erlöst. Unterstellt man, dass der Bauleitungsaufwand linear mit der Mehrmenge über 110 % hinaus ansteigt, stellt sich lediglich im kalkulierten prozentualen Umfang der Deckungsbeitrag ein. Dieser berechnet sich als Zuschlag auf die durch Mehr- oder Minderkosten geänderten Einzelkosten der Teilleistungen. Der unveränderte Zuschlagsatz in Höhe von 10 %, also der kalkulierte Zuschlagsatz, ist zutreffend, wenn sich die Baustellengemeinkosten je ausgeführter Mengeneinheit nicht ändern.

Sind allerdings in den Baustellengemeinkosten auch einmalige Kosten enthalten, wie zum Beispiel für das Einrichten oder Räumen der Baustelle, so werden diese Kostenbestandteile, die in dem Zuschlag enthalten sind, bei den Mehrmengen über 110 % auch abgerechnet, obwohl keine erhöhten Kosten anfallen. Daher hat der Auftragnehmer diese einmaligen Kosten für die über 110 % hinausgehende Mengenerhöhung aus dem Zuschlag zu eliminieren und so als Minderkosten in Ansatz zu bringen. Hierfür berechnet sich der Zuschlag für die Baustellengemeinkosten neu, indem der Auftragnehmer seine ermittelten Kosten für die Baustellengemeinkosten aus der

Kalkulation heranzieht und von diesen ermittelten Kosten die einmaligen Kosten abzieht. Dieser geringere Betrag ergibt in Bezug zu der Auftragssumme einen reduzierten Zuschlagsatz für Baustellengemeinkosten. Dieser Zuschlagsatz ist für die über 110 % hinausgehende Menge zu verwenden.

Gleiches gilt auch für andere Bestandteile der Baustellengemeinkosten, **179** zum Beispiel die Baustelleneinrichtung, falls diese nicht länger in Anspruch genommen wird als für die Herstellung des ursprünglichen, vertraglichen Leistungsumfangs. Der Bauleitungsaufwand wird bei Mehrmengen über 110 % aber immer in gleichem Umfang je Einheit anfallen, da die Arbeitsvorbereitung, die Aufsicht, die Abrechnung etc. mit mindestens dem gleichen Aufwand wie bei der ausgeschriebenen Menge verbunden ist.

Für dieses Beispiel wird unterstellt, dass die einmaligen Kosten aus dem Zuschlag für die Baustellengemeinkosten herausgerechnet worden sind und sich daher ein neuer Zuschlagsatz für Baustellengemeinkosten in Höhe von 9 % statt der mit den einmaligen Kosten kalkulierten 10 % Zuschlag ergibt.

Der Zuschlag für allgemeine Geschäftskosten wird durch die Abrechnung **180** mit dem kalkulierten Zuschlagsatz in Höhe von 5 % bezogen auf die Einzelkosten der Teilleistungen, die durch die Mehr- und Minderkosten geändert wurden, wieder vollständig bezüglich des Umsatzes erlöst. Der Deckungsbeitrag setzt sich damit in kalkuliertem Umfang linear fort und ändert sich prozentual auf den Umsatz bezogen nicht.

Änderungen ergeben sich für das Wagnis durch die Mehrmenge ebenfalls **181** nicht, da sich für alle Wagnisse die Parameter durch die höhere Menge nicht ändern. Auch der Gewinn wird in gleichbleibendem prozentualem Umfang bezogen auf den Umsatz erwirtschaftet.

Für den Auftragnehmer ergibt sich damit folgende Abrechnungssumme für **182** die über 110 % hinausgehende Menge, die gesondert als Nachtrag in Rechnung gestellt wird.

Die Summe der Einzelkosten der Teilleistungen für 19 m² Fliesen und Verfugen beträgt

950,00 €

zuzüglich Zuschlag für

BGKneu	9 %
AGK	5 %
Wagnis	3 %
Gewinn	2 %
in Summe	19 %

950,00 € × 1,19 = 1.130,50 €

Die Kontrollrechnung ergibt folgenden neuen Einheitspreis für die über 110 % hinausgehende Menge von 19 m^2.

1.130,50 € : 19 m^2 = 59,50 €/m^2

183 Die Ermittlung des neuen Einheitspreises kann der Auftragnehmer auch durch eine Kalkulation vornehmen. Hierfür verwendet er seine ursprüngliche Kalkulation und ändert die Parameter, die sich durch die über 110 % Mengenerhöhung ergebenden Mehr- oder Minderkosten bei den Einzelkosten der Teilleistungen oder den Zuschlägen ergeben.

7 Mehrkostenforderungen aufgrund von Mindermengen

In diesem Kapitel werden jene Fälle behandelt, in denen es bedingt durch eine „reine" Mengenänderung zur Mengenminderung einer im Vertrag enthaltenen Leistung einer Position kommt. Es handelt sich also um die Fälle, in denen sich die tatsächlich ausgeführte Menge gegenüber dem Vordersatz verringert, aber keine Anordnung des Auftraggebers vorliegt. **184**

Liegt eine Anordnung des Auftraggebers vor, dass der Auftragnehmer weniger von der vertraglichen Leistung ausführen soll, handelt es sich um eine Leistungsänderung nach § 2 Abs. 5 VOB/B. Diese Fälle werden in Kapitel 8 behandelt. **185**

Wird nur der vertragliche Leistungsumfang erbracht, also der ausgeschriebene Vordersatz des Leistungsverzeichnisses ausgeführt, liegen keine Mengenabweichung und keine geänderte Leistung vor. Diese Fälle werden in Kapitel 3 behandelt. **186**

Verändert sich durch die Mindermengen die Bauzeit, dann ist diese Bauzeitverkürzung in Kapitel 11 zusätzlich zu berücksichtigen. Das gilt für die Fälle, in denen zeitabhängige Kosten nicht durch die Leistungsänderung selbst, also deren Kosten einschließlich der Zuschläge, abgedeckt sind. **187**

7.1 Sachverhalt Fallvariante Mindermengen kleiner 10 %

Nach dem Vertragsabschluss führt der Auftragnehmer zum vorgesehenen Zeitpunkt die im Vertrag angegebenen Leistungen aus. Der Auftragnehmer fliest die Wand und lässt sie durch den Nachunternehmer verfugen. Bei dem anschließenden Aufmaß der Leistungen stellt sich heraus, dass die Wand nur 19 Meter lang und 5 Meter hoch ist. Die aufgemessene Menge beträgt damit 95 m^2. **188**

7.2 Vertraglicher Leistungsinhalt

189 Der vertragliche Leistungsinhalt ist die Position des Ausgangsfalls.

100 m² Verlegen von Fliesen, 20 cm x 20 cm, weiß, als Wandbelag.

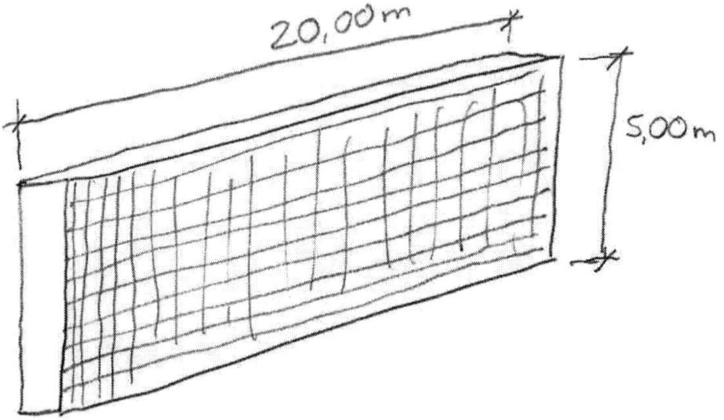

Vertraglicher Leistungsumfang

7.3 Tatsächlich auszuführende Leistung

190 Der Auftragnehmer fliest die Wand und lässt sie durch den Nachunternehmer verfugen.

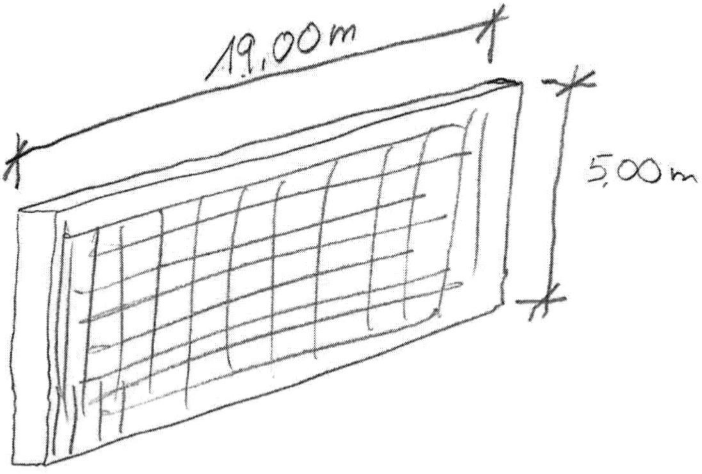

Tatsächlicher Leistungsumfang

7.4 Änderung der zu erbringenden Leistung

Wie sich bei dem Aufmaß herausstellt, hat der Auftragnehmer einen Abschnitt von 1 Meter Länge und 5 Meter Höhe weniger gefliest. Dementsprechend hat auch der Nachunternehmer diese Fläche von 5 m² weniger verfugt. 191

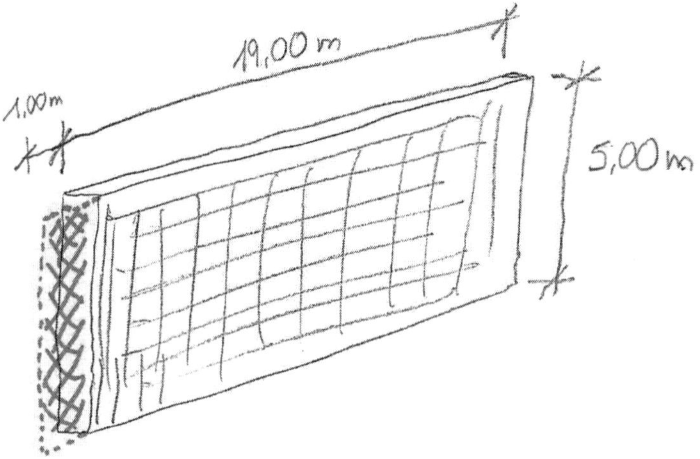

Geänderter Leistungsumfang

7.5 Anspruchsgrundlage

Der Auftragnehmer hat bei dem Einheitspreisvertrag einen Anspruch auf die 192
Vergütung in Höhe des vereinbarten Einheitspreises, der mit der tatsächlich ausgeführten Menge zu multiplizieren ist. Dieser Anspruch besteht als Anspruch auf die vertragliche Vergütung nach § 631 BGB. In § 2 Abs. 2 VOB/B ist ausgeführt, dass bei entsprechender Vereinbarung die erbrachte Leistung nach den vereinbarten Einheitspreisen und den tatsächlich ausgeführten Mengen berechnet wird.

Bei Vereinbarung der VOB/B als mitgeltender Vertragsbestandteil regelt § 2 193
Abs. 3 Nr. 1 VOB/B, dass bei einer Abweichung um nicht mehr als 10 % die vertraglich vereinbarten Einheitspreise unverändert gelten. Die Abweichung bestimmt sich aus der für jede einzelne Position durch das Aufmaß ermittelten, tatsächlich ausgeführten Menge und dem Abgleich mit dem für diese Position ausgeschriebenen Vordersatz. Ist die tatsächlich ausgeführte Menge nicht um mehr als 10 % niedriger als der Vordersatz, bleibt es bei dem vereinbarten Einheitspreis für die jeweilige Position.

194 Die Regelung des § 2 Abs. 3 VOB/B ist nicht anwendbar, wenn die Vertragspartner eine Kostenerstattung, eine Abrechnung in Regie oder eine pauschale Abrechnung ohne Berücksichtigung der Mengen in der Position vereinbart haben, die in geringerer Menge auszuführen ist.

195 Ist die Geltung der VOB/B nicht vereinbart, muss im Vertrag nachgeschlagen werden, ob eine entsprechende Regelung enthalten ist. Gibt es keine gesonderte Regelung, gilt lediglich das BGB. Dort gibt es keine Regelung, dass Einheitspreise bei Änderungen des Vordersatzes angepasst werden. In vielen Fällen ist auch gerade eine Anpassung der Vergütung als Folge von Mengenänderungen ausgeschlossen. Das bedeutet, dass ohne Geltung der VOB/B die gesamte Menge nach dem vertraglichen Einheitspreis abzurechnen ist.

196 Im Prinzip handelt es sich bei der Abrechnung der um nicht mehr als 10 % niedrigeren Menge nicht um einen Nachtrag, sondern lediglich um die Abrechnung der Menge nach unveränderten vertraglichen Preisen. Die Vergütung verringert sich zwar gegenüber der Auftragssumme. Das ist aber eine normale Konstellation bei Einheitspreisverträgen, bei denen der Vordersatz nicht zwingend genau ermittelt wird und daher die im Vertrag angegebene Gesamtvergütung oder der bei den Positionen angegebene Gesamtpreis nicht verbindlich sind.

7.6 Anspruchshöhe

197 Die Anspruchshöhe bestimmt sich nach der Abrechnung mit den vertraglich vereinbarten Einheitspreisen, wie dies bereits in Kapitel 3 ausgeführt worden ist. Der Einheitspreis ändert sich nicht und ist auf die tatsächlich ausgeführte Menge anzuwenden. Der Abrechnung ist das Aufmaß der tatsächlich ausgeführten Leistungen zugrunde zu legen.

Nachfolgend wird ausgeführt, welche Konsequenzen sich für die einzelnen Kostenbestandteile und die Zuschläge aus der Verringerung der Menge ergeben.

7.6.1 Einzelkosten der Teilleistung

198 Die Kostenart Lohn wird mit dem kalkulierten Mittellohn und dem in der Kalkulation angenommenen Leistungswert abgerechnet. Das bedeutet, dass der Auftragnehmer die in dieser Kostenart ermittelten Anteile auch für die den Vordersatz unterschreitenden Mengen erhält. Da das ausführende Personal sich bei der gleichen Ausführung, die nur in kleinerer Menge vorliegt, nicht ändert, bleibt der Mittellohn gleich.

Dies gilt auch für den angesetzten Leistungswert, da sich auch diesbezüglich an der Art der auszuführenden Leistung nichts ändert. Hat der Auftragnehmer den Leistungswert zu niedrig angesetzt und erzielen die Mitarbeiter bei der tatsächlichen Ausführung einen höheren Leistungswert, schreibt sich der Gewinn für die erforderlichen Lohnstunden der ausgeführten Menge fort. Das bedeutet bei einer geringeren Menge, dass sich der in der Kostenart Lohn ergebende Gewinn durch die gesteigerte Leistung des Personals nur in geringerem Umfang realisieren lässt.

In der Kostenart Material erhält der Auftragnehmer ebenfalls die kalkulier- **199**
ten Einzelkosten für die ausgeführten Einheiten. Damit schreiben sich auch bei diesen Einzelkosten der Teilleistung die kalkulierten Kosten bei der ausgeführten, verminderten Menge fort, sodass sich auch hier die in der Kalkulation enthaltenen Gewinne und Verluste durch die Veränderung der tatsächlichen Materialkosten in geringerem Ausmaß fortführen.

Bei der Kostenart Gerät rechnet der Auftragnehmer ebenfalls seine er- **200**
mittelten Einzelkosten der Teilleistungen ab. Das ist bezüglich der reinen Gerätekosten und der Betriebsstoffe folgerichtig, da sich diese durch die verringerte Menge auch linear verringern. Diese Kosten sind also entsprechend den kalkulativen Annahmen des Auftragnehmers erlöst. Darin enthaltene Gewinne oder Verluste, die sich aus den der Kalkulation zugrunde gelegten Annahmen des Auftragnehmers ergeben, zum Beispiel dem Leistungswert, setzen sich für die verringerte Menge fort.

Sind allerdings in der Kostenart Gerät auch die vollständigen Kosten für den An- und Abtransport in den Preis je Einheit eingerechnet, werden diese Kostenanteile durch die verringerte Menge nur in geringerem Umfang erlöst, obwohl die gleichen Kosten für den An- und Abtransport entstehen. In diesem Fall erwirtschaftet der Auftragnehmer durch die verringerte Menge in der Kostenart Gerät einen Verlust.

In der Kostenart Sonstiges hatte der Auftragnehmer die Vergütung für den **201**
Nachunternehmer eingesetzt und auf den berechneten Einheitspreis verteilt, den er für 500,00 € pauschal verpflichtet hatte. Da der Auftragnehmer den entsprechenden Anteil der Nachunternehmervergütung über den Einheitspreis für die verringerte Menge abrechnet, erlöst der Auftragnehmer einen linear niedrigeren Betrag in der Kostenart Sonstiges bei seinem Auftraggeber.

Da der Auftragnehmer aber gegenüber seinem Nachunternehmer eine pau- **202**
schale Abrechnung vereinbart hat, stellen sich hier Abweichungen zwischen den Kosten des Auftragnehmers, nämlich der Nachunternehmervergütung, und seiner erwirtschafteten Vergütungsanteile gegenüber dem Auftraggeber ein. Der Nachunternehmer erhält aufgrund der vereinbarten pauschalen Vergütung auch bei Ausführung der geringeren Menge die Vergütung in Höhe von 500,00 € von dem Auftragnehmer. Das bedeutet, dass für den Auftragnehmer durch die unterschiedlichen Vergütungsarten die Kosten in der

Kostenart Sonstiges konstant sind, aber der bei dem Auftraggeber erlöste Kostenanteil für die Kostenart Sonstiges linear sinkt. Daher erwirtschaftet der Auftragnehmer mit jeder Einheit der Mengenminderung einen Verlust in der Kostenart Sonstiges. Dieser Verlust stellt sich unabhängig davon ein, ob die Nachunternehmervergabe für den Auftragnehmer kostendeckend war oder nicht.

203 Hätte der Auftragnehmer mit seinem Nachunternehmer ebenfalls einen Einheitspreisvertrag vereinbart, würden die Kosten durch die Nachunternehmervergütung ebenfalls linear aufgrund der kleineren Menge abfallen. In diesem Fall würde sich der Vergabegewinn oder der Vergabeverlust der Nachunternehmerbeauftragung bei der Abrechnung der verringerten Menge mit den vereinbarten Einheitspreisen linear fortsetzen.

7.6.2 Zuschläge

204 Der Zuschlag für Baustellengemeinkosten wird in kalkulierter Höhe von 10 % durch die Berechnung der Vergütung für die geringere Menge mit den unveränderten Einheitspreisen in kalkulierter Höhe bezogen auf den Umsatz erlöst. Unterstellt man, dass der Bauleitungsaufwand linear mit der geringeren Menge abnimmt, stellt sich lediglich im kalkulierten prozentualen Umfang der Deckungsbeitrag ein.

Sind allerdings in den Baustellengemeinkosten auch einmalige Kosten enthalten, wie zum Beispiel für das Einrichten oder Räumen der Baustelle, so werden diese Kostenbestandteile, die in dem Zuschlag enthalten sind, bei den geringeren Mengen nur anteilig abgerechnet, obwohl die kalkulierten, höheren Kosten anfallen. Daher wird sich in diesen Fällen für den Auftragnehmer eine Unterdeckung der Baustellengemeinkosten einstellen, indem er nur die geringere Menge zu unveränderten Einheitspreisen abrechnen kann.

205 Der Zuschlag für allgemeine Geschäftskosten wird durch die Abrechnung mit den vereinbarten und unveränderten Einheitspreisen erlöst. Der Deckungsbeitrag setzt sich damit in kalkuliertem Umfang linear fort und ändert sich prozentual auf den Umsatz bezogen nicht.

206 Änderungen ergeben sich für das Wagnis durch die geringere Menge ebenfalls nicht, da sich für alle Wagnisse die Parameter durch die geringere Menge nicht ändern. Auch der Gewinn wird in gleichbleibendem prozentualem Umfang bezogen auf den Umsatz erwirtschaftet.

207 Für den Auftragnehmer ergibt sich damit eine Abrechnungssumme, die ohne gesonderten Ausweis der geringeren Menge in Rechnung gestellt wird.

$$95\ m^2 \times 66{,}00\ €/m^2 = 6.270{,}00\ €$$

7.7 Sachverhalt Fallvariante Mindermengen größer 10 %

Nach dem Vertragsabschluss führt der Auftragnehmer zum vorgesehenen Zeitpunkt die im Vertrag angegebenen Leistungen aus. Der Auftragnehmer fliest die Wand und lässt sie durch den Nachunternehmer verfugen. Bei dem anschließenden Aufmaß der Leistungen stellt sich heraus, dass die Wand nur 19 Meter lang und 4,5 Meter hoch ist. Die aufgemessene Menge beträgt damit 85,5 m². **208**

7.8 Vertraglicher Leistungsinhalt

Der vertragliche Leistungsinhalt ist die Position des Ausgangsfalls. **209**

100 m² Verlegen von Fliesen, 20 cm x 20 cm, weiß, als Wandbelag

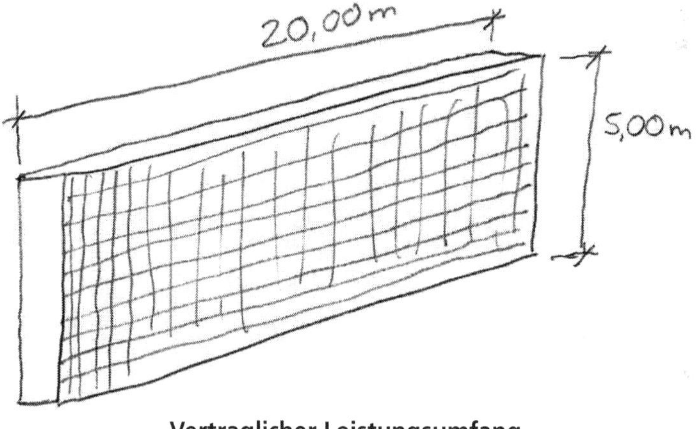

Vertraglicher Leistungsumfang

7.9 Tatsächlich auszuführende Leistung

210 Der Auftragnehmer fliest die Wand und lässt sie durch den Nachunternehmer verfugen.

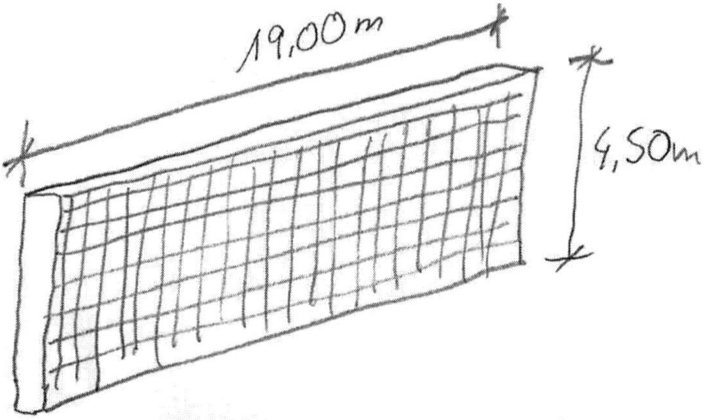

Tatsächlicher Leistungsumfang

7.10 Änderung der zu erbringenden Leistung

211 Wie sich bei dem Aufmaß herausstellt, hat der Auftragnehmer nur einen Wandabschnitt von 19 Meter Länge und 4,50 Meter Höhe gefliest. Das ergibt 85,5 m² geflieste Fläche. Dementsprechend hat auch der Nachunternehmer diese Fläche von 14,5 m² weniger verfugt.

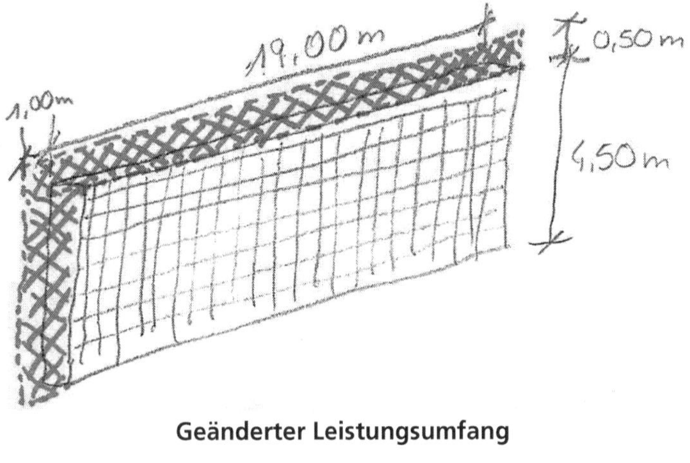

Geänderter Leistungsumfang

7.11 Anspruchsgrundlage

Der Auftragnehmer hat bei dem Einheitspreisvertrag einen Anspruch auf die Vergütung in Höhe des vereinbarten Einheitspreises, der mit der tatsächlich ausgeführten Menge zu multiplizieren ist. Dieser Anspruch besteht als Anspruch auf die vertragliche Vergütung nach § 631 BGB. In § 2 Abs. 2 VOB/B ist ausgeführt, dass bei entsprechender Vereinbarung die erbrachte Leistung nach den vereinbarten Einheitspreisen und den tatsächlich ausgeführten Mengen berechnet wird. **212**

Bei Vereinbarung der VOB/B als mitgeltender Vertragsbestandteil regelt § 2 Abs. 3 Nr. 3 VOB/B, dass bei einer Verringerung um mehr als 10 % die vertraglich vereinbarten Einheitspreise auf Verlangen zu ändern sind. Die Abweichung bestimmt sich aus der für jede einzelne Position durch das Aufmaß ermittelten, tatsächlich ausgeführten Menge und dem Abgleich mit dem für diese Position ausgeschriebenen Vordersatz. Ist die tatsächlich ausgeführte Menge um mehr als 10 % niedriger als der Vordersatz, kann der vereinbarte Einheitspreis für die jeweilige Position geändert werden. **213**

Die Änderung des Einheitspreises muss verlangt werden. Das bedeutet, dass die erbrachten Leistungen auch bei einer Mindermenge, die mehr als 10 % des Vordersatzes beträgt, der vertraglich vereinbarte Einheitspreis für die gesamte, tatsächlich ausgeführte Menge abgerechnet werden kann, wenn kein entsprechendes Verlangen vorliegt. Das Verlangen nach Bildung eines neuen Einheitspreises kann sowohl der Auftragnehmer als auch der Auftraggeber stellen. **214**

Die Regelung des § 2 Abs. 3 VOB/B ist nicht anwendbar, wenn die Vertragspartner eine Kostenerstattung, eine Abrechnung in Regie oder eine pauschale Abrechnung ohne Berücksichtigung der Mengen in der Position vereinbart haben, die in geringerer Menge auszuführen ist. **215**

Ist die Geltung der VOB/B nicht vereinbart, muss im Vertrag nachgeschlagen werden, ob eine entsprechende Regelung enthalten ist. Gibt es keine gesonderte Regelung, gilt lediglich das BGB. Dort gibt es keine Regelung, dass Einheitspreise bei Änderungen des Vordersatzes angepasst werden. In vielen Fällen ist auch gerade eine Anpassung der Vergütung als Folge von Mengenänderungen ausgeschlossen. Das bedeutet, dass ohne Geltung des § 2 Abs. 3 VOB/B die gesamte Menge nach dem vertraglichen Einheitspreis abzurechnen ist. **216**

Im Prinzip handelt es sich bei der Abrechnung der um mehr als 10 % niedrigeren Menge um einen Nachtrag, da für diese Position die Abrechnung der tatsächlich ausgeführten Menge nach veränderten Einheitspreisen erfolgt. **217**

218 Der Auftragnehmer hat zu beachten, dass der Anspruch auf Mehrkosten bei einer Position gemäß der nachstehenden Berechnung nicht zwingend zu einer Zahlung führen muss. Nach § 2 Abs. 3 Nr. 3 VOB/B besteht ein Anspruch nur, wenn der Auftragnehmer nicht einen Ausgleich erhalten hat. Hierzu ist eine Ausgleichsrechnung durchzuführen. Dies wird nachfolgend in Kapitel 7.13 erläutert.

7.12 Anspruchshöhe

219 Zunächst muss der Auftragnehmer die tatsächlich ausgeführte Menge mit einem Aufmaß nachweisen. Das Aufmaß ist der Abrechnung beizufügen.

220 Im Gegensatz zur Änderung des Einheitspreises bei einer Mengenüberschreitung größer als 10 % ist im vorliegenden Fall der Mengenunterschreitung um mehr als 10 % des Vordersatzes nach § 2 Abs. 3 Nr. 3 VOB/B nur eine Erhöhung des Einheitspreises vorgesehen. Das bedeutet, dass der Auftragnehmer mindestens seinen im Vertrag vereinbarten Einheitspreis in voller Höhe abrechnen darf, auch wenn sich Minderkosten ergeben sollten. Nur für den Fall, dass sich Mehrkosten ergeben, kann der Preis geändert werden. Der Auftraggeber hat keinen Anspruch auf Minderkosten in den Fällen, in denen die tatsächlich ausgeführte Menge um mehr als 10 % geringer ist.

221 In § 2 Abs. 3 Nr. 3 VOB/B ist ausgeführt, dass sich die Erhöhung der Einheitspreise im Wesentlichen aus dem Betrag ergeben soll, der sich aus einer Verteilung der Baustelleneinrichtungs-, der Baustellengemeinkosten und der allgemeinen Geschäftskosten auf die geringere Menge ergibt. Gemeint ist damit die Unterdeckung der Deckungsbeiträge für Baustellengemeinkosten und allgemeine Geschäftskosten, da der Auftragnehmer durch die Abrechnung einer geringeren Menge auch weniger Deckungsbeitrag erlöst. Mit dieser Regelung wird daher sichergestellt, dass der Auftragnehmer unabhängig von der geringeren, tatsächlich ausgeführten Menge seine ursprünglich auf die ausgeschriebene Menge in den Vordersätzen kalkulierten Deckungsbeiträge in absoluter Höhe als Betrag erhält.

Da die Formulierung „im Wesentlichen" keine absolute Einschränkung auf die Zuschläge für Baustelleneinrichtungs-, Baustellengemeinkosten und allgemeine Geschäftskosten darstellt, sind alle Kostenarten einschließlich der Einzelkosten der Teilleistungen und aller Zuschläge zu betrachten. Nachfolgend wird dargestellt, wie sich die verringerte Menge auf die Einzelkosten der Teilleistungen und die Zuschläge auswirken kann und somit bei Verlangen nach einem neuen Preis ein Nachtrag zu berechnen ist.

222 Gemäß § 2 Abs. 3 Nr. 4 VOB/B kann sich auch der Pauschalpreis einer Position ändern, wenn durch geringere Mengen in einer Position eine andere Position

betroffen ist. Das stellt klar, dass bei Mengenänderungen einer Position mit Einheitspreis, die mit einem bestimmten Vordersatz ausgeschrieben wurde, möglicherweise auch Leistungen einer anderen Position betroffen sein können, die eigentlich wegen der dort getroffenen pauschalen Preisabrede nicht geändert werden könnte. In diesen Fällen kann der Auftragnehmer oder der Auftraggeber auch eine Änderung der Pauschalsumme verlangen.

Erst im Anschluss kann eine Ausgleichsrechnung durchgeführt werden, da zunächst für alle einzelnen Positionen eines Leistungsverzeichnisses die ausgeführten Mengen sowie die geänderten und zusätzlichen Leistungen bekannt sein müssen. Das bedeutet, dass der Auftragnehmer zunächst für alle Positionen mit Mindermengen von mehr als 10 % des Vordersatzes die nachstehende Berechnung ausführen muss.

7.12.1 Einzelkosten der Teilleistung

In der Kostenart Lohn ist der kalkulierte Mittellohn unverändert, da das ausführende Personal die gleichen Arbeiten ausführt. Für die verringerte Menge von 85,5 m² ist also der Mittellohn beizubehalten. Da die geringere Menge unter unveränderten Bedingungen ausgeführt wird, ist auch der kalkulierte Leistungsansatz für die Berechnung des Nachtrags zu verwenden. Die Ermittlung für die Kostenart Lohn aus der Kalkulation ändert sich daher für den Nachtrag für die 85,5 m² Fliesen nicht. 223

Lohn Mittellohn 50 €/h

Leistungswert Fliesen 2 m²/h

Daher ergibt sich folgender Vergütungsanteil für die Kostenart Lohn.

85,5 m² : 2 m²/h = 42,75 h

42,75 h × 50 €/h Mittellohn = 2.137,50 €

Hatte hier der Auftragnehmer den Leistungswert in der Kalkulation zu niedrig angesetzt und erzielen die Mitarbeiter bei der tatsächlichen Ausführung einen höheren Leistungswert, schreibt sich der Gewinn für die erforderlichen Lohnstunden der ausgeführten Menge fort. Das bedeutet bei einer geringeren Menge, dass sich der in der Kostenart Lohn ergebende Gewinn durch die gesteigerte Leistung des Personals nur in geringerem Umfang realisieren lässt. Hierfür gibt es keinen Ausgleich.

Sonderfall: 224

Im Normalfall wird das Personal, welches durch die Ausführung der geringeren Menge für den Auftragnehmer früher frei disponierbar ist, für andere Tätigkeiten eingesetzt. Sollte allerdings der seltene Fall eintreten, dass das Personal nicht anderweitig eingesetzt werden kann, so entstehen diese Einzelkosten der Teilleistungen Lohn in voller Höhe. Daher können diese Kosten auch vollständig abgerechnet werden. Der Auftragnehmer muss allerdings den Nachweis erbringen, dass er das Personal nicht anderweitig einsetzen konnte. Für die Berechnung der Einzelkosten der Kostenart Lohn ergäbe sich dann folgende Berechnung.

50 h × 50 €/h Mittellohn = 2.500,00 €

225 In der Kostenart Material erhält der Auftragnehmer ebenfalls die kalkulierten Einzelkosten für die ausgeführten Einheiten, da die gleichen Fliesen verwendet werden. Damit schreiben sich auch bei diesen Einzelkosten der Teilleistung die kalkulierten Kosten bei der ausgeführten, verminderten Menge fort, sodass sich auch hier die in der Kalkulation enthaltenen Gewinne und Verluste durch die Veränderung der tatsächlich eintretenden Materialkosten in geringerem Ausmaß fortsetzen.

Kalkulierte Kosten für die Fliesen 20 €/m²

Daher ergibt sich folgender Vergütungsanteil für die Kostenart Material.

Materialkosten

85,5 m² × 20 €/m² = 1.710,00 €

226 **Sonderfall:**

Im Gegensatz zu den Lohnkosten, die sich entsprechend der ausgeführten Menge reduzieren, da das Personal anderweitig eingesetzt werden kann, kauft der Auftragnehmer das Material meist vor der Ausführung in der benötigten Menge entsprechend dem angegebenen Vordersatz ein. Das bedeutet, dass der Auftragnehmer die 100 m² Fliesen bei seinem Baustoffhändler gekauft hat und daher die Kosten in Höhe von 100 m² × 20,00 €/m² = 2.000,00 € angefallen sind. Kann der Auftragnehmer die Restmenge in Höhe von 100 m² - 85,5 m² = 14,5 m² Fliesen nicht anderweitig verwenden, sind die vollen Kosten abzurechnen. Die überschüssigen Fliesen sind dann dem Auftraggeber zu übergeben.

227 **Sonderfall:**

Es kann aus verschiedenen Gründen vorkommen, dass der Auftragnehmer beim Einkauf von Material mehr bezahlen muss. Ein Mehrpreis bei dem Materialeinkauf stellt Mehrkosten im Sinne des § 2 Abs. 3 Nr. 3 VOB/B dar, wenn der Grund für den höheren Einkaufspreis auf der eintretenden verringerten Menge beruht. Das ist gegeben, wenn zum Beispiel der Einkauf von nur 85,5 m² durch den Auftragnehmer erfolgt und der Baustoffhändler diese Fliesen zu einem höheren, nicht rabattierten Preis verkauft, da es sich um eine kleinere Menge handelt. Kauft der Auftragnehmer die kleinere Menge ein und gewährt der Baustoffhändler nun keinen Rabatt, steigt der Preis beim Baustoffhändler an. Dementsprechend hat der Auftragnehmer für die 85,5 m² Fliesen höhere Kosten.

Es wird unterstellt, dass der Baustoffhändler statt des ursprünglichen Preises in Höhe von 25,00 €/m² wegen der kleinen Menge dem Auftragnehmer die 85,5 m² Fliesen jetzt zu einem Preis in Höhe von 28,00 €/m² verkauft. Die Kosten in der Kostenart Material betragen für den Auftragnehmer damit 3,00 €/m² mehr. Diese Mehrkosten kann der Auftragnehmer für die ausgeführte Menge geltend machen.

Konsequenterweise hat er aber nach wie vor den in der Kalkulation hervorgerufenen Verlust weiter zu tragen, da es sich nicht um Mehrkosten wegen der Verringerung der Menge handelt. Es ergibt sich in diesem Sonderfall folgender Vergütungsanteil für die Kostenart Material.

85,5 m² × [20 €/m² (kalkuliert) + 3,00 €/m² (Mehrkosten)] = 1.966,50 €

In der Kostenart Gerät hatte der Auftragnehmer für den Hubsteiger 1.000,00 €/Monat in der Kalkulation angesetzt. Für die Zeitdauer hatte er den Leistungswert für das Fliesen und die Zeit der Ausführung des Nachunternehmers angesetzt. Da die Arbeiten gleich bleiben, ändert sich an diesen Kalkulationsansätzen durch die verringerte Menge nichts. Es entstehen gegenüber den angesetzten Kosten für das Gerät keine Mehrkosten. Die Ermittlung für die Kostenart Gerät aus der Kalkulation ändert sich daher für den Nachtrag für die 85,5 m² Fliesen nicht. 228

Gerät Hubsteiger 1.000,00 €/Monat

Ausgangsbasis ist die Kalkulation für 100 m² Fliesen und Verfugen, die einen halben Monat, entsprechend 10 Arbeitstage beträgt. Mit der Annahme, dass die Ausführungszeit für das Fliesen und für das Verfugen insgesamt einen Arbeitstag weniger beträgt und der Hubsteiger je Arbeitstag 50,00 € kostet, ergibt sich folgender Vergütungsanteil für die Kostenart Gerät.

9 AT × 50,00 €/AT = 450,00 €

Sind allerdings in der Kostenart Gerät auch die vollständigen Kosten für den An- und Abtransport in den Preis je Einheit eingerechnet, werden diese Kostenanteile durch die geringere Menge nur in geringerem Umfang erlöst, obwohl die Kosten für den An- und Abtransport vollständig entstehen. In diesem Fall sind bei der geringeren Menge in der Kostenart Gerät die einmaligen Kosten nicht in Abzug zu bringen. Die einmaligen Kosten nehmen wir mit 50,00 € an. Damit ergib sich folgender Vergütungsanteil für die Kostenart Gerät unter Berücksichtigung der vollen Kosten, die durch die einmaligen Kostenbestandteile entstehen. 229

[(1.000,00 €/Monat – 50,00 € Einmalkosten) : 20 AT/Monat] = 47,50 €/AT

9 AT × 47,50 €/AT + 50,00 € Einmalkosten = 477,50 €

230 In der Kostenart Sonstiges war der Nachunternehmer für das Verfugen kalkuliert worden. Da der Nachunternehmer in der Kalkulation mit 500,00 € pauschal angesetzt worden ist, ändern sich die Kosten in dieser Kostenart durch die geringere Menge nicht. Dabei wird unterstellt, dass der Nachunternehmer durch den Pauschalpreis für die verringerte Menge nicht weniger abrechnen muss. Das bedeutet, dass der Auftragnehmer für die geringere Menge trotzdem die volle Vergütung an seinen Nachunternehmer zu zahlen hat und daher gegenüber dem Auftraggeber keine Minderkosten gegeben sind. Die Kosten in der Kostenart Sonstiges berechnen sich daher für den auszuführenden m² wie folgt.

500,00 € pauschal : 85,5 m² = 5,85 €/m²

Es bleibt also bei der Abrechnung des vollen Betrages in Höhe von 500,00 € in der Kostenart Sonstiges.

231 **Sonderfall:**

Wenn der Nachunternehmer einen Einheitspreisvertrag mit dem Auftragnehmer abgeschlossen hat, ändern sich in der Kostenart Sonstiges gegenüber der Kalkulation die Kosten, wenn auch der Nachunternehmer seine Mehrkosten berechnet. Der Nachunternehmer erhält seine Vergütung nur für die 85,5 m² ausgeführte Menge, aber erhöht analog zu der für den Auftragnehmer beschriebenen Vorgehensweise seinen Einheitspreis. Daher kann auch der Auftragnehmer in der Kostenart Sonstiges seine Ansätze entsprechend anpassen.

232 Für die Einzelkosten der Teilleistungen ergeben sich daher folgende Vergütungsanteile unter Berücksichtigung der Mehrkosten, die durch die geringere Menge ausgelöst worden sind, und für die tatsächlich ausgeführte Menge von 85,5 m² Fliesen und Verfugen.

Lohn	2.137,50 €
Material	1.710,00 €
Gerät	477,50 €
Sonstiges	500,00 €
	4.825,00 €

7.12.2 Zuschläge

233 Grundsätzlich sieht § 2 Abs. 3 Nr. 3 VOB/B vor, dass dem Auftragnehmer die kalkulierten Zuschläge in voller Höhe erhalten bleiben. Damit ist nicht die Prozentzahl der Zuschläge gemeint, sondern es ist der sich aus dem ursprünglich angegebenen Vordersatz berechnete Betrag gemeint, der sich für die Zuschläge ergibt.

234 Der Zuschlag für Baustellengemeinkosten wird in kalkulierter Höhe von 10 % durch die Berechnung der Vergütung für die geringere Menge unter 100 % in kalkulierter Höhe bezogen auf den Umsatz erlöst. Der Bauleitungsaufwand wird bei geringeren Mengen unter 100 % aber immer in gleichem Umfang je Einheit anfallen, da die Arbeitsvorbereitung, die Aufsicht, die Abrechnung etc. mit mindestens dem gleichen Aufwand wie bei der ausgeschriebenen Menge verbunden ist. Unterstellt man, dass der Bauleitungsaufwand mit der geringeren Menge unter 100 % nicht abfällt, stellt sich im kalkulierten prozentualen Umfang eine Unterdeckung ein. Diese berechnet sich aus dem Zuschlag für Baustellengemeinkosten auf die durch Mehrkosten geänderten Einzelkosten der Teilleistungen und die geringere Menge im Gegensatz zu dem Zuschlag für Baustellengemeinkosten, der sich als Betrag aus den ursprünglichen Einzelkosten der Teilleistungen und dem ausgeschriebenen Vordersatz berechnet.

Sind in den Baustellengemeinkosten auch einmalige Kosten enthalten, wie zum Beispiel für das Einrichten oder Räumen der Baustelle, so werden diese Kostenbestandteile, die in dem Zuschlag enthalten sind, bei den geringeren Mengen unter 100 % nicht vollständig abgerechnet, obwohl die Kosten in der kalkulierten Höhe anfallen. Daher hat der Auftragnehmer diese einmaligen Kosten für die unter 100 % liegende Mengen aus dem unveränderten Zuschlag nicht erlöst und sie sind als Kosten in Ansatz zu bringen.

Gleiches gilt aber auch für andere Bestandteile der Baustellengemeinkosten, zum Beispiel die Baustelleneinrichtung, falls diese nicht kürzer in Anspruch genommen wird als für die Herstellung des ursprünglichen, vertraglichen Leistungsumfangs.

235 Der Zuschlag für allgemeine Geschäftskosten wird durch die Abrechnung mit dem kalkulierten Zuschlagsatz in Höhe von 5 % bezogen auf die Einzelkosten der Teilleistungen, die durch die Mehrkosten geändert wurden, nicht vollständig in ursprünglicher Höhe erlöst. Der Deckungsbeitrag ist daher in kalkuliertem Umfang geltend zu machen.

236 Änderungen ergeben sich für das Wagnis ebenfalls nicht, da sich für alle Wagnisse die Parameter durch die Menge nicht ändern. Auch der Gewinn wird als Absolutbetrag aus der ursprünglichen Kalkulation mit den ausgeschriebenen Vordersätzen und den Einzelkosten der Teilleistungen beibehalten.

237 Für den Auftragnehmer ergibt sich damit folgende Abrechnungssumme für die unter 100 % ausgeführte Menge, die gesondert als Nachtrag in Rechnung gestellt wird.

238 Die Summe der Einzelkosten der Teilleistungen für 85,5 m² Fliesen und Verfugen beträgt

4.825,00 €

zuzüglich Zuschlag für

BGKneu	10 %
AGK	5 %
Wagnis	3 %
Gewinn	2 %

in Summe 20 % aus der kalkulatorisch ermittelten Summe der Einzelkosten der Teilleistungen für den ausgeschriebenen Vordersatz

5.500,00 € × 0,20 = 1.100,00 €

Die Abrechnungssumme beträgt damit

4.825,00 € Einzelkosten der Teilleistungen neu + 1.100,00 € Zuschlag = 5.925,00 €

Die Kontrollrechnung ergibt folgenden neuen, höheren Einheitspreis für die unter 100 % ausgeführte Menge von 85,5 m².

5.925,00 € : 85,5 m² = 69,30 €/m²

7.13 Ausgleichsrechnung

239 § 2 Abs. 3 Nr. 3 sieht vor, dass der Auftragnehmer auf Verlangen den Einheitspreis einer Position erhöhen kann, um seine kalkulierten Deckungsbeiträge trotz der geringeren Menge zu erwirtschaften. Allerdings ist dies nur so weit möglich, wie der Auftragnehmer nicht durch eine Erhöhung von Mengen in anderen Positionen einen Ausgleich erhält. Im Ergebnis soll der Auftragnehmer bezüglich der Deckung der umgelegten Kosten, also aller Zuschläge, nicht schlechter, aber auch nicht besser gestellt werden. Sind aufgrund der Mehr- oder Mindermengen Änderungen bei den Einzelkosten der Teilleistungen eingetreten, sind diese nicht in die Ausgleichsrechnung einzubeziehen. Es sind also nur die Deckungsbeiträge durch die Zuschläge zu betrachten. Dies ist zunächst für die angefallenen Mehr- und Mindermengen zu berechnen.

240 Bei der Schlussrechnung kann der Auftragnehmer die Nachträge gesondert auflisten. Damit hat er einen Überblick, welche Mehr- und Mindermengen als Nachtrag abgerechnet worden sind. Daraus ergibt sich bereits, dass Abrechnungen von Mehr- oder Mindermengen bei Positionen, die nicht mehr als 10 % Abweichung von dem angegebenen Vordersatz betreffen, als vertragliche Leistungen gelten und nicht in dieser Liste aufzuführen sind.

Aus der Liste kann berechnet werden, in welchem Umfang der Auftragnehmer Deckungsbeiträge durch die Mehrmengen größer 110 % oder fehlende Deckungsbeiträge aus Mindermengen kleiner 10 % erwirtschaftet hat. Diese erhöhten, positiven Beträge oder verminderten, negativen Deckungsbeiträge sind gegeneinander aufzurechnen und als Betrag auszuweisen. Ergibt sich eine Überdeckung, ist der Aufragnehmer nur zu einer Abrechnung berechtigt, die im Ergebnis einen Betrag in Höhe von Null ergibt. Das bedeutet, dass sich die zusätzlichen und die fehlenden Beträge für Zuschläge aufheben müssen. Bleibt ein Fehlbetrag, kann der Auftragnehmer diesen nachfordern.

In § 2 Abs. 3 Nr. 3 VOB/B ist ausgeführt, dass ein Ausgleich der Deckungsbei- **241**
träge nicht nur durch die Gegenüberstellung von Mehr- oder Mindermengen erfolgen kann, sondern der Ausgleich kann auch in anderer Weise erfolgen. Darunter wird ein Erlös von Deckungsbeiträgen durch andere Nachträge verstanden, also durch geänderte Leistungen, zusätzliche Leistungen und zu vergütende Leistungen ohne Auftrag. Dabei ist aber zu beachten, dass der Erlös von Baustellengemeinkosten durch den Zuschlag bei einer Steigerung des tatsächlichen Umsatzes gegenüber dem Umsatz bei gleichbleibendem vertraglichen Leistungsumfang dadurch gerechtfertigt sein kann, dass die Kosten nicht gleich bleiben, sondern durch geänderte, zusätzliche und andere Mehrleistungen angestiegen sind. Insbesondere steigen die Baustellengemeinkosten, wenn mehr Bauleitungsaufwand entsteht etc. Auch die zeitliche Verteilung der entfallenden Mengen kann dazu führen, dass keine Baustellengemeinkosten erspart werden, aber in den Ausführungszeiträumen von Mehrmengen und Mehrleistungen zusätzliche Baustellengemeinkosten entstehen. Diese Fälle sind also jeweils einzeln zu betrachten und der Deckungsbeitrag des Auftragnehmers ist in der Höhe durch § 2 Abs. 3 Nr. 3 VOB/B nicht auf die Höhe der kalkulierten Deckungsbeiträge beschränkt.

Vereinfacht gesagt, steigt der tatsächliche Umsatz gegenüber dem zu erwartenden Umsatz, also der Auftragssumme, nicht an, soll der Auftragnehmer seine kalkulierten Deckungsbeiträge und umgelegten Einmalkosten erwirtschaften. Liegt der tatsächliche Umsatz höher als der erwartete Umsatz, stehen dem Auftragnehmer auch höhere Deckungsbeiträge zu, die sich aus dem tatsächlichen Mehraufwand oder den umsatzbezogenen Zuschlägen ergeben.

In die Ausgleichsrechnung sind entfallene Leistungen gemäß § 2 Abs. 4 **242**
VOB/B und § 8 Abs. 1 VOB/B nicht mit einzubeziehen. Auch ein Ausgleich durch andere Bauvorhaben ist hier nicht anzusetzen.

8 Mehrkostenforderungen wegen geänderter Leistungen

243 In diesem Kapitel werden die Fälle behandelt, in denen der Auftraggeber mit einer Anordnung nach Vertragsabschluss bestimmt, dass der Auftragnehmer eine im Vertrag bereits enthaltene Leistung anders ausführt als im Vertrag vorgesehen, oder mit der Anordnung bestimmt, dass mehr oder weniger von der vertraglichen Leistung ausgeführt werden soll. Es handelt sich damit um die Fälle einer Leistungsänderung nach § 2 Abs. 5 VOB/B.

244 Ordnet der Auftraggeber Leistungen an, die noch nicht im Vertrag enthalten waren, so werden diese Leistungen als zusätzliche Leistungen bezeichnet. Es handelt sich umschrieben um „neue" Leistungen. Diese Fälle sind nach § 2 Abs. 6 VOB/B zu beurteilen und werden in Kapitel 9 behandelt. Diese Fälle sind nicht immer eindeutig von den Änderungen einer vorgesehenen Leistung nach § 2 Abs. 5 VOB/B abzugrenzen. In der Praxis kommt es immer wieder vor, dass geänderte Leistungen im Prinzip Leistungen beinhalten, die vorher in ihrer Art nicht im Leistungsumfang enthalten waren. Daher mischen sich bei einer Leistungsänderung die Anwendungen der Preisfortschreibung nach § 2 Abs. 5 VOB/B und § 2 Abs. 6 VOB/B. Somit muss in nicht eindeutigen Fällen auch immer in Kapitel 9 nachgeschlagen werden.

245 Verändert sich durch die geänderte Leistung die Bauzeit, dann ist diese Bauzeitverlängerung entsprechend Kapitel 10 und eine Bauzeitverkürzung entsprechend Kapitel 11 zusätzlich zu berücksichtigen. Das gilt für die Fälle, in denen zeitabhängige Kosten nicht durch die Leistungsänderung selbst, also deren Kosten einschließlich der Zuschläge, abgedeckt sind.

246 Für Verträge, bei denen die Gültigkeit der allgemeinen Geschäftsbedingungen der VOB/B nicht vereinbart ist, muss zunächst geprüft werden, ob es zu § 2 VOB/B abweichende Regelungen im Vertrag gibt. Sind eigenständige Regelungen vorhanden, ist nach diesen Regelungen zu verfahren. In den meisten Fällen orientieren sich diese vertraglichen Regelungen aber am Wortlaut des § 2 VOB/B, sodass die hier dargestellten Grundsätze verwendet werden können.

247 Wenn in dem Vertrag keine Regelungen für die Leistungsänderungsrechte des Auftraggebers und für die Berechnung der geänderten Vergütung des Auftragnehmers enthalten sind, dann gelten die gesetzlichen Regelungen. Diese Fälle werden in Kapitel 14 behandelt.

248 Fälle, in denen es bedingt durch eine „reine" Mengenänderung zur Mengenmehrung einer im Vertrag enthaltenen Leistung kommt, werden in Kapitel 6 behandelt, Mengenminderungen in Kapitel 7. Es handelt sich also um die Fälle, in denen sich die tatsächlich ausgeführte Menge gegenüber dem Vordersatz verändert, aber keine Anordnung des Auftraggebers vorliegt.

Wird nur der vertragliche Leistungsumfang erbracht, also der ausgeschriebene Vordersatz des Leistungsverzeichnisses ausgeführt, liegen keine Mengenabweichung und keine geänderte Leistung vor. Diese Fälle werden in Kapitel 3 behandelt. **249**

Führt der Auftragnehmer Leistungen aus, die nicht durch den Auftraggeber angeordnet wurden und die nicht der vertraglich beschriebenen Leistung entsprechen, werden diese Fälle in Kapitel 12 behandelt. **250**

8.1 Sachverhalt Geänderte Fliesen

Die Vertragspartner schließen den Vertrag ab. Es handelt sich um einen Einheitspreisvertrag. Es ist die Ausführung mit weißen Fliesen vorgesehen. Nach Vertragsabschluss erhält der Auftragnehmer von seinem Auftraggeber einen Brief, in dem er anordnet, statt der weißen Fliesen blaue Fliesen anzubringen. **251**

8.2 Vertraglicher Leistungsinhalt

Der vertragliche Leistungsinhalt umfasst das Fliesen der 100 m² Fläche, wie es im Leistungsverzeichnis angegeben ist. Da der Vertrag abgeschlossen worden war, ändert sich daran zunächst nichts. **252**

Der vertragliche Leistungsinhalt ist die Position des Ausgangsfalls.

100 m² Verlegen von Fliesen, 20 cm x 20 cm, weiß, als Wandbelag

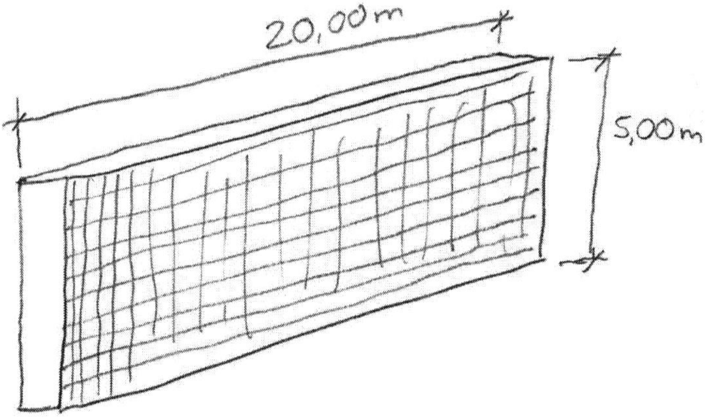

Vertraglicher Leistungsumfang

8.3 Tatsächlich auszuführende Leistung

253 Der Auftragnehmer fliest die Wandfläche mit blauen Fliesen. Der Nachunternehmer verfugt die geflieste Fläche.

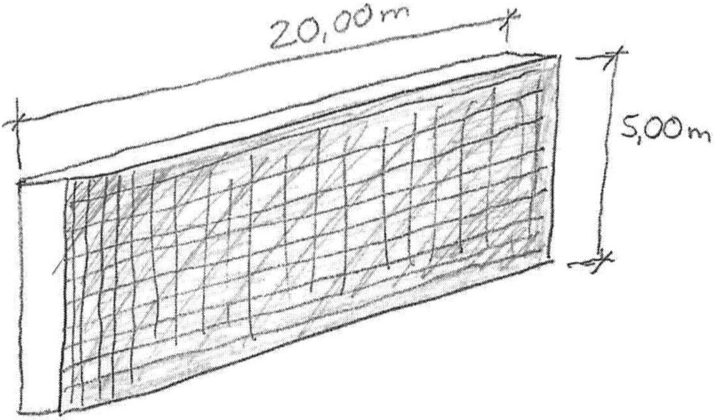

Tatsächlicher Leistungsumfang

8.4 Änderung der zu erbringenden Leistung

254 Der Auftragnehmer führt die Fliesenarbeiten auf der gleichen Fläche aus. Die Fliesenabmessungen bleiben gleich. Allerdings hat er blaue Fliesen zu verlegen. Für den Nachunternehmer ergeben sich keine Änderungen.

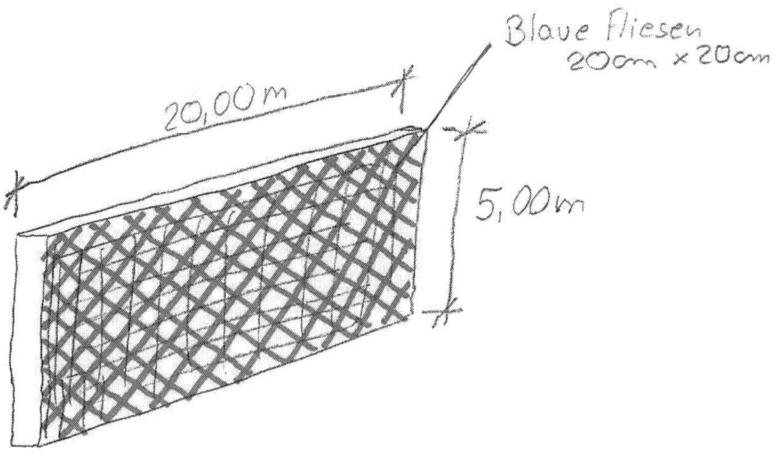

Geänderter Leistungsumfang

8.5 Anspruchsgrundlage

Der Vertrag ist zwischen dem Auftraggeber und dem Auftragnehmer abgeschlossen worden. Darin ist eine Ausführung mit weißen Fliesen vorgesehen. Es stellt sich daher zunächst die Frage, ob der Auftraggeber nach Vertragsabschluss einseitig die vertragliche Vereinbarung dahingehend ändern darf, dass er die Art der Ausführung ändert, also die Farbe der Fliesen. Die Änderungsbefugnis kann sich aus dem Gesetz ergeben, also aus § 650b BGB. Diese Fälle werden in Kapitel 14 behandelt. **255**

Für das hier behandelte Beispiel ist die Geltung der allgemeinen Geschäftsbedingungen der VOB/B vereinbart. Damit ergibt sich aus § 1 Abs. 3 VOB/B das Recht für den Auftraggeber, Änderungen des Bauentwurfs nach Vertragsabschluss einseitig anzuordnen. Die Reichweite dieses Anordnungsrechts ist nicht klar definiert. In der Praxis hat es sich ergeben, dass man darunter ein sehr weitgehendes Recht des Auftraggebers versteht, alle im Vertrag beschriebenen Leistungen nach Vertragsabschluss zu ändern. **256**

Die Frage, ob ein Auftraggeber mit einer einseitigen Anordnung auch in den Bauablauf eingreifen darf, insbesondere ob der Auftraggeber eine Beschleunigung der Bauausführung verlangen kann, ist offen. Diese Frage stellt sich in der Praxis häufiger, wird aber meist zwischen den Vertragspartnern durch eine Vereinbarung oder durch tatsächliche Handlungen erledigt. Ausführungen hierzu finden sich in Kapitel 11 für eine Bauzeitverkürzung und in Kapitel 10 für eine Bauzeitverlängerung. Die Befugnis für den Auftraggeber, eine geänderte Farbe der Fliesen anzuordnen, ist nach § 1 Abs. 3 VOB/B unproblematisch gegeben. **257**

Die Anordnung des Auftraggebers ist der Auslöser für den Auftragnehmer, die Leistung anders als im Vertrag vorgesehen auszuführen. Würde keine Anordnung des Auftraggebers vorliegen und somit der Auftragnehmer selbstständig von den vertraglichen Vorgaben abweichen und etwas Anderes ausführen, läge ein Mangel vor. Diesen muss der Auftragnehmer beseitigen und erhält insoweit keine Vergütung. Würde in dem Beispiel der Auftragnehmer ohne eine Anordnung blaue statt weißen Fliesen anbringen, wäre die Leistung mangelhaft. Daher ist es für den Auftragnehmer von wesentlicher Bedeutung, die ändernde Anordnung des Auftraggebers zu dokumentieren. **258**

In der Praxis ist es leider üblich, bereits auf eine mündliche Unterredung hin wesentliche vertraglich vorgeschriebene Leistungen zu ändern. Zwar kann die Anordnung auch mündlich erteilt werden, aber das ist für einen Auftragnehmer schwer zu beweisen. Dies führt häufig zu Streitigkeiten über die Vergütung, wenn der Auftraggeber bestreitet, dass er die Leistung so angeordnet hat. Es kann nur dringend empfohlen werden, sich die Anordnung schriftlich bestätigen zu lassen. Das sollte in einer Art und Weise erfolgen, dass man aus dem Schriftstück erkennen kann, welche Leistung des Vertrages durch welche andere Leistung ersetzt werden soll.

259 In diesem Zusammenhang ist es auch wichtig, dass aus der schriftlichen Anordnung hervorgeht, wer die Anordnung wann getroffen hat. Die anordnende Person muss mit einer Vollmacht handeln, die der Vertragspartner ausgestellt hat. Im Prinzip kann also nur der Vertragspartner selbst ändernde Anordnungen erteilen. Insbesondere ein bauleitender Architekt ist in aller Regel dazu nicht bevollmächtigt. Bei Personen, die nicht der Vertragspartner sind, sollte also immer eine schriftliche Vollmacht abgefordert werden, aus der sich die Befugnis ergibt, ändernde und Mehrkosten auslösende Anordnungen für den Auftraggeber zu treffen.

260 Keine Anordnung liegt vor, wenn der Auftraggeber nur den vertraglich zu erbringenden Leistungsumfang erneut anordnet. Das kommt allerdings in der Praxis häufig vor, wenn die Vertragspartner sich nicht einig sind, ob eine bestimmte Leistung zum vertraglichen Leistungsumfang gehört oder nicht. Auch in diesen Fällen ist es sinnvoll, dass der Auftraggeber die auszuführende Leistung schriftlich anordnet. Handelt es sich nicht um eine geänderte oder zusätzliche Leistung, kann der Auftragnehmer für die Ausführung keine zusätzliche oder geänderte Vergütung verlangen. Insoweit löst nicht jede „Anordnung" eines Auftraggebers das Recht des Auftragnehmers aus, einen Nachtrag zu stellen.

261 Folge einer Anordnung des Auftraggebers ist ein Recht des Auftragnehmers, die vertragliche Vergütung unter den Voraussetzungen des § 2 Abs. 5 VOB/B zu ändern. Der neue Preis soll vor der Ausführung der Leistung zwischen den Vertragspartnern vereinbart werden. Das wäre ein Idealzustand, der in der Praxis selten zu finden ist. Trotzdem sollte der Auftragnehmer nach der Anordnung einer geänderten Leistung versuchen, eine entsprechende Vereinbarung nicht nur über die Art und Weise sowie den Umfang der Ausführung der geänderten Leistung zu treffen, sondern auch über die zu zahlende Vergütung für die geänderte Leistung. Dabei ist zu beachten, dass diese Vereinbarung klarstellen muss, dass die Vereinbarung eine Änderung des bestehenden Vertrages ist und für die Vertragspartner verbindlich abgeschlossen wird. Die Zusage eines Auftraggebers, dass der Auftragnehmer einen bestimmten Betrag in eine Abschlagsrechnung einstellen kann, oder die Zahlung eines Betrages für eine geänderte Leistung aufgrund einer Abschlagsrechnung stellt kein Anerkenntnis eines Auftraggebers im rechtlichen Sinne dar, diesen Nachtrag zu akzeptieren.

262 Zwei Problemkreise sollte der Auftragnehmer bei dem Abschluss einer Nachtragsvereinbarung im Auge behalten. Erstens verlangen Auftraggeber häufig ein so genanntes „Nachtragsangebot". Auftragnehmer neigen dazu, dafür ein entsprechendes Leistungsverzeichnis für die geänderte Leistung aufzustellen, mit Vordersätzen zu versehen und Preise einzutragen. Damit übernimmt der Auftragnehmer die Planungsleistung für die geänderte Leistung, da natürlich auch das Aufstellen eines Leistungsverzeichnisses eine Planungsleistung ist. Diese Planungsleistung müsste üblicherweise der Auftraggeber ausführen, da er das ursprüngliche Leistungsverzeichnis für den Werkvertrag erstellt hat. Übernimmt der Auftragnehmer diese Tätigkeit, ist sie als zusätzliche Leistung vergütungspflichtig. Außerdem übernimmt der Auftragnehmer mit der Anfertigung des Leistungsverzeichnisses und der Ermittlung der Vordersätze auch das Risiko, dass seine Planung vollständig und richtig ist. Ergibt sich im Nachgang, dass Leistungen zur Ausführung der geänderten Leistung fehlen, steht der Auftragnehmer selbst als Planer in der Verantwortung.

Der Auftragnehmer sollte also in diesen Fällen, in denen die Leistungen und die Mengen für die Ausführung der geänderten Leistung nicht einfach zu ermitteln sind, dem Auftraggeber diese Aufgabe der Anfertigung des Leistungsverzeichnisses und eventuell erforderlicher Pläne überlassen. Bis der Auftraggeber seine Planungsaufgabe nicht erfüllt hat und daher dem Auftragnehmer die Ausführung der geänderten Leistung nicht möglich ist, bestehen hindernde Umstände. Diese muss der Auftragnehmer bei dem Auftraggeber schriftlich anmelden.

Wenn der Auftragnehmer aus Gründen der Vereinfachung oder als Kundenservice ein Angebot erstellt, sollte er zumindest unter dem Angebot den Vorbehalt machen, dass er keine Haftung für die Vollständigkeit und Richtigkeit seines Angebotes auf der Grundlage seines selbst erstellten Leistungsverzeichnisses übernimmt und daher Änderungen und Erweiterungen eintreten können.

Der zweite Problemkreis betrifft die Ermittlung der Vergütung für ein **263**
„Nachtragsangebot". Da es sich zunächst um ein freies Angebot des Auftragnehmers handelt, ist er nicht an die Fortschreibung der Vertragspreise gebunden. Es steht beiden Vertragspartnern frei, sich völlig unabhängig von allen Regelungen der Preisbildung zu einigen. Die Regelungen für die Bildung eines neuen Preises für die geänderte Leistung, die im folgenden Kapitel dargestellt werden, sind nicht zwingend in der VOB/B für ein Verhandlungsangebot vorgeschrieben.

Wenn der Auftragnehmer eine Vereinbarung mit dem Auftraggeber abschließt und diese Vereinbarung endgültig ist, betrifft das alle Leistungen, die mit der geänderten Leistung einhergehen. Dazu zählt insbesondere auch eine Forderung nach Bauzeitverlängerung und deren Kosten. Werden diese Forderungen in einer Vereinbarung nicht bereits abgegolten oder falls nein, zumindest ausdrücklich vorbehalten, verfallen entsprechende Forderungen des Auftragnehmers.

264 Für das vorliegende Beispiel wird davon ausgegangen, dass der Auftraggeber die Änderung der Fliesenfarbe schriftlich angeordnet hat. Da die weißen Fliesen als Belag für die vorgesehene Wand der vertragliche Leistungsumfang waren, hat der Auftraggeber mit der Änderung der Farbe eine vertraglich vereinbarte Leistung geändert. Damit ist die Frage, ob und welche geänderte Leistung angeordnet wurde, klar dokumentiert. Der Auftragnehmer hat wegen der ändernden Anordnung des Auftraggebers aufgrund § 1 Abs. 3 VOB/B einen möglichen Anspruch aus § 2 Abs. 5 VOB/B.

265 Die Mehrkosten sollte der Auftragnehmer bei seinem Auftraggeber schriftlich ankündigen. Dies sehen zwar weder § 1 Abs. 3 VOB/B noch § 2 Abs. 5 VOB/B zwingend vor. Damit handelt es sich nicht um eine zwingende Anspruchsvoraussetzung. Da aber erstens viele Verträge immer eine schriftliche Anzeige von Mehrkosten verlangen und zweitens die Abgrenzung zu einer zusätzlichen Leistung nicht immer eindeutig ist, ist der Auftragnehmer auf der sicheren Seite.

8.6 Anspruchshöhe

266 § 2 Abs. 5 VOB/B sieht im Falle einer Leistungsänderung nach § 1 Abs. 3 VOB/B einen Anspruch des Auftragnehmers vor, einen neuen Preis unter Berücksichtigung der Mehr- und Minderkosten zu verlangen. Erste Voraussetzung ist allerdings, dass durch die ändernde Anordnung die Grundlagen für eine im Vertrag vorgesehene Leistung ebenfalls geändert worden sind. Das wird als Voraussetzung in der Praxis angenommen, wenn die Änderung überhaupt einen Einfluss auf den Preis der Leistung hat. Daher reicht jeder ändernde Einfluss auf den Preis aus.

267 Ausgangspunkt für die Bestimmung des neuen Preises ist immer die Position, welche von der Änderung betroffen ist. Zwar ist es in der Praxis üblich, zunächst eine andere Position zu suchen, welche der geänderten Leistung am nächsten kommt. Das ist aber keine Vorgehensweise, die den Regelungen des § 2 Abs. 5 VOB/B entspricht. Der Auftragnehmer ist frei, wie er kalkuliert und damit auch, wie er seine Zuschläge verteilt, Einzelkosten der Teilleistungen ermittelt und deren Bestandteile mit unterschiedlichen Risiken in den Leistungswerten, den Verbrauchswerten etc. versieht. Daher können in der von der Änderung betroffenen Position andere kalkulatorische Voraussetzungen vorliegen als in einer anderen Position, die der geänderten Leistung am ähnlichsten ist. Die durch den Auftragnehmer in der von der Änderung betroffenen Position zugrunde gelegten kalkulatorischen Annahmen

sind aber bei der Bildung des neuen Preises für die geänderte Leistung zu berücksichtigen. Daher ist also die geänderte Position der neuen Preisbildung zugrunde zu legen.

Sollten mehrere Positionen von der geänderten Leistung betroffen sein, sind die jeweiligen Positionen der Preisermittlung zugrunde zu legen. Für die geänderte Leistung sollten daher möglichst Positionen zur Verfügung stehen, welche einen Bezug zu den ursprünglichen Positionen ermöglichen. Für die Bestimmung des neuen Preises sind wieder alle Einzelkosten der Teilleistungen zu betrachten und die Auswirkungen auf die Zuschläge. **268**

Der Rechnung für den Nachtrag ist ein Aufmaß der tatsächlich ausgeführten Leistungen zugrunde zu legen.

Sonderfall: **269**

Durch das Aufmaß kann es vorkommen, dass erst im Nachgang festgestellt wird, dass eine Mengenmehrung oder eine verringerte Menge ausgeführt worden ist. In dem Beispiel wären also die weißen Fliesen auf der gleichen Fläche wie die geänderten, blauen Fliesen ausgeführt worden. Daher lag die Abweichung der Mengen nicht an der ändernden Anordnung des Auftraggebers, sondern wäre in jedem Fall eingetreten. Auch ohne die Änderung hätte der Fall des § 2 Abs. 3 VOB/B vorgelegen. In diesen Fällen muss der Auftragnehmer zunächst aus der ursprünglichen Position den neuen Preis aufgrund der Änderung bestimmen und dabei den Vordersatz des Leistungsverzeichnisses zugrunde legen. In einem zweiten Schritt muss er dann den geänderten Preis für die Position der geänderten Leistung entsprechend den Vorschriften des § 2 Abs. 3 VOB/B erneut anpassen.

Ist die Veränderung der Mengen allerdings eine direkte Folge der ändernden Anordnung, ist der neue Preis für die geänderte Leistung und die geänderte Menge in einem Schritt nur nach § 2 Abs. 5 VOB/B zu bestimmen.

8.6.1 Einzelkosten der Teilleistung

Die Kostenart Lohn wird mit dem kalkulierten Mittellohn und dem in der Kalkulation angenommenen Leistungswert als Basis verwendet. Da das ausführende Personal bei der Ausführung wegen der Änderung der Fliesenfarbe nicht anders zusammengesetzt werden muss, bleibt der Mittellohn gleich. **270**

Dies gilt auch für den angesetzten Leistungswert, da sich auch diesbezüglich an der Art der auszuführenden Leistung nichts ändert. Die Fliesenfarbe hat keine Auswirkungen auf den Leistungswert. Hat der Auftragnehmer den Leistungswert zu niedrig angesetzt und erzielen die Mitarbeiter bei der tatsächlichen Ausführung einen höheren Leistungswert, schreibt sich der Gewinn für die erforderlichen Lohnstunden der ausgeführten Menge fort. Die Einzelkosten der Teilleistung Lohn berechnen sich also unverändert wie folgt.

100 m² : 2 m²/h = 50 h

50 h × 50 €/h Mittellohn = 2.500,00 €

271 In der Kostenart Material hat der Auftragnehmer nun statt der weißen Fliesen die blauen Fliesen einzukaufen. Es wird unterstellt, dass die blauen Fliesen bei seinem Baustoffhändler 5,00 €/m² teurer eingekauft werden müssen. Sie kosten also den Auftragnehmer 30,00 €/m². Damit betragen die tatsächlichen Mehrkosten gegenüber der ursprünglich vorgesehenen weißen Fliese, die der Auftragnehmer mit 25,00 €/m² hätte einkaufen müssen, 5,00 €/m².

272 Der Auftragnehmer hatte aber in seiner Kalkulation für die weißen Fliesen einen Einkaufspreis in Höhe von 20,00 €/m² als Kosten angesetzt. Diese Kalkulationsannahme ist der Bestimmung des geänderten Preises zugrunde zu legen. Damit schreiben sich auch bei diesen Einzelkosten der Teilleistung die kalkulierten Kosten fort, sodass sich auch hier die in der Kalkulation enthaltenen Gewinne und Verluste durch die Veränderung der tatsächlich eintretenden Materialkosten fortsetzen. Der Vergütungsanteil für die Kostenart Material berechnet sich also für die geänderten Fliesen aus den in der Kalkulation angenommenen Kosten zuzüglich der tatsächlichen Kostensteigerung aufgrund des geänderten Materials wie folgt.

20,00 €/m² Fliese weiß nach Kalkulation + 5,00 €/m² Kostenerhöhung für Fliese blau = 25,00 €/m²

100 m² × 25,00 €/m² = 2.500,00 €

273 **Sonderfall:**

Wenn der Auftragnehmer die weißen Fliesen bereits vor der ändernden Anordnung des Auftraggebers eingekauft hatte und er diese Fliesen weder zurückgeben kann noch eine andere Verwendung dafür hat, kann der Auftragnehmer auch die weißen Fliesen abrechnen. In diesem Fall berechnet er die blauen Fliesen zusätzlich. Dann hat der Auftragnehmer allerdings bereits durch die Abrechnung der weißen Fliesen seinen in der Kostenart Material durch die Kalkulation bedingten Verlust realisiert. In diesem Fall ist es angemessen, dass er die neuen, blauen Fliesen zu dem vollen Einkaufspreis ansetzt.

Wenn der Auftragnehmer vor der ändernden Anordnung des Auftraggebers bereits weiße Fliesen verlegt hatte, so sind auch diese Leistungen mit den Vertragspreisen abzurechnen. Der Rückbau ist ebenfalls als Kosten der Änderung in den Nachtrag einzurechnen, so wie die Verlegung der blauen Fliesen.

In der Kostenart Gerät hatte der Auftragnehmer für den Hubsteiger 1.000,00 €/Monat in der Kalkulation angesetzt. Für die Zeitdauer hatte er den Leistungswert für das Fliesen und die Zeit der Ausführung des Nachunternehmers angesetzt. Da die Arbeiten auch bei Verwendung der blauen Fliesen gleich bleiben, ändert sich an diesen Kalkulationsansätzen durch die andere Fliesenfarbe nichts. Es entstehen gegenüber den angesetzten Kosten für das Gerät keine Mehrkosten. Die Ermittlung für die Kostenart Gerät aus der Kalkulation ändert sich daher für den Nachtrag für die 100 m² Fliesen nicht. 274

Gerät Hubsteiger 1.000,00 €/Monat

50 h Zeitbedarf für Fliesen, 35 h Zeitbedarf für Nacharbeiten Verfugen ergeben 85 h Ausführungszeit. Dies entspricht einem halben Monat.

1.000,00 €/Monat × 0,5 Monate = 500,00 €

In der Kostenart Sonstiges war der Nachunternehmer für das Verfugen kalkuliert worden. Da der Nachunternehmer in der Kalkulation mit 500,00 € pauschal angesetzt worden ist, ändern sich die Kosten in dieser Kostenart durch die andere Fliesenfarbe nicht. Die Kosten in der Kostenart Sonstiges berechnen sich daher wie folgt. 275

500,00 € pauschal

Damit ergeben sich die Einzelkosten der Teilleistungen für die geänderte Leistung wie folgt.

Lohn	2.500,00 €
Material	2.500,00 €
Gerät	500,00 €
Sonstiges	500,00 €
	6.000,00 €

8.6.2 Zuschläge

Die Zuschläge für Baustellengemeinkosten werden üblicherweise in voller Höhe auf die Einzelkosten der Teilleistungen der geänderten Leistung aufgeschlagen. Zwar wird eine Berechtigung der Geltendmachung der Zuschläge für Baustellengemeinkosten bei geänderten Leistungen vereinzelt nicht anerkannt. Dies ist aber sachlich nicht zutreffend. Die Einzelkosten der Teilleistungen betrugen für die vertraglichen Leistungen 5.500,00 €. Diese wurden mit 10 % Zuschlag für die Baustellengemeinkosten beaufschlagt, also 550,00 € als Betrag, den der Auftragnehmer bei Abrechnung der vertraglich vereinbarten Vergütung erhalten würde. Würde man nun die Einzelkosten der Teilleistungen nicht beaufschlagen, würde für den Auftragnehmer eine Unterdeckung dieser Zuschläge entstehen. 276

Daher ist in jedem Fall der Zuschlag für Baustellengemeinkosten in Höhe des kalkulierten Prozentsatzes aufzuschlagen. Das gilt auch für die geänderten Einzelkosten, da der Auftragnehmer in diesem Fall zwar durch die gestiegenen Einzelkosten der Teilleistungen, hier das Material, einen höheren Deckungsbeitrag für die Baustellengemeinkosten erwirtschaftet, der

6.000,00 € Einzelkosten geänderte Leistung × 0,1 Zuschlag BGK = 600,00 €

beträgt. Damit erwirtschaftet der Auftragnehmer 50,00 € mehr Deckungsbeitrag durch die geänderte Leistung. Dem steht aber auch ein entsprechender Mehraufwand bei der Abwicklung gegenüber, da die geänderte Ausführung organisiert werden muss, sich der Materialeinkauf ändert, die geänderte Leistung eine neue Arbeitsvorbereitung nach sich zieht und letztlich Schriftverkehr und eine gesonderte Kalkulation und Abrechnung auslöst.

277 In Einzelfällen kann man über eine Verringerung des Deckungsbeitrages für Baustellengemeinkosten bei bestimmten Einzelkosten der Teilleistungen nachdenken, wenn es zum Beispiel durch die Verwendung von sehr teuren Materialien dazu kommt, dass der Aufwand der Bauleitung nicht proportional ansteigt, die Baustelleneinrichtung auch nicht mehr in Anspruch genommen wird, aber ein sehr viel höherer Deckungsbeitrag für die BGK erwirtschaftet wird.

278 Im Gegenzug ist bei geänderten Leistungen für den Auftragnehmer zu beachten, dass der ursprünglich erzielte Deckungsbeitrag für die Baustellengemeinkosten durch die geänderte Leistung nicht unterschritten wird. Aus dem Ausgleichsgedanken des § 2 Abs. 3 Nr. 3 VOB/B ergibt sich, dass dem Auftragnehmer auch bei einer Leistungsreduzierung seine ursprünglich kalkulierten Deckungsbeiträge in voller Höhe des Absolutbetrages zustehen sollen.

279 Die Zuschläge für allgemeine Geschäftskosten sind umsatzabhängig kalkuliert. Dementsprechend werden diese Zuschläge auch bei einer geänderten Leistung mit dem in der Kalkulation verwendeten Zuschlag versehen. In dem Fall, in dem durch die geänderte Leistung ein geringerer Deckungsbeitrag erwirtschaftet wird, ist der ursprüngliche Betrag auf die geringeren Einzelkosten der Teilleistung umzulegen.

280 Der Zuschlag für das Wagnis ändert sich vorliegend durch die geänderte Leistung ebenfalls nicht. Er ist auf die geänderten Einzelkosten der Teilleistungen mit dem in der Kalkulation verwendeten Zuschlagsatz zu berechnen.

Gleiches gilt auch für den Gewinnzuschlag.

281 Damit ergibt sich für die geänderte Leistung, dass die neu bestimmten Einzelkosten der Teilleistungen mit dem vollen Zuschlagsatz in Höhe von insgesamt 20 % beaufschlagt werden. Die Abrechnungssumme für den Nachtrag der geänderten Leistung berechnet sich daher wie folgt.

6.000,00 € Einzelkosten der geänderten Teilleistung × 1,2 Zuschlag = 7.200,00 €

Alternativ ist es auch möglich, nur die Mehrkosten gesondert in Rechnung zu stellen. Das bedeutet, dass die vertraglich vereinbarte Leistung wie im Vertrag vorgesehen abgerechnet wird. Nur die geänderten Leistungen, hier die Einzelkosten der Teilleistung Material, werden als Nachtrag mit den Mehrkosten und den entsprechenden Zuschlägen gesondert in Rechnung gestellt. Dies entspräche bezüglich der Abrechnung dem Vorgehen bei einer Zulageposition. **282**

8.7 Sachverhalt Geänderter Wandbelag

Die Vertragspartner schließen den Vertrag ab. Es handelt sich um einen Einheitspreisvertrag. Es ist die Ausführung mit weißen Fliesen vorgesehen. Nach Vertragsabschluss erhält der Auftragnehmer von seinem Auftraggeber einen Brief, in dem dieser anordnet, dass statt der weißen Fliesen großformatige, scharfkantige und polierte Natursteine mit kleinsten Fugen aufzubringen sind. Der Betrieb des Auftragnehmers kann diese Arbeiten ausführen. **283**

8.8 Vertraglicher Leistungsinhalt

Der vertragliche Leistungsinhalt umfasst das Fliesen der 100 m² Fläche, wie es im Leistungsverzeichnis angegeben ist. Da der Vertrag abgeschlossen worden war, ändert sich daran zunächst nichts. **284**

Der vertragliche Leistungsinhalt ist die Position des Ausgangsfalls.

100 m² Verlegen von Fliesen, 20 cm x 20 cm, weiß, als Wandbelag

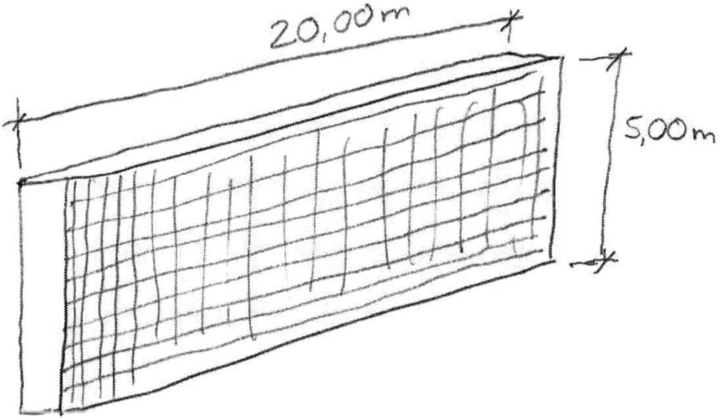

Vertraglicher Leistungsumfang

8.9 Tatsächlich auszuführende Leistung

285 Der Auftragnehmer fliest die Wandfläche mit großformatigen, scharfkantigen und polierten Natursteinen und mit kleinsten Fugen. Der Nachunternehmer verfugt die belegte Fläche.

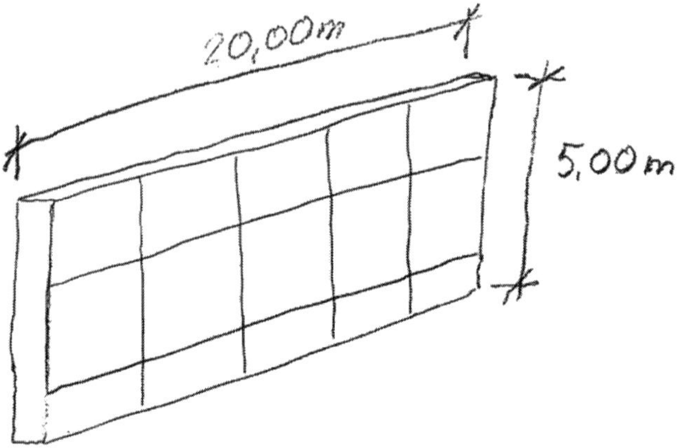

Tatsächlicher Leistungsumfang

8.10 Änderung der zu erbringenden Leistung

286 Der Auftragnehmer führt die Fliesenarbeiten auf der gleichen Fläche aus. Allerdings muss er die Natursteine mit größerem Format verarbeiten, die wegen der Scharfkantigkeit sehr vorsichtig zu behandeln sind. Wegen der kleinen Fugen ist eine sehr sorgfältige Verlegung erforderlich. Im Gegensatz zu den Fliesen müssen die Natursteine im Randbereich auf Maß geschnitten werden. Für den Nachunternehmer ergeben sich Änderungen, da er die polierten Natursteine mit größerem Aufwand verfugen muss. Allerdings steigt sein Gesamtaufwand nicht an, sodass er keinen geänderten Preis geltend macht.

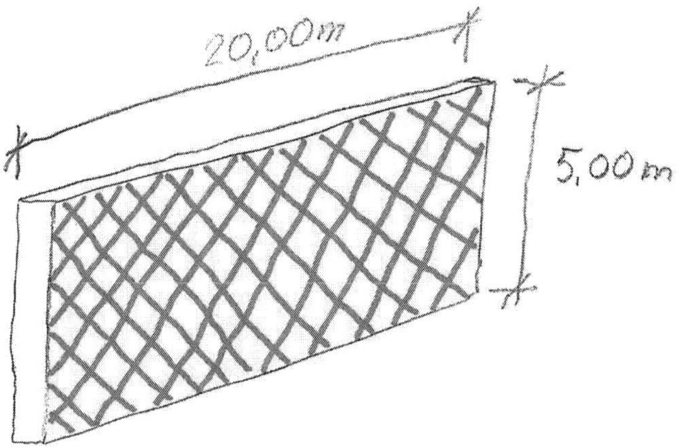

Geänderter Leistungsumfang

8.11 Anspruchsgrundlage

Für das hier behandelte Beispiel ist die Geltung der allgemeinen Geschäfts- **287**
bedingungen der VOB/B vereinbart. Damit ergibt sich aus § 1 Abs. 3 VOB/B das Recht für den Auftraggeber, Änderungen des Bauentwurfs nach Vertragsabschluss einseitig anzuordnen. Die Reichweite dieses Anordnungsrechts ist nicht klar definiert. In der Praxis hat es sich ergeben, dass man darunter ein sehr weitgehendes Recht des Auftraggebers versteht, alle im Vertrag beschriebenen Leistungen nach Vertragsabschluss zu ändern. Da der Auftragnehmer die geänderten Leistungen ausführen kann, hat er die Anordnung zu befolgen.

Sonderfall: **288**

Vorliegend handelt es sich um eine geänderte Leistung nach § 1 Abs. 3 VOB/B, § 2 Abs. 5 VOB/B, da der Auftraggeber den Wandbelag geändert hat, der von dem gleichen Gewerk ausgeführt werden kann. Allerdings kann es sein, dass der Auftragnehmer diese geänderte Ausführung nicht mehr leisten kann, da er mit den geänderten Materialien nicht umgehen kann, das geeignete Personal nicht hat etc. In diesen Fällen besteht ebenfalls, wie in den Fällen der Anordnung einer zusätzlichen Leistung, keine Verpflichtung des Auftragnehmers, diese geänderte Leistung auszuführen, wenn er dies mit seinen Fähigkeiten nicht kann. In diesen Fällen hat er dies dem Auftraggeber schriftlich mitzuteilen. Will der Auftraggeber trotzdem die geänderte Leistung, muss er den Vertrag mit dem Auftragnehmer kündigen. Diese Fälle der freien Kündigung werden in Kapitel 13 behandelt.

289 Für das vorliegende Beispiel wird davon ausgegangen, dass der Auftraggeber die Änderung des Wandbelags schriftlich angeordnet hat. Da die weißen Fliesen als Belag für die vorgesehene Wand der vertragliche Leistungsumfang waren, hat der Auftraggeber mit der Änderung des Wandbelages eine vertraglich vereinbarte Leistung geändert. Damit ist die Frage, ob und welche geänderte Leistung angeordnet wurde, klar dokumentiert. Der Auftragnehmer hat wegen der ändernden Anordnung des Auftraggebers aufgrund § 1 Abs. 3 VOB/B einen möglichen Anspruch aus § 2 Abs. 5 VOB/B.

290 Die Mehrkosten sollte der Auftragnehmer bei seinem Auftraggeber schriftlich ankündigen. Dies sehen zwar weder § 1 Abs. 3 VOB/B noch § 2 Abs. 5 VOB/B zwingend vor. Damit handelt es sich nicht um eine zwingende Anspruchsvoraussetzung. Da aber erstens viele Verträge immer eine schriftliche Anzeige von Mehrkosten verlangen und zweitens die Abgrenzung zu einer zusätzlichen Leistung nicht immer eindeutig ist, ist der Auftragnehmer auf der sicheren Seite.

8.12 Anspruchshöhe

291 Es gelten hier die Ausführungen aus Kapitel 8.6. § 2 Abs. 5 VOB/B sieht im Falle einer Leistungsänderung nach § 1 Abs. 3 VOB/B einen Anspruch des Auftragnehmers vor, einen neuen Preis unter Berücksichtigung der Mehr- und Minderkosten zu verlangen. Für die Bestimmung des neuen Preises sind wieder alle Einzelkosten der Teilleistungen zu betrachten und die Auswirkungen auf die Zuschläge.

Der Rechnung für den Nachtrag ist ein Aufmaß der tatsächlich ausgeführten Leistungen zugrunde zu legen.

8.12.1 Einzelkosten der Teilleistung

292 Für die Kostenart Lohn ist der kalkulierte Mittellohn die Ausgangsbasis der Berechnung der geänderten Vergütung für die neuen Lohnkosten. Damit ist zunächst die Ermittlung des in der Kalkulation verwendeten Mittellohns aufzuschlüsseln. Es wird unterstellt, dass der kalkulierte Mittellohn sich aus zwei Fachkräften ergeben hat, die für standardmäßige Fliesenarbeiten ausgebildet und erfahren sind. Diese Mitarbeiter sind aber nicht qualifiziert, mit den empfindlichen Natursteinen zu arbeiten. Daher muss der Auftragnehmer zwei hoch qualifizierte Mitarbeiter einsetzen, deren Lohn deutlich höher ist.

Daher muss ein neuer Mittellohn berechnet werden. Der kalkulierte Mittellohn für die ursprünglichen Fliesenarbeiten lag bei 50,00 €/h. Unter Ansatz der höheren Lohnkosten für die höher qualifizierten Mitarbeiter wird ein neuer Mittellohn in Höhe von 70,00 €/h durch den Auftragnehmer ermittelt und im

Folgenden für die Ermittlung der Kostenart Lohn verwendet. Die geänderte Ermittlung des neuen Mittellohns ist der Kalkulation des Nachtrags beizufügen.

Der weitere Bestandteil der Ermittlung der Lohnkosten aus der Kalkulation ist der Leistungswert. Er wurde in der Kalkulation mit 2 m^2/h für die Fliesenarbeiten angenommenen. Dieser Leistungswert ist für die Belegung mit den Natursteinen nicht mehr zutreffend. Daher muss durch den Auftragnehmer ein neuer Leistungswert ermittelt werden. Die Ermittlung des neuen Leistungswertes kann mit verschiedenen Methoden vorgenommen werden. **293**

Die einfachste Methode ist die Festlegung eines Leistungswertes durch den Auftragnehmer. Er berücksichtigt also die langsamere Verlegung mit den empfindlichen Natursteinen, das notwendige sorgfältigere Arbeiten wegen der geringen Fugenmaße, die zusätzlich erforderlichen Zeiten für das Ausmessen und Schneiden der Natursteine für den Randbereich etc. Alternativ wird im Gegensatz zu einer detaillierten Aufschlüsselung der einzelnen Teile der Tätigkeiten und dem Ansatz jeweils dafür erforderlicher Zeiten in der Praxis auch ein einheitlicher Erfahrungswert eingesetzt, den der Auftragnehmer aus anderen Bauvorhaben bereits kennt.

Beide Alternativen haben den Nachteil, dass Auftraggeber Nachweise für diese Ermittlung des Leistungswertes verlangen, die aber meist nicht vorhanden sind. Im Prinzip ist eine Dokumentation erforderlich, die den entsprechenden Leistungswert bei anderen Bauvorhaben festgestellt hat. Dafür ist aber auch erforderlich, dass die Leistungen bei dem anderen Bauvorhaben unter nahezu den gleichen Ausführungsbedingungen zu erbringen waren. Die Vergleichbarkeit ist häufig nicht gegeben. **294**

Eine weitere Methode besteht darin, aus der Literatur Leistungswerte zu ermitteln, welche für die geänderte Leistung angegeben werden. Allerdings sind nicht für alle Tätigkeiten Leistungswerte in der Literatur zu finden. Angegebene Leistungswerte sind häufig unter anderen Ausführungsbedingungen ermittelt worden, was ebenfalls zu Abweichungen führen kann. Zumindest lässt sich mit dem Literaturwert eine Plausibilitätsprüfung des durch den Auftragnehmer ermittelten Leistungswertes für die geänderte Leistung vornehmen. **295**

Verwendet der Auftragnehmer den neu ermittelten Leistungswert und unterstellt man, dass dieser Leistungswert ungefähr dem tatsächlich erbrachten Leistungswert des Personals entspricht, gehen dem Auftragnehmer die Gewinne, die in dem kalkulierten Leistungswert steckten, verloren. Denn der Auftragnehmer hatte für die vertragsgemäße Leistung einen Leistungswert von 2 m^2/h in der Kalkulation angenommen, der aber gegenüber dem erreichten Leistungswert bei der tatsächlichen Ausführung, der 4 m^2/h betrug, dazu führte, dass weniger als die kalkulierten Lohnstunden erforderlich **296** waren und sich so ein Gewinn in der Kostenart Lohn einstellte. In diesen Fällen besteht das Problem, dass der Auftragnehmer meist die vertragsgemäße Leistung nicht ausführt und sich daher für den Auftragnehmer nicht nachweisen lässt, dass im Leistungswert ein fortzuschreibender Gewinn steckte.

297 Der Nachweis ist aber in den Fällen möglich, in denen der Auftragnehmer von der geänderten Position Leistungen bereits erbracht hatte und bei diesen Leistungen sich der höhere, tatsächliche Leistungswert als Abweichung von dem in der Kalkulation verwendeten Leistungswert feststellen lässt. Es handelt sich also um einen Nachweis auf Grundlage der tatsächlichen Ausführung. Dieser Nachweis ist im Prinzip auch durch die Ausführung einer vergleichbaren Leistung auf anderen Baustellen möglich, bei der der höhere, tatsächliche Leistungswert dokumentiert wurde. Es handelt sich also um den Nachweis mit einem tatsächlich ermittelten Referenzwert.

298 Eine zweite Möglichkeit besteht darin, Vergleichswerte für die Arbeiten in der vertragsgemäßen Position und dem ursprünglich in der Kalkulation angesetzten Leistungswert in der Literatur zu finden. Ist ein Vergleichswert in der Literatur verfügbar, kann er mit dem in der Kalkulation angenommenen Leistungswert verglichen werden. Aus diesem Vergleich ergibt sich, um welchen Faktor der Auftragnehmer den Leistungswert zu gering angesetzt hat. Mit diesem Faktor ist dann der Leistungswert für die geänderte Leistung anzupassen und man erhält einen Leistungswert für die geänderte Leistung, der im Verhältnis die gleichen zeitlichen Reserven enthält.

299 Einigen sich Auftragnehmer und Auftraggeber nicht über einen neuen Leistungswert für die Ermittlung des geänderten Preises, besteht eine Lösung darin, die geänderten Leistungen bezüglich der Kostenart Lohn in Regie abzurechnen. Das bedeutet, dass der neu ermittelte Mittellohn, dem Zuschläge hinzuzurechnen sind, als Regielohn für eine Stunde herangezogen wird. Dieser Regielohn wird dann mit den tatsächlich erbrachten Stunden multipliziert und abgerechnet. Für das Beispiel würde sich damit folgender Regielohn ergeben.

70,00 €/h neuer Mittellohn × 1,2 Zuschlag aus Kalkulation = 84,00 €/h Regielohn

300 Die Abrechnung von Regiearbeiten wurde in Kapitel 4 behandelt. Alle anderen Einzelkosten der Teilleistungen können mit den fortgeschriebenen Preisen als Vergütung abgerechnet werden, alternativ auch wie in Kapitel 4 für die entsprechenden Einzelkosten beschrieben.

Vorliegend wird unterstellt, dass der neue Leistungswert 1,25 m^2/h beträgt. Die Vergütung in der Kostenart Lohn ermittelt sich also wie folgt.

100 m^2 : 1,25 m^2/h = 80 h

80 h × 70,00 €/h Mittellohn = 5.600,00 €

In der Kostenart Material hat der Auftragnehmer nun statt der weißen Fliesen die Natursteine einzukaufen. Die Natursteine kosten beispielsweise 200,00 €/m². Der Auftragnehmer kann die Natursteine bei seinem Baustoffhändler einkaufen, bei dem er auch die Fliesen gekauft hätte. Damit betragen die tatsächlichen Mehrkosten gegenüber der ursprünglich vorgesehenen weißen Fliese, die der Auftragnehmer mit 25,00 €/m² hätte einkaufen müssen, 175,00 €/m². **301**

Weiterhin ist zu berücksichtigen, dass die Natursteine im Randbereich geschnitten werden müssen, was bei den Fliesen nicht der Fall war. Dadurch fällt im Gegensatz zu den Fliesen in erheblichem Umfang Verschnittmaterial an. Dieses Material kann aber nicht über die Fläche abgerechnet werden, da nur der ausgeführte Vordersatz in Höhe von 100 m² bei dem Einheitspreisvertrag zur Abrechnung kommt. Daher ist das Verschnittmaterial in die Kostenart Material einzurechnen. Es wird unterstellt, dass der Auftragnehmer durch den Schnitt im Randbereich 20 m² Naturstein mehr benötigt. Die Gesamtmenge beträgt also 120 m², welche in der Kostenart Material anzusetzen ist. **302**

Der Auftragnehmer hatte in seiner Kalkulation für die weißen Fliesen einen Einkaufspreis in Höhe von 20,00 €/m² als Kosten angesetzt. Diese Kalkulationsannahme ist der Bestimmung des geänderten Preises zugrunde zu legen. Damit schreiben sich auch bei diesen Einzelkosten der Teilleistung die kalkulierten Kosten fort, sodass sich auch hier die in der Kalkulation enthaltenen Gewinne und Verluste durch die Veränderung der tatsächlich eintretenden Materialkosten fortsetzen. Der Vergütungsanteil für die Kostenart Material berechnet sich also für die geänderte Leistung mit den Natursteinen aus den in der Kalkulation angenommenen Kosten zuzüglich der tatsächlichen Kostensteigerung aufgrund des geänderten Materials wie folgt. **303**

> 20,00 €/m² Fliese weiß nach Kalkulation + 175,00 €/m² Kostenerhöhung für Natursteine = 195,00 €/m²
>
> 120 m² × 195,00 €/m² = 23.400,00 €

Bei genauer Betrachtung kann man den Verlustbetrag in Höhe von 5 €/m² auf eine Menge von 100 m² beschränken, da die Mengenerhöhung auf 120 m² an der ändernden Anordnung liegt, die zu dem Anteil Verschnittmaterial führt. **304**

In der Kostenart Gerät hatte der Auftragnehmer für den Hubsteiger 1.000,00 €/Monat in der Kalkulation angesetzt. Für die Zeitdauer hatte er den Leistungswert für das Fliesen und die Zeit der Ausführung des Nachunternehmers angesetzt. Es entstehen gegenüber den angesetzten Kosten für das Gerät Mehrkosten. Die Ermittlung für die Kostenart Gerät aus der Kalkulation ändert sich daher für den Nachtrag für die 100 m² Naturstein. **305**

Gerät Hubsteiger 1.000,00 €/Monat

80 h Zeitbedarf für Verlegen, 35 h Zeitbedarf für Nacharbeiten Verfugen ergeben 115 h Ausführungszeit. Dies entspricht einem ¾ Monat.

1.000,00 €/Monat × 0,75 Monate = 750,00 €

306 In der Kostenart Sonstiges war der Nachunternehmer für das Verfugen kalkuliert worden. Da der Nachunternehmer seinen Preis trotz der geänderten Leistung beibehält, ändern sich die Kosten in dieser Kostenart durch die Natursteine nicht. Die Kosten in der Kostenart Sonstiges berechnen sich daher wie folgt.

500,00 € pauschal

Damit ergeben sich die Einzelkosten der Teilleistungen für die geänderte Leistung wie folgt.

Lohn	5.600,00 €
Material	23.400,00 €
Gerät	750,00 €
Sonstiges	500,00 €
	30.250,00 €

8.12.2 Zuschläge

307 Die Zuschläge für Baustellengemeinkosten werden üblicherweise in voller Höhe auf die Einzelkosten der Teilleistungen der geänderten Leistung aufgeschlagen. Hierzu wurden bereits Ausführungen im Kapitel 8.6.2 gemacht.

308 Vorliegend kann man über eine Verringerung des Deckungsbeitrages für Baustellengemeinkosten bei den Einzelkosten der Teilleistungen Material nachdenken, da es durch die Verwendung von sehr teurem Material hier dazu kommt, dass der Aufwand der Bauleitung nicht proportional ansteigt, die Baustelleneinrichtung auch nicht mehr in Anspruch genommen wird, aber ein sehr viel höherer Deckungsbeitrag für die BGK erwirtschaftet wird. Zu beachten ist aber, dass sich die Ausführungszeit verlängert. Der ursprüngliche Deckungsbeitrag für Baustellengemeinkosten bei Ausführung der vertraglichen Leistung betrug

20,00 €/m² × 100 m² = 2.000,00 €

2.000,00 € × 0,1 = 200,00 €

Der neue Deckungsbeitrag für Baustellengemeinkosten in der Kostenart Material beträgt bei gleichem Zuschlag für die Baustellengemeinkosten in Höhe von 10 % für die geänderte Leistung

120 m² × 195,00 €/m² = 23.400,00 €

23.400,00 € × 0,1 = 2.340,00 €

Im Prinzip handelt es sich um einen Differenzbetrag der Deckungsbeiträge für Baustellengemeinkosten aus der Kostenart Material, der 2.140,00 € beträgt. Hier besteht die Möglichkeit, einen Betrag zwischen Auftraggeber und Auftragnehmer zu verhandeln. Sollten Änderungen bei anderen Positionen vorliegen, in denen es durch verringerte Mengen zu einer Unterdeckung von Zuschlägen gekommen ist, ist eine Überdeckung, wie sie hier vorliegt, in diese Ausgleichsrechnung einzubeziehen. Entsprechende Ausführungen zu der Ausgleichsrechnung im Rahmen des § 2 Abs. 3 Nr. 3 VOB/B finden sich in Kapitel 7.13. **309**

Die Zuschläge für allgemeine Geschäftskosten sind umsatzabhängig kalkuliert. Dementsprechend werden diese Zuschläge auch bei einer geänderten Leistung mit dem in der Kalkulation verwendeten Zuschlag versehen. Der Deckungsbeitrag erhöht sich hier entsprechend dem größeren Umsatz. In dem Fall, in dem durch die geänderte Leistung ein geringerer Deckungsbeitrag erwirtschaftet wird, ist der ursprüngliche Betrag auf die geringeren Einzelkosten der Teilleistung umzulegen. **310**

Der Zuschlag für das Wagnis ändert sich vorliegend durch die geänderte Leistung ebenfalls nicht. Das Ausführungs- und Gewährleistungswagnis steigt zwar durch die anspruchsvollere Ausführung an. Da sich die Einzelkosten der Teilleistung entsprechend erhöhen, ist der Zuschlag für Wagnis auf die geänderten Einzelkosten der Teilleistungen mit dem in der Kalkulation verwendeten Zuschlagsatz zu berechnen. **311**

Gleiches gilt auch für den Gewinnzuschlag.

Damit ergibt sich für die geänderte Leistung, dass die neu bestimmten Einzelkosten der Teilleistungen mit dem vollen Zuschlagsatz in Höhe von insgesamt 20 % beaufschlagt werden. Die Abrechnungssumme für den Nachtrag der geänderten Leistung berechnet sich daher wie folgt. **312**

> 30.250,00 € Einzelkosten der geänderten Teilleistung × 1,2 Zuschlag = 36.300,00 €

9 Mehrkostenforderungen wegen zusätzlicher Leistungen

313 In diesem Kapitel werden die Fälle behandelt, in denen der Auftraggeber mit einer Anordnung nach Vertragsabschluss bestimmt, dass der Auftragnehmer eine im Vertrag nicht bereits enthaltene Leistung ausführt. Es handelt sich damit um die Fälle einer Leistungsänderung nach § 2 Abs. 6 VOB/B.

314 Ordnet der Auftraggeber eine Änderung von Leistungen an, die schon im Vertrag enthalten waren, so werden diese Leistungen als geänderte Leistungen bezeichnet. Diese Fälle sind nach § 2 Abs. 5 VOB/B zu beurteilen und werden in Kapitel 8 behandelt. Sie sind nicht immer eindeutig von einer zusätzlichen Leistung nach § 2 Abs. 6 VOB/B abzugrenzen. In der Praxis kommt es immer wieder vor, dass geänderte Leistungen im Prinzip Leistungen beinhalten, die vorher in ihrer Art nicht im Leistungsumfang enthalten waren. Daher mischen sich bei einer Leistungsänderung die Anwendungen der Preisfortschreibung nach § 2 Abs. 5 VOB/B und § 2 Abs. 6 VOB/B. Somit muss in nicht eindeutigen Fällen auch immer in Kapitel 8 nachgeschlagen werden.

315 Für Verträge, bei denen die Gültigkeit der allgemeinen Geschäftsbedingungen der VOB/B nicht vereinbart ist, muss zunächst geprüft werden, ob es von § 2 VOB/B abweichende Regelungen im Vertrag gibt. Sind eigenständige Regelungen vorhanden, ist nach diesen Regelungen zu verfahren. In den meisten Fällen orientieren sich diese vertraglichen Regelungen aber am Wortlaut des § 2 VOB/B, sodass die hier dargestellten Grundsätze verwendet werden können.

316 Verändert sich durch die zusätzliche Leistung die Bauzeit, dann ist diese Bauzeitverlängerung in Kapitel 10 und eine Bauzeitverkürzung in Kapitel 11 zusätzlich zu berücksichtigen. Das gilt für die Fälle, in denen zeitabhängige Kosten nicht durch die zusätzliche Leistung selbst, also deren Kosten einschließlich der Zuschläge, abgedeckt sind.

317 Wenn in dem Vertrag keine Regelungen für die Leistungsänderungsrechte des Auftraggebers und für die Berechnung der geänderten Vergütung des Auftragnehmers vorhanden sind, dann gelten die gesetzlichen Regelungen. Diese Fälle werden in Kapitel 14 behandelt.

318 Fälle, in denen es bedingt durch eine „reine" Mengenänderung zur Mengenmehrung einer im Vertrag enthaltenen Leistung kommt, werden in Kapitel 6 behandelt, Mengenminderungen in Kapitel 7. Es handelt sich also um die Fälle, in denen sich die tatsächlich ausgeführte Menge gegenüber dem Vordersatz verändert, aber keine Anordnung des Auftraggebers vorliegt.

Wird nur der vertragliche Leistungsumfang erbracht, also der ausgeschriebene Vordersatz des Leistungsverzeichnisses ausgeführt, liegen keine Mengenabweichung und keine geänderte Leistung vor. Diese Fälle werden in Kapitel 3 behandelt. 319

9.1 Sachverhalt

Die Vertragspartner schließen den Vertrag ab. Es handelt sich um einen Einheitspreisvertrag. Es ist die Ausführung mit weißen Fliesen vorgesehen. Nach Vertragsabschluss erhält der Auftragnehmer von seinem Auftraggeber einen Brief, in dem dieser anordnet, an den umlaufenden Außenkanten eine Abschlussleiste als Profil aus Edelstahl mit entsprechenden Eckwinkeln anzubringen. 320

9.2 Vertraglicher Leistungsinhalt

Der vertragliche Leistungsinhalt umfasst das Fliesen der 100 m² Fläche, wie es im Leistungsverzeichnis angegeben ist. Da der Vertrag abgeschlossen war, ändert sich daran zunächst nichts. 321

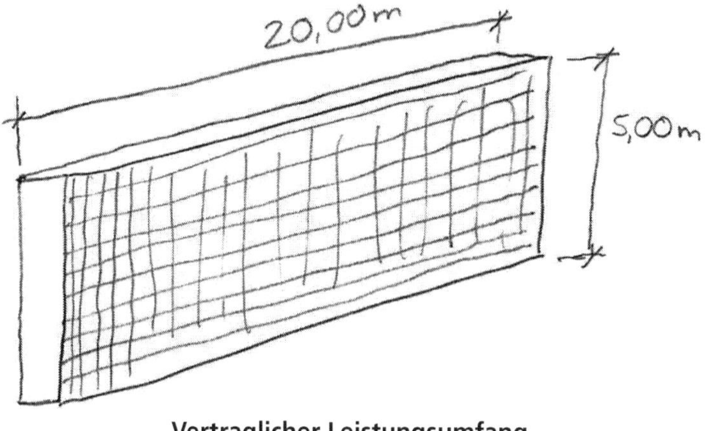

Vertraglicher Leistungsumfang

9.3 Tatsächlich auszuführende Leistung

Der Auftragnehmer fliest die Wandfläche mit weißen Fliesen. An den Außenkanten bringt er das Edelstahlprofil an. Der Nachunternehmer verfugt die geflieste Fläche. 322

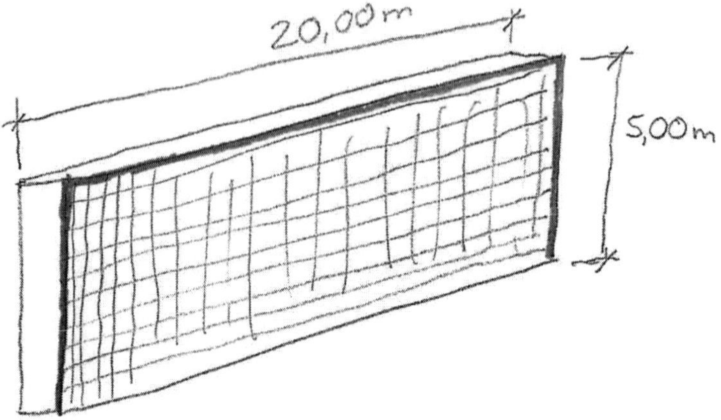

Tatsächlicher Leistungsumfang

9.4 Änderung der zu erbringenden Leistung

323 Der Auftragnehmer führt die Fliesenarbeiten auf der gleichen Fläche aus. Die Fliesenabmessungen bleiben gleich. Allerdings hat er um die Fliesen herum das Abschlussprofil zu montieren. Daher ergibt sich für die Randflächen im Bereich des Profils ein zeitlicher Mehraufwand, da das Profil entsprechend einzulegen ist und dann die angrenzenden Fliesen anzupassen sind. Für den Nachunternehmer ergeben sich keine Änderungen.

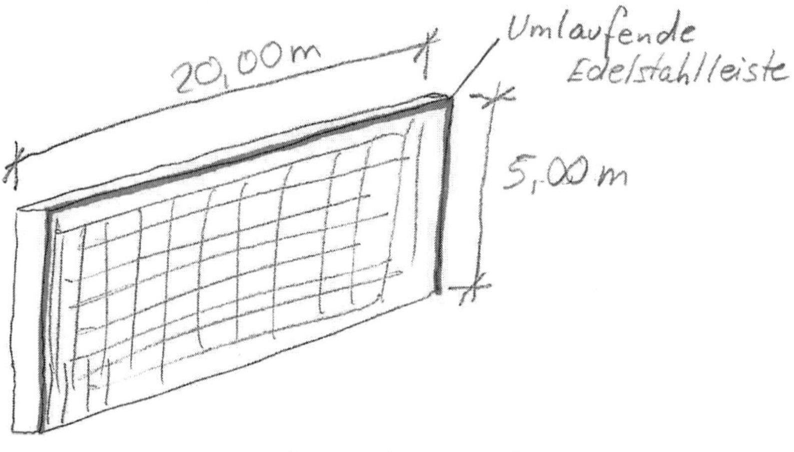

Geänderter Leistungsumfang

9.5 Anspruchsgrundlage

Der Vertrag ist zunächst zwischen dem Auftraggeber und dem Auftragnehmer abgeschlossen worden. Darin ist eine Ausführung nur mit weißen Fliesen vorgesehen. Es stellt sich daher zunächst die Frage, ob der Auftraggeber nach Vertragsabschluss einseitig die vertragliche Vereinbarung dahingehend ändern darf, dass er eine zusätzliche, im Vertrag nicht vorgesehene Leistung verlangt, hier die umlaufende Profilleiste. Die Änderungsbefugnis kann sich aus dem Gesetz ergeben, also aus § 650b BGB. Diese Fälle werden in Kapitel 14 behandelt. **324**

Für das hier behandelte Beispiel ist die Geltung der allgemeinen Geschäftsbedingungen der VOB/B vereinbart. Damit ergibt sich aus § 1 Abs. 4 VOB/B das Recht für den Auftraggeber, nach Vertragsabschluss einseitig auch nicht vereinbarte Leistungen anzuordnen. Die Reichweite dieses Anordnungsrechts ist nicht klar definiert. Es ergeben sich aus § 1 Abs. 4 VOB/B zwei Einschränkungen für dieses Anordnungsrecht des Auftraggebers. **325**

1. Die angeordnete Leistung, die nicht im vertraglichen Leistungsumfang enthalten ist, ist für die Ausführung der vertraglichen Leistung erforderlich.
2. Der Betrieb des Auftragnehmers muss für die Ausführung dieser zusätzlichen Leistungen eingerichtet sein.

Die erste Einschränkung liegt vor, wenn die zusätzliche Leistung nicht für den so genannten Werkerfolg erforderlich ist. Das bedeutet, dass der Auftragnehmer bereits durch die Ausführung des vertraglichen Leistungsumfangs eine funktionsfähige Leistung erbringt. Dann ist die zusätzliche Leistung technisch nicht zwingend erforderlich und daher kann der Auftraggeber sie auch nicht gegenüber dem Auftragnehmer zwingend anordnen. **326**

Ein einfaches Beispiel ist das folgende. Hat der Auftraggeber die Streifenfundamente in seiner Leistungsbeschreibung für die Errichtung des Rohbaus vergessen, kann der Auftragnehmer seine Leistung, die Errichtung der Kellerwände, nicht erbringen. Daher sind die Streifenfundamente zwingend erforderlich, damit der Auftragnehmer seinen vertraglichen Leistungsumfang ordnungsgemäß erbringen kann. Der Auftraggeber kann die Ausführung der Streifenfundamente anordnen und der Auftragnehmer muss die zusätzliche Leistung ausführen.

Ein anderes Beispiel ist die Errichtung eines Rohbaus für ein Einfamilienhaus. Der Auftraggeber möchte nach Vertragsabschluss auch noch ein Gartenhaus im hinteren Teil des Grundstücks errichtet haben. Das Gartenhaus ist aber nicht erforderlich, um den Rohbau des Einfamilienhauses ordnungsgemäß zu errichten. Daher kann der Auftraggeber den Bau des Gartenhauses zwar anordnen, aber der Auftragnehmer muss diese zusätzlichen Leistungen nicht ausführen. Nach § 1 Abs. 4 VOB/B muss der Auftragnehmer der Übertragung dieser nicht erforderlichen, zusätzlichen Leistungen zustimmen. Im Prinzip handelt es sich also um die einvernehmliche Erweiterung des Vertrages. Daher steht es dem Auftragnehmer in diesen Fällen frei, ob er diese zusätzlichen Leistungen ausführen will, und es steht ihm weiterhin frei, für diese Leistungen eine Vergütung anzubieten. Diese Vergütung kann er frei bestimmen, er ist also an die Regelungen zur Preisermittlung aus der VOB/B nicht gebunden.

327 Die zweite Einschränkung liegt vor, wenn der Betrieb des Auftragnehmers auf die Ausführung der verlangten zusätzlichen Leistung nicht eingerichtet ist. Das liegt vor, wenn der Auftragnehmer nicht über die entsprechende Sachkompetenz verfügt. Kann er aufgrund seiner Erfahrungen und der Qualifikation seiner Mitarbeiter die zusätzlichen Arbeiten nicht ausführen, muss er dies auch nicht. Verfügt der Auftragnehmer in seinem Betrieb nicht über die erforderlichen Geräte oder andere Betriebseinrichtungen, ist er ebenfalls nicht verpflichtet, die zusätzlichen Leistungen auszuführen.

328 In der Praxis hat es sich ergeben, dass man die Einschränkungen eher eng sieht und daher das Anordnungsrecht für zusätzliche Leistungen als ein sehr weitgehendes Recht des Auftraggebers versteht. Das resultiert aus der Übernahme von Leistungen durch Generalunternehmer. Da der Generalunternehmer Leistungen an Nachunternehmer vergibt, kann er im Prinzip für alle zusätzlichen Leistungen auch jeweils einen Nachunternehmer verpflichten. Daher ist die Einschränkung der Möglichkeit zur Erbringung der zusätzlichen Leistungen bei Generalunternehmern praktisch ausgeschlossen. Auftragnehmer, die einzelne Gewerke ausführen und möglicherweise innerhalb ihres Gewerkes auch nur bestimmte Arbeiten, können sich aber auf das Recht berufen, die zusätzliche Leistung nicht auszuführen, insbesondere wenn sich für sie daraus erhebliche Risiken ergeben, da sie keine Erfahrung mit den geforderten Arbeiten haben.

329 Liegt eine Anordnung des Auftraggebers nach § 1 Abs. 4 VOB/B vor, die der Auftragnehmer ausführen muss, da keine der genannten Ausnahmen vorliegen, bestimmen sich die Folgen aus § 2 Abs. 6 VOB/B. Nach § 2 Abs. 6 Nr. 1 Satz 2 VOB/B muss der Auftragnehmer dem Auftraggeber vor Beginn der Ausführung anzeigen, dass er einen Anspruch auf eine besondere Vergütung stellen wird. Diese Ankündigung sollte schriftlich erfolgen, damit der Auftragnehmer die Ankündigung nachweisen kann. Dieses Schreiben oder jede andere Ankündigung muss an den Vertragspartner gerichtet werden. Eine Eintragung in einem Protokoll der Baustellenbesprechung reicht nicht aus, wenn der Auftraggeber oder ein durch den Auftraggeber Bevollmächtigter nicht anwesend ist.

Leider wird diese Anmeldung der Mehrkosten in der Praxis immer wieder vergessen oder einfach nicht versendet. Wenn der Auftragnehmer die Anmeldung nicht vor der Ausführung veranlasst hat, sollte er dies zumindest unverzüglich nachholen. Wenn allerdings die Anmeldung ganz unterlassen worden ist, stellt sich zunächst die Frage, ob die Anordnung des Auftraggebers nicht eine Anordnung nach § 1 Abs. 3 VOB/B darstellt, mit der Folge, dass die Ansprüche des Auftragnehmers sich nach § 2 Abs. 5 VOB/B richten. Liegt also eine Leistungsänderung vor und keine zusätzliche Leistung, muss der Auftragnehmer seine Vergütungsansprüche auch nicht anmelden. **330**

Handelt es sich allerdings um eine angeordnete zusätzliche Leistung, bei der eine Mehrkostenanmeldung Voraussetzung für den Vergütungsanspruch des Auftragnehmers ist, gibt es Ausnahmen von der Pflicht zur Anmeldung der Vergütungsansprüche. Eine Ausnahme liegt vor, wenn der Auftraggeber davon ausgegangen ist oder davon ausgehen musste, dass der Auftragnehmer die angeordnete, zusätzliche Leistung nicht ohne Vergütung erbringen wird. Bei professionellen Auftraggebern wird man in aller Regel davon ausgehen, dass diese wissen, dass angeordnete zusätzliche Leistungen durch Auftragnehmer nicht ohne Vergütung erbracht werden. **331**

Eine weitere Ausnahme liegt vor, wenn der Auftraggeber keine Alternative zu der Ausführung der zusätzlichen Leistung gehabt hätte. Das bedeutet, dass die durch den Auftragnehmer ausgeführte Leistung technisch zwingend erforderlich gewesen ist. In diesen Fällen hätte der Auftraggeber auch bei einer Mitteilung des Anspruches auf eine Vergütung durch den Auftragnehmer keine andere Entscheidung treffen können. Die Information über Mehrkosten hätte den Auftraggeber also nach seiner Anordnung der zusätzlichen Leistung nicht in die Lage versetzt, eine abweichende Anordnung zu erteilen. **332**

§ 2 Abs. 6 Nr. 2 VOB/B sieht vor, dass die Vergütung für die zusätzliche Leistung möglichst vor Beginn der Ausführung zwischen dem Auftragnehmer und dem Auftraggeber zu vereinbaren ist. Diese Forderung ist sinnvoll. Es steht den Vertragspartnern frei, eine Vergütung auszuhandeln. Für die Höhe der Vergütung und deren Ermittlung gibt es bei diesen freien Verhandlungen keine zwingende Vorgabe. **333**

Einigen sich die Vertragspartner aber nicht, was der Regelfall ist, muss der Auftragnehmer die zusätzliche Leistung ausführen. In diesen Fällen hat der Auftragnehmer die Vergütung entsprechend § 2 Abs. 6 Nr. 2 VOB/B zu berechnen. Dies wird in nachfolgendem Kapitel erläutert.

Zwei Problemkreise sollte der Auftragnehmer aber bei dem Abschluss einer Nachtragsvereinbarung im Auge behalten. Erstens verlangen Auftraggeber häufig ein so genanntes „Nachtragsangebot". Auftragnehmer neigen dazu, **334** dafür ein entsprechendes Leistungsverzeichnis für die zusätzliche Leistung aufzustellen, mit Vordersätzen zu versehen und Preise einzutragen. Damit übernimmt der Auftragnehmer die Planungsleistung für die zusätzliche Leistung, da natürlich auch das Aufstellen eines Leistungsverzeichnisses eine Planungsleistung ist. Diese Planungsleistung müsste üblicherweise der Auftraggeber ausführen, da er das ursprüngliche Leistungsverzeichnis für den Werkvertrag erstellt hat. Übernimmt der Auftragnehmer diese Tätigkeit, ist sie auch als zusätzliche Leistung vergütungspflichtig. Außerdem übernimmt der Auftragnehmer mit der Anfertigung des Leistungsverzeichnisses und der Ermittlung der Vordersätze auch das Risiko, dass seine Planung vollständig und richtig ist. Ergibt sich im Nachgang, dass Leistungen zur Ausführung der geänderten Leistung fehlen, steht der Auftragnehmer selbst als Planer in der Verantwortung.

Der Auftragnehmer sollte also in diesen Fällen, in denen die Leistungen und die Mengen für die Ausführung der zusätzlichen Leistung nicht einfach zu ermitteln sind, dem Auftraggeber diese Aufgabe der Anfertigung des Leistungsverzeichnisses und eventuell erforderlicher Pläne überlassen. Bis der Auftraggeber seine Planungsaufgabe nicht erfüllt hat und daher dem Auftragnehmer die Ausführung der zusätzlichen Leistung nicht möglich ist, bestehen hindernde Umstände. Diese muss der Auftragnehmer bei dem Auftraggeber schriftlich anmelden.

335 Wenn der Auftragnehmer aus Gründen der Vereinfachung oder als Kundenservice ein Angebot erstellt, sollte der Auftragnehmer zumindest unter dem Angebot den Vorbehalt machen, dass er keine Haftung für die Vollständigkeit und Richtigkeit seines Angebotes auf der Grundlage seines selbst erstellten Leistungsverzeichnisses übernimmt und daher Änderungen und Erweiterungen eintreten können.

336 Der zweite Problemkreis betrifft die Ermittlung der Vergütung für ein „Nachtragsangebot". Da es sich zunächst um ein freies Angebot des Auftragnehmers handelt, ist er nicht an die Fortschreibung der Vertragspreise gebunden. Es steht beiden Vertragspartnern frei, sich völlig unabhängig von allen Regelungen der Preisbildung zu einigen. Die Regelungen für die Bildung eines neuen Preises für die geänderte Leistung, die im folgenden Kapitel dargestellt werden, sind in der VOB/B für ein Verhandlungsangebot nicht zwingend vorgeschrieben.

337 Wenn der Auftragnehmer eine Vereinbarung mit dem Auftraggeber abschließt und diese Vereinbarung endgültig ist, betrifft das alle Leistungen, die mit der geänderten Leistung einhergehen. Dazu zählt insbesondere auch eine Forderung nach Bauzeitverlängerung und deren Kosten. Werden diese Forderungen in einer Vereinbarung nicht bereits abgegolten oder falls nein, zumindest ausdrücklich vorbehalten, verfallen entsprechende Forderungen des Auftragnehmers.

In Verträgen werden häufig Regelungen vereinbart, die eine gesteigerte 338 Pflicht des Auftragnehmers vorsehen, bei zusätzlichen Leistungen nicht nur eine schriftliche Information an den Auftraggeber zu versenden, sondern auch bereits die finanziellen Auswirkungen der Höhe nach und mögliche weitere Auswirkungen auf die Bauzeit zu benennen. Es ist daher ein Muss, den Vertrag nach solchen Regelungen durchzuschauen. Diese Regelungen gehen meistens den Regelungen der VOB/B vor, sodass diese vertraglichen Regelungen einzuhalten sind.

9.6 Anspruchshöhe

§ 2 Abs. 6 VOB/B sieht im Falle einer Leistungsänderung nach § 1 Abs. 4 339 VOB/B einen Anspruch des Auftragnehmers vor, eine besondere Vergütung zu verlangen. Diese Regelung der VOB/B geht also folgerichtig davon aus, dass für eine zusätzliche Leistung, die im Vertrag nicht vorgesehen war, auch keine Minderkosten oder eine entfallende Leistung vorhanden sind. In diesen Fällen müsste es sich um eine Leistungsänderung nach § 1 Abs. 3 VOB/B mit der Folge einer geänderten Vergütung nach § 2 Abs. 5 VOB/B handeln.

Der neue Preis wird nach § 2 Abs. 6 Nr. 2 VOB/B nach den Grundlagen der 340 Preisermittlung für die vertraglichen Leistungen und den besonderen Kosten der geforderten Leistung ermittelt. Auch dies ist konsequent, da im Gegensatz zu einer geänderten Leistung keine Position als Ausgangsbasis für die Berechnung des neuen Preises zur Verfügung steht, die ursprünglich als Leistung im Vertrag vorgesehen war und geändert wurde. Da allerdings die Grundlagen der Preisermittlung für die vertragliche Leistung anzuwenden sind, wird auch die Ermittlung eines Preises für eine zusätzliche Leistung in der Praxis so verstanden, dass Bestandteile aus der Kalkulation, die vorhanden und in einer Form vergleichbar sind, herangezogen werden. Zusätzlich sind die Kosten der geforderten Leistung heranzuziehen. Dies bedeutet, dass Ausgangsbasis die tatsächlichen Kosten sind.

Zu beachten ist, dass der Auftragnehmer die vertragliche Leistungsposition 341 vollständig abrechnet. An dieser Position ändert sich nichts. Der Auftragnehmer erbringt die Leistungen des Fliesens der Wand vollständig. Daher kann insoweit auf die Ausführungen in Kapitel 3 verwiesen werden. Hier werden also nur die zusätzlichen Arbeiten zugrunde gelegt, für die der Auftragnehmer zusätzlich zu der Vergütung der im Vertrag vorgesehenen Position eine weitere Vergütung verlangen kann.

9.6.1 Einzelkosten der Teilleistung

342 Die Kostenart Lohn wird mit dem kalkulierten Mittellohn und dem in der Kalkulation angenommenen Leistungswert als Basis verwendet. Das ausführende Personal für die Fliesenarbeiten kann auch die Edelstahlrandleiste setzen. Da sich also das bei der Ermittlung des Mittellohns zugrunde gelegte Personal weder in der Zusammensetzung noch in der zugrunde gelegten Qualifizierung ändert, bleibt der Mittellohn gleich.

Dies gilt grundsätzlich auch für den angesetzten Leistungswert für die Fliesenarbeiten, da sich auch diesbezüglich an der Art der auszuführenden Leistung nichts ändert. Allerdings sind die Randprofile zusätzlich zu setzen und in diesen Randbereichen die Fliesen anzupassen. Das bedeutet, dass auch die Fliesen entsprechend zuzuschneiden sind. Der in der Kalkulation zugrunde gelegte Leistungswert von 2 m^2/h hatte für die ursprüngliche Leistung lediglich ein Fliesen ohne besondere Zuschnitte beinhaltet. Durch die zusätzliche Leistung sinkt daher der Leistungswert.

343 Es sind 30 lfm Randprofile zu setzen und jeweils mit Profilen an den Ecken und Stößen zu verbinden. Dementsprechend sind auch zusätzlich Fliesen in einem Teil des umlaufenden Randes durch entsprechende Schnitte anzupassen. Der Auftragnehmer ermittelt für diese zusätzlichen Tätigkeiten aus seinen Erfahrungswerten eine zusätzliche Ausführungszeit für die Randbereiche inklusive der angrenzenden Fliesen. Die Fläche beträgt bei einer Fliesengröße von 20 cm × 20 cm in etwa

2 Ränder × 5,00 m Wandhöhe × 0,2 m Fliesengröße + 19,60 m Wandlänge × 0,2 m Fliesengröße =

$2\ m^2 + 3{,}92\ m^2 \approx 6\ m^2$

Für diese Fläche ist der ermittelte Leistungswert 1,5 m^2/h inklusive der Montage der Eckprofile. Damit ermittelt sich die Ausführungszeit für die zusätzlichen Arbeiten der Montage der Randprofile und des Zuschneidens der Fliese wie folgt.

$6\ m^2 : 1{,}5\ m^2/h = 4\ h$

Da der Mittellohn mit 50,00 €/h gleich bleibt, ergeben sich folgende zusätzlichen Kosten für Lohn.

4 h × 50,00 €/h = 200,00 €

344 Im Prinzip steht dem Auftragnehmer auch für die zusätzliche Leistung der im Leistungswert enthaltene Gewinn zu, der sich aus der Differenz der tatsächlich benötigten Lohnstunden zu den kalkulierten Lohnstunden ergibt. Für die Berücksichtigung dieser Fortführung der kalkulativen Ansätze wird auf die Ausführungen in Kapitel 8.12.1 verwiesen. Wir unterstellen, dass der vom Auftragnehmer ermittelte Leistungswert diese Umstände berücksichtigt hat.

In der Kostenart Material hat der Auftragnehmer die weißen Fliesen einzukaufen. Daran ändert sich nichts und diese Kosten für das Material sind bereits bei der Abrechnung der vertraglichen Leistung enthalten. Da die Fliesen, die im Randbereich zusätzlich geschnitten werden müssen, bereits in der Vergütung für den vertraglichen Leistungsumfang enthalten sind, entstehen für das Verschnittmaterial im Randbereich keine zusätzlichen Kosten für Material. 345

Der Auftragnehmer muss aber die Randprofile einkaufen. Wir unterstellen, dass er diese Profile bei seinem Baustoffhändler einkaufen kann. Die Profile kosten inklusive der benötigten Eckstücke und Verbinder 15,00 €/m. Für die 30 lfm Randbereich ergeben sich damit folgende Kosten für das zusätzliche Material.

30 m × 15,00 €/m = 450,00 €

Der Auftragnehmer hatte bei seiner Kalkulation für die Kostenart Material 346
für die Fliesen 20,00 €/m² angesetzt. Tatsächlich kosteten ihn die Fliesen aber 25,00 €/m². In der Kostenart Material ist daher ein Verlust in Höhe von 5,00 €/m² enthalten. Konsequent wird dieser Verlust in der Kostenart Material auch für das Material für die zusätzliche Leistung fortgeschrieben. Der Verlust berechnet sich vom tatsächlichen Einkaufspreis aus gesehen wie folgt.

(20,00 €/m² × 100) : 25,00 €/m² = 80 %

Daraus folgt, dass in der Kostenart Material, ausgehend vom tatsächlichen Einkaufspreis, 20 % Verlust stecken. Wird dieser Verlustfaktor fortgeschrieben, ergeben sich folgende Kosten in der Kostenart Material.

450,00 € × 0,8 = 360,00 €

In der Kostenart Gerät wird der Einsatz für die vertragliche Leistung, welche 347
auch die Kosten des An- und Abtransports enthält, abgerechnet. Daher sind diese einmaligen Kosten zunächst abzuziehen. Die einmaligen Kosten werden mit 50,00 € angenommen. Der Hubsteiger war mit 1.000,00 €/Monat angesetzt worden. Das entspricht 500,00 € für die Ausführung der vertraglichen Leistungen.

500,00 €/Ausführungszeit ½ Monat – 50,00 € Einmalkosten =
450,00 €/ ½ Monat

Für die zusätzlichen Arbeiten fallen damit nur die Gerätekosten für die Ausführungszeit der zusätzlichen Arbeiten an. Die Ausführungszeit für die zusätzlichen Arbeiten wurde mit 4 h ermittelt. Daher entsteht für die zusätzlichen Arbeiten ein halber Arbeitstag mehr. Die Kosten für das Gerät ergeben sich daher wie folgt.

450,00 € / ½ Monat : 10 AT/Monat = 45,00 €/AT

(45,00 €/AT : 8 h/AT) × 4 h = 22,50 €

348 In der Kostenart Sonstiges war der Nachunternehmer für das Verfugen kalkuliert worden. Der Nachunternehmer behält seinen Preis trotz der zusätzlichen Leistung, bei, da er nicht anders oder mehr verfugen muss. Die Kosten in der Kostenart Sonstiges ändern sich durch die Randprofile nicht. Die Kosten in der Kostenart Sonstiges werden mit der vertraglichen Leistung abgerechnet. Daher fallen für die zusätzlichen Leistungen in der Kostenart Sonstiges keine Kosten an.

0,00 €

Damit ergeben sich die Einzelkosten der Teilleistungen für die zusätzliche Leistung wie folgt.

Lohn	200,00 €
Material	360,00 €
Gerät	22,50 €
Sonstiges	0,00 €
	582,50 €

9.6.2 Zuschläge

349 Die Zuschläge für Baustellengemeinkosten werden üblicherweise in voller Höhe auf die Einzelkosten der Teilleistungen der zusätzlichen Leistung aufgeschlagen. Zwar wird eine Berechtigung der Geltendmachung der Zuschläge für Baustellengemeinkosten bei zusätzlichen Leistungen vereinzelt nicht anerkannt. Durch zusätzliche Leistungen würden keine zusätzlichen Baustellengemeinkosten entstehen. Dies ist aber sachlich nicht zutreffend. Die zusätzlichen Leistungen verursachen zusätzlich den gleichen Aufwand der Bauleitung, wenn nicht sogar mehr Aufwand, als bei dem vertraglichen Leistungsumfang. Die Bauleitung muss die entsprechenden zusätzlichen Arbeiten vorbereiten, organisieren, in den Bauablauf integrieren, eventuell Nachunternehmer beauftragen, die zusätzlichen Leistungen beaufsichtigen, abnehmen lassen und abrechnen. Dieser zusätzliche Aufwand wird durch den Zuschlag für Baustellengemeinkosten gedeckt, da er ohne die Anordnung der zusätzlichen Leistungen nicht entstanden wäre.

350 In Einzelfällen kann man über eine Verringerung des Deckungsbeitrages für Baustellengemeinkosten bei zusätzlichen Leistungen nachdenken, wenn es zum Beispiel durch die zusätzlichen Leistungen nicht zu einer Verlängerung der Ausführungszeit kommt und deshalb die Baustelleneinrichtung auch nicht mehr in Anspruch genommen wird. In diesen Fällen wären die im Zuschlag für Baustellengemeinkosten enthaltenen Anteile der Vorhaltung der entsprechenden Baustelleneinrichtung herauszurechnen, ein geringerer Zuschlagsatz zu bilden und dieser geringere Zuschlagsatz für Baustellen-

gemeinkosten auf die Einzelkosten der Teilleistungen der zusätzlichen Leistung zu beaufschlagen.

Im vorliegenden Beispiel hat sich auch die Ausführungszeit verlängert, sodass die Zuschläge für Baustellengemeinkosten in kalkulierter Höhe von 10 % auf die Einzelkosten der Teilleistungen der zusätzlichen Leistung zu beaufschlagen sind.

Die Zuschläge für allgemeine Geschäftskosten sind umsatzabhängig kalku- **351**
liert. Dementsprechend werden diese Zuschläge auch bei einer zusätzlichen Leistung mit dem in der Kalkulation verwendeten Zuschlag versehen.

Die zusätzlichen Einzelkosten der Teilleistungen sind mit dem in der Kalkula- **352**
tion verwendeten Zuschlagsatz zu berechnen, da sich durch die zusätzlichen Leistungen auch ein größeres Wagnis ergibt. Der Zuschlag für das Wagnis ändert sich vorliegend durch die zusätzliche Leistung in der prozentualen Höhe nicht, da das Wagnis auch Arbeiten betrifft, die vergleichbar zu den Fliesenarbeiten die gleiche Eintrittswahrscheinlichkeit haben.

Gleiches gilt auch für den Gewinnzuschlag.

Damit ergibt sich für die zusätzliche Leistung, dass die neu bestimmten **353**
Einzelkosten der Teilleistungen mit dem vollen Zuschlagsatz in Höhe von insgesamt 20 % beaufschlagt werden. Die Abrechnungssumme für den Nachtrag der zusätzlichen Leistung berechnet sich daher wie folgt.

582,50 € Einzelkosten der zusätzlichen Teilleistung × 1,2 Zuschlag = 699,00 €

10 Mehrkostenforderungen bei Generalunternehmern

354 In Konstellationen, in denen Generalunternehmer mit Nachunternehmern arbeiten, kann es zu Besonderheiten der Abrechnung bei geänderten oder zusätzlichen Leistungen kommen. Es liegen getrennte Vertragsverhältnisse vor, da der Werkvertrag des Auftraggebers mit dem Generalunternehmer getrennt zu betrachten ist von dem Werkvertrag des Generalunternehmers mit seinem Nachunternehmer. Daher liegen auch für die Abrechnung von geänderten oder zusätzlichen Leistungen zu beachtende Besonderheiten vor. Diese Fallkonstellation wird hier betrachtet. In der Folge werden immer die beiden Vertragsverhältnisse dargestellt.

10.1 Sachverhalt

355 Der Generalunternehmer und der Auftraggeber schließen als Vertragspartner den Vertrag ab. Es handelt sich um einen Einheitspreisvertrag. Es ist die Ausführung mit weißen Fliesen vorgesehen. Der Generalunternehmer hat als Budget für den Nachunternehmer der Fliesenarbeiten in seiner Kalkulation 7.000,00 € vorgesehen. Dieses Budget hat der Generalunternehmer noch mit einem Generalunternehmerzuschlag in Höhe von 10 % versehen. Damit beträgt der Einheitspreis des Generalunternehmers im Verhältnis zu seinem Auftraggeber

7.000,00 € Budget × 1,1 GU Zuschlag = 7.700,00 €

7.700,00 € : 100 m² Fliesenbelag = 77,00 €/m² Einheitspreis Fliesen

Der Generalunternehmer schließt dementsprechend einen Vertrag mit einem Nachunternehmer ab, der für ihn die Fliesenarbeiten ausführt. Der Nachunternehmer ist ein Betrieb, der nur auf Fliesenarbeiten spezialisiert ist. In diesem Vertragsverhältnis handelt es sich ebenfalls um einen Einheitspreisvertrag. Der Nachunternehmer hat auch eine Kalkulation für seine Leistungen vorgenommen. Er hat seinen Preis in dem Vertragsverhältnis zu dem Generalunternehmer für die Fliesenarbeiten so kalkuliert, wie es in dem Grundfall dargestellt wurde. Der Einheitspreis des Nachunternehmers beträgt also 66,00 €/m².

Die Vertragsverhältnisse stellen sich also wie folgt dar.

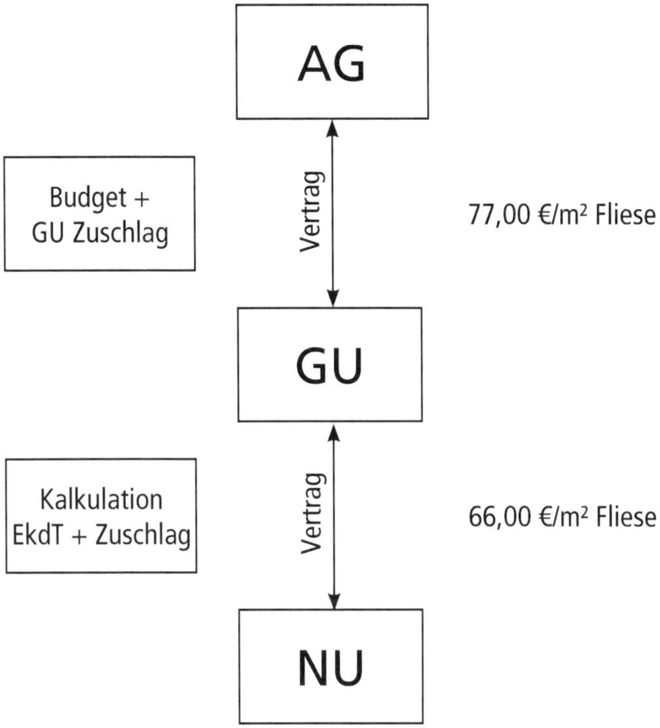

Nachdem beide Vertragsverhältnisse abgeschlossen wurden, erhält der Generalunternehmer von seinem Auftraggeber einen Brief, in dem dieser anordnet, auf der gesamten Wandfläche statt des Fliesenbelages eine Wandvertäfelung aus Holz anzubringen.

10.2 Vertraglicher Leistungsinhalt

Der vertragliche Leistungsinhalt umfasst in beiden Vertragsverhältnissen das **356**
Fliesen der 100 m² Fläche, wie es im Leistungsverzeichnis angegeben ist. Da beide Verträge abgeschlossen worden waren, ändert sich daran zunächst nichts.

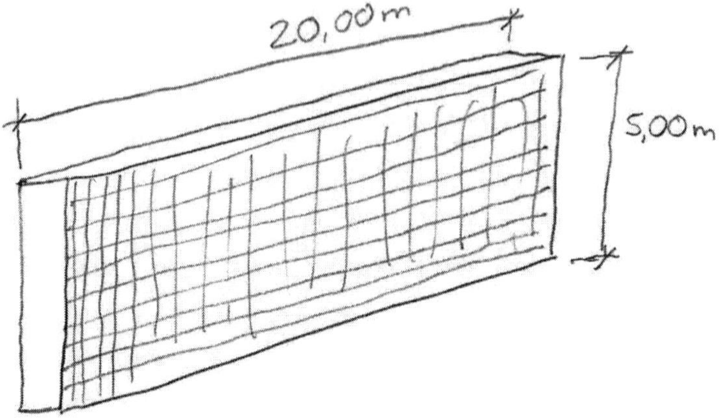

Vertraglicher Leistungsumfang AG zu GU

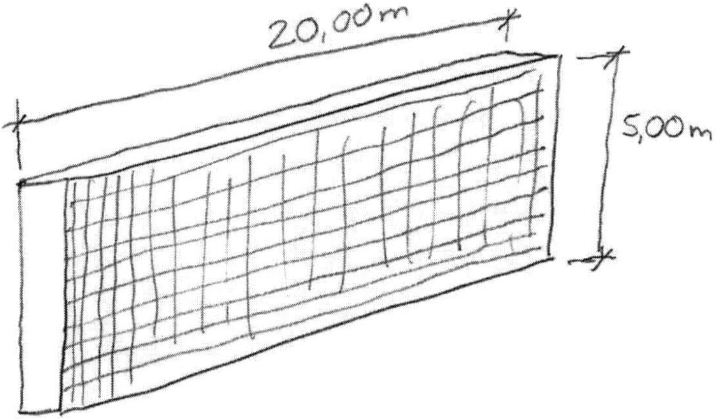

Vertraglicher Leistungsumfang GU zu NU

10.3 Tatsächlich auszuführende Leistung

357 Der Generalunternehmer lässt die Wandfläche mit einer Holzvertäfelung durch einen spezialisierten Tischlerbetrieb belegen.

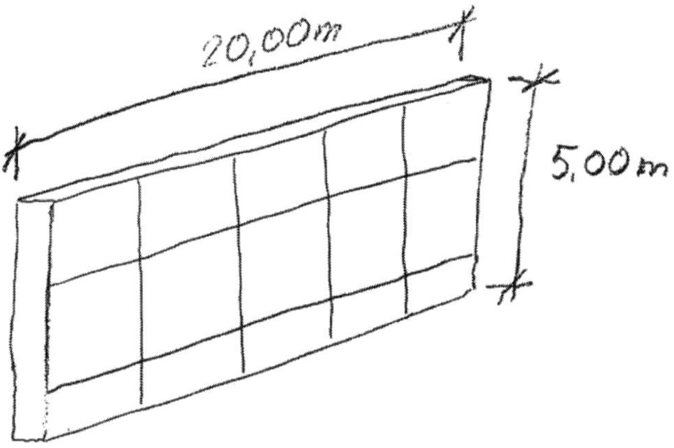

Tatsächlicher Leistungsumfang AG zu GU

Der Fliesenlegerfachbetrieb kann die Leistungen zur Holzvertäfelung nicht ausführen. Der Nachunternehmer Fliesenarbeiten führt also schlicht nichts aus. 358

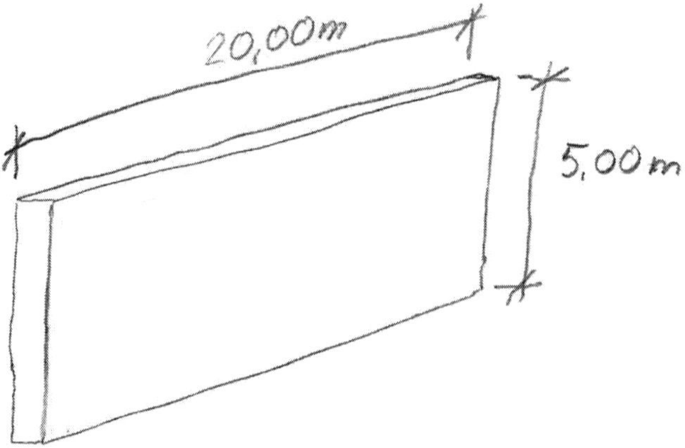

Tatsächlicher Leistungsumfang GU zu NU

10.4 Änderung der zu erbringenden Leistung

Der Generalunternehmer sucht einen neuen Nachunternehmer und vergibt an den Tischlerbetrieb die Arbeiten für die Holzvertäfelung. Dieser neue Nachunternehmer führt die Vertäfelungsarbeiten auf der gleichen Wandfläche aus. 359

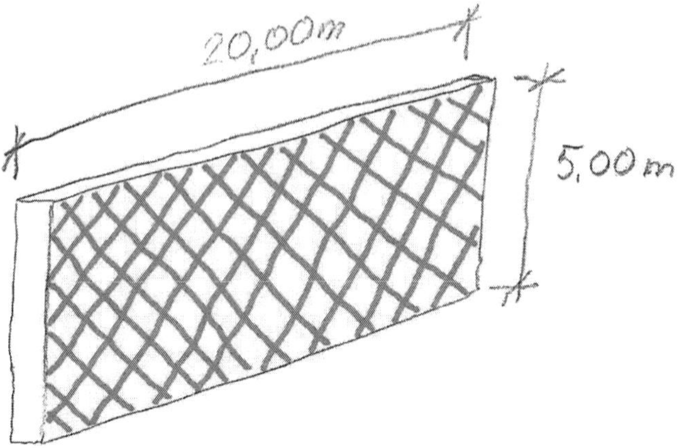

Geänderter Leistungsumfang AG zu GU

360 Da der Nachunternehmer für die Fliesenlegerarbeiten fachlich nicht in der Lage ist die Holzvertäfelung auszuführen, entfällt für diesen Nachunternehmer die gesamte Leistung.

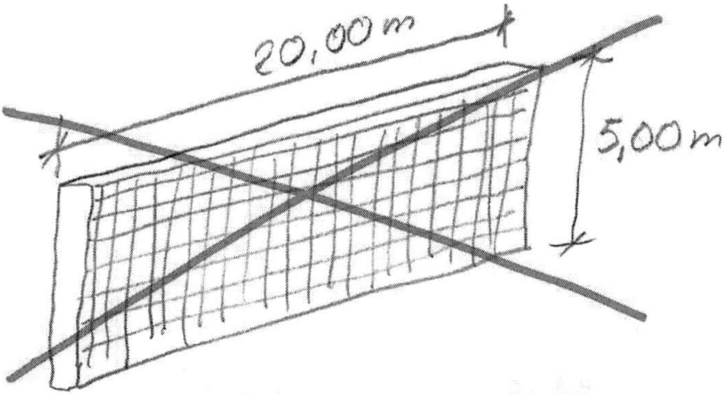

Geänderter Leistungsumfang GU zu NU

10.5 Anspruchsgrundlage

361 Der Vertrag ist zunächst zwischen dem Auftraggeber und dem Generalunternehmer abgeschlossen worden. Darin ist eine Ausführung nur mit weißen Fliesen vorgesehen. Der Auftraggeber hat diese Leistung in die Holzvertäfelung geändert. Es stellt sich damit in diesem Vertragsverhältnis zunächst die Frage, welche Anspruchsgrundlage gegeben ist. Die Änderungsbefugnis kann sich aus dem Gesetz ergeben, also aus § 650b BGB. Diese Fälle werden in Kapitel 14 behandelt. Hier wird davon ausgegangen, dass die Geltung

der VOB/B vereinbart ist. Betrachtet man die Fliesen in ihrer Funktion als Wandbelag, hat der Auftraggeber eine Leistungsänderung nach § 1 Abs. 3 VOB/B angeordnet.

Sind allerdings im gesamten vertraglichen Leistungsumfang des Generalunter- **362**
nehmers keine Holzvertäfelungsarbeiten enthalten, kann man in dieser Situation auch argumentieren, dass die bisher nicht im gesamten Leistungsumfang enthaltenen Holzvertäfelungsarbeiten keine Leistungsänderung sind, sondern durch das andere Gewerk und die andere Art eine zusätzliche Leistung gegeben ist. Die Fliesenarbeiten würden in diesem Fall entfallen und durch eine zusätzliche Leistung, die vorher nicht im vertraglichen Leistungsumfang enthalten war, ersetzt. Würde man dieser Argumentation folgen, läge eine freie Kündigung des Auftraggebers nach § 8 Abs. 1 VOB/B bezüglich der Fliesenarbeiten vor, die Holzvertäfelung wäre die Anordnung einer zusätzlichen Leistung, die einen anderweitigen Erwerb im Rahmen der Kündigungsabrechnung darstellt. Die Abrechnung einer gekündigten Leistung wird in Kapitel 15 behandelt. Letztlich ist die Entscheidung über diese Frage nur für die Abrechnung von Bedeutung. Bei einer sorgfältigen Abrechnung ist es im Ergebnis allerdings gleichgültig, ob der Generalunternehmer die entfallenden Fliesenarbeiten als gekündigte Leistung berechnet und die Holzvertäfelung als zusätzliche Leistung, oder ob er dies als eine Leistungsänderung abrechnet.

In der Praxis wird bei einem Generalunternehmer diese Frage, ob es sich um **363**
eine geänderte oder eine zusätzliche Leistung handelt, meist nicht gestellt, sondern man geht davon aus, dass der Generalunternehmer auch Arbeiten, die so als Gewerk nicht im vertraglichen Leistungsumfang enthalten waren, als Leistungsänderung ausführen muss. Für den Generalunternehmer, der die meisten Leistungen an Nachunternehmer vergibt, kann man diese Meinung gut vertreten. Daher wird hier davon ausgegangen, dass eine Anordnung des Auftraggebers gemäß § 1 Abs. 3 VOB/B vorliegt mit der Folge, dass der Generalunternehmer die geänderten Leistungen ausführen muss.

In dem Vertragsverhältnis zwischen dem Generalunternehmer und dem **364**
Nachunternehmer stellt sich im Prinzip auch die Frage, ob der Generalunternehmer eine Anordnung einer geänderten Leistung nach § 1 Abs. 3 VOB/B oder eine Anordnung einer zusätzlichen Leistung nach § 1 Abs. 4 VOB/B aussprechen würde. Diese Frage kann aber offen bleiben, da der zunächst beauftragte Fliesenleger die Holzvertäfelung nicht ausführen kann. Zwar ist lediglich bei einer Anordnung einer zusätzlichen Leistung nach § 1 Abs. 4 VOB/B die Beschränkung vorgesehen, dass der Auftragnehmer die zusätzliche Leistung nicht ausführen muss, wenn sein Betrieb auf diese Leistung nicht eingerichtet ist. Dies gilt aber auch in Fällen des § 1 Abs. 3 VOB/B, da auch bei geänderten Leistungen der Auftragnehmer schlicht nicht ausführen kann, wozu er nicht in der Lage ist.

365 In dem vorliegenden Beispiel muss der Generalunternehmer dem Nachunternehmer kündigen. Da der Generalunternehmer in dem Vertragsverhältnis zu dem Nachunternehmer keinen Grund zu kündigen hat, der durch den Nachunternehmer zu vertreten ist, handelt es sich um eine freie Kündigung nach § 8 Abs. 1 VOB/B. Die Abrechnung des Nachunternehmers gegenüber dem Generalunternehmer wird in Kapitel 15 behandelt, in dem die Abrechnung nach einer freien Kündigung erläutert wird. Die Situation ist hier dargestellt.

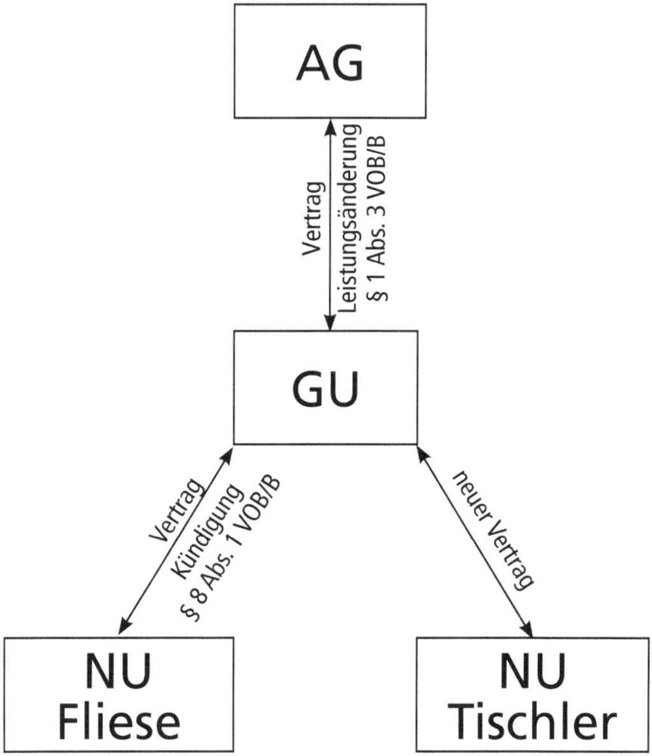

366 In Verträgen von Generalunternehmern werden häufig Regelungen vereinbart, die eine Kündigungsmöglichkeit des Generalunternehmers gegenüber dem Nachunternehmer vorsehen und dafür besondere Abrechnungsmodalitäten vorsehen. Es ist daher ein Muss, den Vertrag nach solchen Regelungen durchzuschauen und im Einzelfall zu prüfen, ob diese Regelung wirksam ist. Handelt es sich nämlich um eine allgemeine Geschäftsbedingung, besteht die Möglichkeit, dass die entsprechende Regelung trotz der Vereinbarung im Vertrag nicht gilt.

10.6 Anspruchshöhe

Für die Abrechnung des Generalunternehmers gegenüber dem Auftraggeber gelten die Ausführungen aus Kapitel 8.6. § 2 Abs. 5 VOB/B sieht im Fall einer Leistungsänderung nach § 1 Abs. 3 VOB/B einen Anspruch des Generalunternehmers vor, einen neuen Preis unter Berücksichtigung der Mehr- und Minderkosten zu verlangen. Für die Bestimmung des neuen Preises sind wieder alle Einzelkosten der Teilleistungen und die Auswirkungen auf die Zuschläge zu betrachten. 367

Der Rechnung für den Nachtrag ist ein Aufmaß der tatsächlich ausgeführten Leistungen zugrunde zu legen.

10.6.1 Einzelkosten der Teilleistung

Der Generalunternehmer hat einen Einheitspreis abgegeben. Dieser betrug 77,00 €/m² für die Fliesenarbeiten. Dieser Einheitspreis ist die Grundlage für die Berechnung des neuen Preises für die geänderte Leistung. Hier besteht aber das grundsätzliche Problem, dass der Generalunternehmer in seiner Kalkulation lediglich ein Budget in Höhe von 7.000,00 € eingetragen hat, versehen mit einem Zuschlag für seine Tätigkeit in Höhe von 10 %. Es gibt keine Aufgliederung des Generalunternehmers, wie er diesen Einheitspreis in Einzelkosten der Teilleistungen aufgeschlüsselt hat. 368

Hier gibt es zwei mögliche Ansätze. Die erste Möglichkeit besteht darin, die Kalkulation des Nachunternehmers für die Fliesenarbeiten zu verwenden, da diese in alle Einzelkosten der Teilleistungen aufgegliedert ist. Diese Kalkulation wird verwendet, um den Einheitspreis des Generalunternehmers ebenfalls in die Einzelkosten der Teilleistungen zu zerlegen. Letztlich führt der Preis des Nachunternehmers zu den Kosten des Generalunternehmers für die vertragliche Leistung. Folgt man diesem Ansatz, „muss" der Generalunternehmer alle Besonderheiten der Kalkulation der Ansätze des Nachunternehmers für die Einzelkosten der Teilleistungen übernehmen. Das bedeutet, dass für den Generalunternehmer auch Verluste oder Gewinne der Kalkulation des Nachunternehmers berücksichtigt würden. 369

Hier besteht auch eine Abweichung zwischen der Vergütung des Nachunternehmers in Höhe von 66,00 €/m² und der Höhe der Kosten des Generalunternehmers ohne seinen Generalunternehmerzuschlag. Rechnet man das Budget ohne diesen Zuschlag als Kosten für die vertraglichen Leistungen, ergeben sich

7.000,00 € : 100 m² Fliesenbelag = 70,00 €/m² Fliesen Kosten ohne GU-Zuschlag

Um diese Abweichung zu berücksichtigen, müsste man die Differenz zwischen 66,00 €/m² und 70,00 €/m² auf die Einzelkosten der Teilleistungen verteilen oder als Vergabegewinn insgesamt aufschlagen. Im Folgenden wird die Anwendung der Kalkulation des Nachunternehmers als Variante A erläutert.

370 Der zweite mögliche Ansatz besteht darin, das Budget des Generalunternehmers als Einzelkosten der Teilleistung der Kostenart Sonstiges zu verstehen. Das bedeutet, dass der Generalunternehmer keine weiteren Einzelkosten der Teilleistungen aufschlüsseln muss, da er nur mit der Kostenart Sonstiges in dieser Position kalkuliert hat. Daher muss der Generalunternehmer auch nicht auf die Kalkulation des Nachunternehmers zurückgreifen. Dieser Ansatz wird im Folgenden als Variante B erläutert.

Dieser Ansatz ist sehr einfach zu berechnen, funktioniert aber nur, wenn nicht eine Leistung durch den Auftraggeber und den Generalunternehmer gegenüber seinem Nachunternehmer geändert wird, die lediglich einen Teil der Einzelkosten der Teilleistungen betrifft. Wäre zum Beispiel nur eine Änderung von weißen in blaue Fliesen erfolgt mit Auswirkungen auf die Kostenart Material, müsste auch der Generalunternehmer bei seiner Preisfortschreibung seinen Einheitspreis in alle Einzelkosten der Teilleistungen aufschlüsseln. Die Praxis wendet in diesem Fall eine andere Variante an. Der Generalunternehmer nimmt den Preis des Nachtrags seines Nachunternehmers und schlägt seinen GU-Zuschlag auf. Den so ermittelten Betrag reicht er als Nachtrag bei seinem Auftraggeber ein.

371 Diese Berechnung bedeutet aber eine Änderung der Vergütungsart. Es handelt sich nämlich nicht mehr um die Fortschreibung des Preises des Generalunternehmers auf der Grundlage seiner Einzelkosten der Teilleistungen, sondern um eine Kostenerstattung bezüglich der Weiterleitung des Nachunternehmerpreises als Kosten versehen mit dem aus der Kalkulation stammenden GU-Zuschlag. Deutlich wird dies in dem vorliegenden Beispiel, unterstellt, der Nachunternehmer ermittelt seinen Preis für eine geänderte Leistung auf der Grundlage seiner Kalkulation, da der Generalunternehmer seine Vergabegewinne oder Vergabeverluste nicht berücksichtigt. Die Gewinne, die in dem Unterschied zwischen dem Preis des Nachunternehmers in Höhe von 66,00 €/m² und den kalkulierten Kosten in Höhe von 70,00 €/m² liegen, blieben unberücksichtigt.

Kostenart Lohn Variante A mit Kalkulation des NU

372 Grundlage der Preisermittlung für die geänderte Leistung ist die Kalkulation des Nachunternehmers für die Fliesenarbeiten. Wir unterstellen, dass diese Kalkulation dem Generalunternehmer vorliegt, wie sie in Kapitel 1.2 beschrieben wurde. Da der Nachunternehmer für die Fliesenarbeiten keinen Nachtrag für die geänderte Leistung stellt, sondern aufgrund der Kündigung durch den Generalunternehmer eine Abrechnung nach der freien Kündi-

gung vorlegt, sind also keine Angaben zu einer Ermittlung der neuen Lohnkosten durch den Nachunternehmer vorhanden.

Der Nachunternehmer für die Fliesenarbeiten hatte in seiner Kalkulation **373** einen Mittellohn in Höhe von 50,00 €/h für das Fachpersonal für Fliesenarbeiten angesetzt. Der neue Nachunternehmer setzt für die Arbeiten an der Holzvertäfelung Tischler ein. Daher besteht die Frage, wie der Generalunternehmer den Mittellohn für die Tischler aus dem vorhandenen Mittellohn für die Fliesenleger bestimmt.

Für die Ermittlung der geänderten Arbeiten zeigt sich hier, dass eine Fort- **374** führung der Ansätze der Einzelkosten der Teilleistungen im Sinne des § 2 Abs. 5 VOB/B nicht einfach möglich ist, wenn man für den Generalunternehmer eine Leistungsänderung annimmt, obwohl die neue Leistung gänzlich anders ist, als es die vertragliche Leistung war. Daher muss man auch in diesen Fällen die Fortschreibung der Ansätze der Kalkulation eher nach den Regelungen des § 2 Abs. 6 VOB/B vornehmen.

In den Fällen, in denen man die Ansätze von Kalkulationsbestandteilen fort- **375** schreiben muss, die nicht direkt ableitbar sind, muss ein Vergleichsmaßstab gesucht werden. Dieser Vergleichsmaßstab muss einheitlich für den Ansatz der Kalkulation für die vertragliche Leistung bei einer Kostenart und die neue Leistung bei der gleichen Kostenart Geltung haben. Dies wird an den folgenden Kostenarten erläutert. Im Prinzip geht es um die „Umrechnung" von Lohn für Fliesenleger in Lohn für Tischler, Fliesen als Material in Holzvertäfelung etc.

Der Nachunternehmer für die Fliesenarbeiten hatte einen Mittellohn für eine **376** bestimmte Kolonne mit Mitarbeitern, je mit einer bestimmten Qualifikation, ermittelt. Aus der Qualifikation des Personals ergibt sich deren Einstufung in den Tarifvertrag. Aus dem Tarifvertrag ergibt sich für einen Mitarbeiter der gleichen Qualifikation der tarifliche Lohn, der auf den Lohn für eine Stunde samt den Nebenkosten des Arbeitgebers umgerechnet werden kann. Mit diesen Angaben lässt sich jetzt ermitteln, in welchem Verhältnis der einzelne Lohn für einen Mitarbeiter einer bestimmten Qualifikation zu seinem Lohn nach Tarifvertrag steht. Aus allen einzelnen Verhältnissen der Qualifikationen und der Anzahl der Mitarbeiter lässt sich dann bestimmen, in welchem Gesamtverhältnis der Nachunternehmer seinen Mittellohn zum Tariflohn angesetzt hatte. Folgendes Beispiel verdeutlicht dies.

Mitarbeiter 1, Qualifikation 1 Facharbeiter Fliesen: Tariflohn 40,00 €/h

Mitarbeiter 1, Qualifikation 1 Facharbeiter Fliesen: tatsächlicher Lohn 40,00 €/h

Mitarbeiter 2, Qualifikation 2 Facharbeiter Fliesen: Tariflohn 50,00 €/h

Mitarbeiter 2, Qualifikation 2 Facharbeiter Fliesen: tatsächlicher Lohn 60,00 €/h

377 Es gibt nur diese zwei Mitarbeiter im Mittellohn. Das bedeutet, dass der Tariflohn für beide Mitarbeiter zusammen 90,00 €/h beträgt. Der tatsächliche Lohn beträgt demgegenüber 100,00 €/h. Daraus folgt, dass in der Kostenart Lohn der Mittellohn für die vertraglich vorgesehenen Arbeiten am Maßstab Tariflohn gemessen im Durchschnitt 11 % über Tariflohn angesetzt worden ist. Will man detaillierter vorgehen, ist nur in der Qualifikationsstufe 2 der tatsächliche Lohn 20 % über Tariflohn angesetzt worden.

378 Jetzt wird für die Mitarbeiter, die der Nachunternehmer für die Holzvertäfelung einsetzt, der Mittellohn ermittelt. Dies geschieht unabhängig von dem tatsächlich kalkulierten Mittellohn des neuen Nachunternehmers, aber unter Berücksichtigung des von ihm eingesetzten Personals. Es wird unterstellt, dass der Nachunternehmer zwei gut qualifizierte Mitarbeiter einsetzt, vereinfacht hier als Qualifikation 2 bezeichnet. Für diese Mitarbeiter ist der Tariflohn aus dem Tarifvertrag für das Tischlerhandwerk zu verwenden. Daraus ergibt sich der entsprechende Lohn pro Stunde für die eingesetzten Mitarbeiter.

2 Mitarbeiter, Qualifikation 2 Facharbeiter Tischler: Tariflohn 70,00 €/h

Der mit den Ansätzen für die Bildung des Mittellohns fortgeführte, neue Mittellohn berechnet sich daher wie folgt.

Tariflohn Tischler 70,00 €/h × 1,2 Faktor für die Überschreitung des Tariflohns in der Qualifikation 2 = 84,00 €/h

Da zwei Mitarbeiter der Qualifikationsstufe 2 für die Holzvertäfelungsarbeiten eingesetzt werden, beträgt auch der neue Mittellohn 84,00 €/h.

379 Weitere Grundlage für die ermittelten Lohnkosten ist der angesetzte Leistungswert für die Fliesenarbeiten. Dieser beträgt 2 m²/h. Um einen entsprechend eingestuften Leistungswert für die Tischlerarbeiten zu ermitteln, müsste der Leistungswert für die Verlegung bei den Fliesenarbeiten mit einem Vergleichswert in ein Verhältnis gesetzt werden, der dann auf einen Leistungswert für die Ausführung der Wandvertäfelung für die Tischlerarbeiten angewendet wird. Das bedeutet, man benötigt zum Beispiel einen Literaturwert, der für beide Arbeiten einen Leistungswert ausweist.

Eine dementsprechende Berechnung kann wie folgt vorgenommen werden, wenn zum Beispiel eine Literaturquelle den Leistungswert für das Verlegen der Wandfliesen mit 3,5 m²/h und den Leistungswert für die Montage der Wandvertäfelung mit 2 m²/h angibt.

Leistungswert der Kalkulation Fliesenarbeiten 2 m²/h

Leistungswert Maßstab Literatur Fliesenarbeiten 3,5 m²/h

3,5 m²/h : 2 m²/h = Faktor 1,75

Leistungswert Maßstab Literatur Tischlerarbeiten 2 m²/h

2 m²/h Leistungswert Tischlerarbeiten : 1,75 = 1,15 m²/h Leistungswert Tischlerarbeiten fortgeführt

Verwendet man den ermittelten Leistungswert für die Tischlerarbeiten, hat man den im Leistungswert enthaltenen zeitlichen Überschuss fortgeschrieben, den der Fliesenleger bei seiner Kalkulation der Einzelkosten der Teilleistungen vorgesehen hatte. In der Praxis besteht hier die Schwierigkeit, dass meistens keine zum Vergleich tauglichen Leistungswerte vorliegen, man den im Leistungswert des Nachunternehmers Fliesenarbeiten enthaltenen zeitlichen Überschuss nicht feststellen oder nachweisen kann und letztlich häufig mehrere Leistungswerte für Tätigkeiten erst die Leistungen einer Position ergeben. Daher ist in der Praxis dieses Verfahren zwar zutreffend, aber es scheitert meist an den Voraussetzungen. **380**

Daher wird man den Leistungswert nicht entsprechend ermitteln können. Es ist somit der Leistungswert des Tischlers zu verwenden, wie er ihn in seiner Kalkulation angenommen hat. Insoweit lassen sich bei einer geänderten Leistung, wie bei einer zusätzlichen Leistung, nicht alle Einzelkosten der Teilleistungen konsequent nach den Ansätzen der Einzelkosten der Teilleistungen ermitteln, die für die vertragliche Leistung zugrunde gelegt worden sind. **381**

Für die weitere Berechnung wird unterstellt, dass der Tischler einen Leistungswert von 1,5 m²/h für die Ausführung der Arbeiten zur Montage der Wandvertäfelung in seiner Kalkulation angenommen hat. In der Kostenart Lohn ergibt sich damit folgender Vergütungsanteil. **382**

100 m² Wandfläche : 1.5 m²/h = 66,5 h

66,5 h × 84,00 €/h Mittellohn Tischler = 5.586,00 €

Kostenart Lohn Variante B mit Preis des NU

Da der Generalunternehmer keine Kosten in der Kostenart Lohn angegeben hat, entfällt die Berechnung eines geänderten Vergütungsanteils für diese Kostenart. **383**

Kostenart Material Variante A mit Kalkulation des NU

Der Nachunternehmer hatte bei seiner Kalkulation für die Kostenart Material für die Fliesen 20,00 €/m² angesetzt. Tatsächlich kosteten ihn die Fliesen aber 25,00 €/m². In der Kostenart Material ist daher ein Verlust in Höhe von 5,00 €/m² enthalten. Konsequent wird dieser Verlust bei der Ermittlung des geänderten Preises des Generalunternehmers in der Kostenart Material auch für das Material für die geänderte Leistung fortgeschrieben. Der Verlust berechnet sich vom tatsächlichen Einkaufspreis des Nachunternehmers Fliesen aus gesehen wie folgt. **384**

(20,00 €/m² × 100) : 25,00 €/m² = 80 %

385 Daraus folgt, dass in der Kostenart Material, ausgehend vom tatsächlichen Einkaufspreis, 20 % Verlust stecken. Um für die Kostenart Material einen Vergleichsmaßstab zu haben, kann man Einkaufspreise eines beliebigen Händlers zugrunde legen, der sowohl die weißen Fliesen als auch die Holzteile im Angebot hat. Für das Beispiel wird unterstellt, dass die Wandvertäfelung bei dem gleichen Händler, bei dem auch der Nachunternehmer Fliesen gekauft hätte, tatsächlich 90,00 €/m² kostet. Die Umrechnung erfolgt dann auf der Grundlage dieses Vergleichsmaßstabes wie folgt.

90,00 €/m² × 0,8 Verlustfaktor = 72,00 €/m²

Als Vergleichsmaßstab können auch andere Werte verwendet werden, die aus Indizes ermittelt werden, aus Vergleichspreislisten kommen etc. Unter konsequenter Anwendung der Fortführung der Ansätze der Preisermittlung und des Verlustfaktors ergibt sich vorliegend für die Einzelkosten der Teilleistungen für das Material der Wandvertäfelung folgender Vergütungsanteil.

72,00 €/m² × 100 m² = 7.200,00 €

Kostenart Material Variante B mit Preis des NU

386 Da der Generalunternehmer keine Kosten in der Kostenart Material angegeben hat, entfällt die Berechnung eines geänderten Vergütungsanteils für diese Kostenart.

Kostenart Gerät Variante A mit Kalkulation des NU

387 Der Tischlerbetrieb führt die Arbeiten für die Wandvertäfelung ebenfalls mit einem Hubsteiger durch. Daher ist in der Kostenart Gerät der Einsatz des Hubsteigers für die vertragliche Leistung des Fliesens der gleiche, wie für die Arbeiten für die Wandvertäfelung. Der Hubsteiger war mit 1.000,00 €/Monat durch den Nachunternehmer Fliesen angesetzt worden. Da der Nachunternehmer Fliesen die Kosten für den An- und Abtransport in Höhe von 50,00 € in die Kosten für das Gerät eingerechnet hatte, die sich auf seine Einsatzzeit von ½ Monat verteilten, betragen die ursprünglichen Kosten des Gerätes je Arbeitstag

1.000,00 €/Monat × ½ Monat = 500,00 € /Ausführungszeit ½ Monat

500,00 €/Ausführungszeit ½ Monat – 50,00 € Einmalkosten = 450,00 €/ ½ Monat

450,00 €/ ½ Monat : 10 AT = 45,00 €/AT

Dieser Wert ist die Basis der Fortführung der Ansätze des Preises für die vertragliche Leistung. Die Ausführungszeit beträgt für die Wandvertäfelung 66,5 h. Es wird unterstellt, dass dies einer Einsatzzeit des Hubsteigers an 9 Arbeitstagen entspricht. Damit ergibt sich der Vergütungsanteil in der Kostenart Gerät unter Berücksichtigung der Kosten für den An- und Abtransport wie folgt.

9 AT × 45,00 €/AT + 50,00 € = 455,00 €

Kostenart Gerät Variante B mit Preis des NU

Da der Generalunternehmer keine Kosten in der Kostenart Gerät angegeben hat, entfällt die Berechnung eines geänderten Vergütungsanteils für diese Kostenart. 388

Kostenart Sonstiges Variante A mit Kalkulation des NU

In der Kostenart Sonstiges war durch den Nachunternehmer Fliesen dessen Nachunternehmer für das Verfugen kalkuliert worden. Der eingesetzte Betrag in der Kostenart Sonstiges entsprach der Vergütung für den Nachunternehmer Verfugen. Insoweit wären Nachunternehmerkosten hier ebenfalls mit den Kosten des neuen Nachunternehmers fortzuführen. Der Tischler benötigt allerdings keinen Nachunternehmer, sodass es bei Fortschreibung der Einzelkosten der Teilleistungen für die geänderten Arbeiten Holzvertäfelung keine Kosten in der Kostenart Sonstiges gibt. 389

Kostenart Sonstiges Variante B mit Preis des NU

Sieht man das Budget für die Fliesenarbeiten in der Kalkulation des Generalunternehmers als Kostenart Sonstiges an, so ist diese Kostenart durch die Leistungsänderung betroffen. Ausgangsbasis für die Ermittlung des neuen Preises ist damit zunächst der Preis für den Nachunternehmer Fliesen, der in der Kostenart Sonstiges zu berücksichtigen war. Der Nachunternehmer Fliesen kostete den Generalunternehmer 6.600,00 €. Da das Budget für die Kostenart Sonstiges 7.000,00 € ohne den GU-Zuschlag war, ergibt sich ein Vergabegewinn in der Kostenart Sonstiges in Höhe von 400,00 € oder von 6,1 %. 390

Es wird unterstellt, dass der Tischler mit dem Generalunternehmer den Einheitspreisvertrag abschließt, der zu einer Auftragssumme in Höhe von 16.000,00 € führt. Führt man nun die Ansätze der Kalkulation des Generalunternehmers fort, ergibt sich für die Kostenart Sonstiges unter Berücksichtigung der Vergabegewinne, die in dem zu hohen Budget enthalten sind, folgender Vergütungsanteil.

16.000,00 € Kosten Nachunternehmer Tischler × 1,061 Vergabegewinn = 16.976,00 €

Damit ergeben sich zunächst die Einzelkosten der Teilleistungen für die zusätzliche Leistung wie folgt. 391

Variante A

Lohn	5.586,00 €
Material	7.200,00 €
Gerät	455,00 €
Sonstiges	0,00 €
	13.241,00 €

392 In der Variante A handelt es sich bei dem bislang ermittelten Betrag in Höhe von 13.241,00 € um die Einzelkosten der Teilleistungen des Generalunternehmers, die entsprechend den Ansätzen der Einzelkosten des Nachunternehmers Fliesen ermittelt worden sind. Dabei ist allerdings bislang unberücksichtigt, dass der Nachunternehmer Fliesen einen Zuschlag für Baustellengemeinkosten, allgemeine Geschäftskosten, Wagnis und Gewinn in Höhe von insgesamt 20 % aufgeschlagen hat. Dieser Zuschlag ist also in dieser durch den Nachunternehmer Fliesen angesetzten Höhe auch zunächst auf die Einzelkosten der Teilleistungen aufzuschlagen, da es sich bei dem Zuschlag des Nachunternehmers Fliesen aus Sicht des Generalunternehmers um einen Zuschlag handelt, der für seine Preisfortschreibung ebenfalls Einzelkosten der Teilleistungen sind. Anders ausgedrückt, der Zuschlag des Nachunternehmers Fliesen ist in dem Budget des Generalunternehmers enthalten, also auch diesbezüglich zu berücksichtigen. Daher sind die ermittelten Einzelkosten der Teilleistungen noch mit dem Zuschlag des Nachunternehmers Fliesen zu beaufschlagen.

13.241,00 € × 1,2 = 15.889,20 €

Dieser Betrag entspricht also dem Budget des Generalunternehmers für die geänderte Leistung, welches auf der Grundlage der Ansätze aus der Kalkulation des Nachunternehmers Fliesen ermittelt wurde.

Variante B

Lohn	0,00 €
Material	0,00 €
Gerät	0,00 €
Sonstiges	16.976,00 €
	16.976,00 €

In dem Betrag in Höhe von 16.976,00 € sind die Zuschläge des Nachunternehmers Tischlerarbeiten bereits enthalten. Damit entspricht dieser Betrag den Einzelkosten der Teilleistungen Sonstiges des Generalunternehmers.

393 Weitere Kosten entstehen dem Generalunternehmer aber nicht nur durch die Leistungsänderung in Form der Einzelkosten der Teilleistungen der geänderten Leistung, sondern auch durch die Kündigung des Nachunternehmers Fliesen. Es wird unterstellt, dass der Nachunternehmer Fliesen seine Leistungen nach der freien Kündigung gemäß § 8 Abs. 1 VOB/B gegenüber dem Generalunternehmer abgerechnet hat. Der abgerechnete Betrag hat eine Höhe von 2.675,00 €, wie er in Kapitel 15.6 ermittelt wurde.

Variante A

15.889,20 € + 2.675,00 € = 18.564,20 €

Variante B

16.976,00 € + 2.675,00 € = 19.651,00 €

10.6.2 Zuschläge

Der Generalunternehmer hatte mit einem GU-Zuschlag in Höhe von 10 % die Nachunternehmerleistung beaufschlagt. Dieser Preisbestandteil des Generalunternehmers ist bei der Ermittlung des neuen Preises des Generalunternehmers gegenüber seinem Auftraggeber auch zu berücksichtigen. Der GU Zuschlag unterliegt dabei den gleichen Grundsätzen für die Ermittlung des neuen Preises, wie dies bereits für die geänderten Leistungen in Kapitel 8.6.2 ausgeführt worden ist. Auf den Generalunternehmer lassen sich diese Grundsätze weitgehend übertragen. **394**

Für eine differenzierte Betrachtung des GU-Zuschlages besteht das Problem, dass der GU-Zuschlag in die einzelnen Bestandteile aufgeschlüsselt werden muss. Hierzu hat der Generalunternehmer anzugeben, wie sich sein Zuschlag in Höhe von 10 % aufgliedert. Es wird unterstellt, dass der Generalunternehmer diesen Zuschlag in folgende Bestandteile aufgegliedert hatte. **395**

BGK	4 %
AGK	3 %
W	1 %
G	2 %

Die Zuschläge für Baustellengemeinkosten werden bei Generalunternehmern üblicherweise in voller Höhe auf die Einzelkosten der Teilleistungen der geänderten Leistung aufgeschlagen. Zwar wird eine Berechtigung zur Geltendmachung der Zuschläge für Baustellengemeinkosten bei geänderten Leistungen vereinzelt nicht anerkannt. Dies ist aber sachlich nicht zutreffend. Die Einzelkosten der Teilleistungen betrugen für die vertraglichen Leistungen 7.000,00 € als vorgesehenes Budget. Diese wurden mit 4 % Zuschlag für die Baustellengemeinkosten beaufschlagt, also 280,00 € als Betrag, den der Auftragnehmer bei Abrechnung der vertraglich vereinbarten Vergütung erhalten würde. Würde man nun die Einzelkosten der Teilleistungen der geänderten Leistungen nicht beaufschlagen, würde für den Generalunternehmer eine Unterdeckung dieser Zuschläge entstehen. **396**

Daher ist in jedem Fall der Zuschlag für Baustellengemeinkosten in Höhe des kalkulierten Prozentsatzes aufzuschlagen. Das gilt auch für die geänderten Einzelkosten der Teilleistungen, da der Auftragnehmer hier zwar durch die gestiegenen Einzelkosten der Teilleistungen einen höheren Deckungsbeitrag für die Baustellengemeinkosten erwirtschaftet, der

18.564,20 € Einzelkosten geänderte Leistung Variante A × 0,04 Zuschlag BGK = 742,57 €

beträgt. Damit erwirtschaftet der Auftragnehmer

742.57 € - 280,00 € = 462,57 €

mehr Deckungsbeitrag durch die geänderte Leistung. Dem steht aber auch ein entsprechender Mehraufwand bei der Abwicklung gegenüber, da die geänderte Ausführung organisiert werden muss, die Kündigung des zuvor beauftragten Nachunternehmers Fliesen muss durchgeführt und abgerechnet werden, der neue Nachunternehmer muss ausgeschrieben und angefragt werden, die geänderte Leistung zieht eine neue Arbeitsvorbereitung nach sich und letztlich müssen Schriftverkehr und eine gesonderte Kalkulation und Abrechnung ausgeführt werden.

397 In Einzelfällen kann man über eine Verringerung des Deckungsbeitrages für Baustellengemeinkosten bei bestimmten Einzelkosten der Teilleistungen nachdenken, wenn es zum Beispiel durch die Verwendung von sehr teuren Materialien dazu kommt, dass der Aufwand der Bauleitung nicht proportional ansteigt, die Baustelleneinrichtung auch nicht mehr in Anspruch genommen wird, aber ein sehr viel höherer Deckungsbeitrag für die BGK erwirtschaftet wird.

398 Im Gegenzug ist bei geänderten Leistungen für den Generalunternehmer zu beachten, dass der ursprünglich erzielte Deckungsbeitrag für die Baustellengemeinkosten durch die geänderte Leistung nicht unterschritten wird. Aus dem Ausgleichsgedanken des § 2 Abs. 3 Nr. 3 VOB/B ergibt sich, dass dem Generalunternehmer auch bei einer Leistungsreduzierung seine ursprünglich kalkulierten Deckungsbeiträge in voller Höhe des Absolutbetrages zustehen sollen.

399 Die Zuschläge für allgemeine Geschäftskosten sind umsatzabhängig kalkuliert. Dementsprechend werden diese Zuschläge auch bei einer geänderten Leistung mit dem in der Kalkulation verwendeten Zuschlag versehen. In dem Fall, in dem durch die geänderte Leistung ein geringerer Deckungsbeitrag erwirtschaftet wird, ist der ursprüngliche Betrag auf die geringeren Einzelkosten der Teilleistung umzulegen.

400 Der Zuschlag für das Wagnis ändert sich vorliegend durch die geänderte Leistung ebenfalls nicht. Die zusätzlichen Einzelkosten der Teilleistungen sind mit dem in der Kalkulation verwendeten Zuschlagsatz zu berechnen, da sich durch die geänderten Leistungen auch ein größeres Wagnis ergibt. Der Zuschlag für das Wagnis ändert sich vorliegend durch die geänderte Leistung in der prozentualen Höhe nicht, da das Wagnis auch Arbeiten betrifft, die vergleichbar mit den Fliesenarbeiten die gleiche Eintrittswahrscheinlichkeit haben. Der Zuschlag für Wagnis ist auf die geänderten Einzelkosten der

Teilleistungen mit dem in der Kalkulation verwendeten Zuschlagsatz zu berechnen.

Gleiches gilt auch für den Gewinnzuschlag.

Damit ergibt sich für die geänderte Leistung, dass die neu bestimmten Einzelkosten der Teilleistungen mit dem vollen GU-Zuschlagsatz in Höhe von insgesamt 10 % beaufschlagt werden. Die Abrechnungssumme für den Nachtrag der geänderten Leistung berechnet sich daher wie folgt. **401**

Variante A

18.564,20 € Einzelkosten der geänderten Teilleistung × 1,1 GU Zuschlag = 20.420,62 €

Variante B

19.651,00 € Einzelkosten der geänderten Teilleistung × 1,1 GU Zuschlag = 21.616,10 €

In der Praxis wird bei Generalunternehmern meist der einfachste Weg gewählt. Dieser besteht darin, die durch die geänderte Leistung entfallenen vertraglichen Leistungen samt GU-Zuschlag nicht zu berechnen. Abgerechnet wird dann der Preis des neuen Nachunternehmers mit dem angegebenen GU-Zuschlag. Das ergäbe hier die folgende Vergütung. **402**

16.000,00 € Vergütung Tischler zu GU × 1,1 GU Zuschlag = 17.600,00 €

Dies entspricht einer Kostenerstattung mit kalkuliertem GU-Zuschlag. Die Geltendmachung der Kosten aufgrund der Kündigung, die Vergabegewinne und die Fortführung der sich aus den Kalkulationswerten ergebenden Gewinne und Verluste unterbleiben.

11 Mehrkostenforderungen bei Detailpauschalverträgen

403 Während der Einheitspreisvertrag die Regel war und als solcher auch die Grundlage der Regelungen in der VOB/B darstellt, werden immer mehr pauschale Preisabreden getroffen. Diese Fälle werden in diesem Kapitel behandelt. Um die Unterschiede zwischen einem Pauschalvertrag und einem Einheitspreisvertrag aufzuzeigen, wird der Sachverhalt verwendet, wie er in Kapitel 8 verwendet worden ist.

404 Wird nur der vertragliche Leistungsumfang erbracht, werden diese Fälle in Kapitel 3 behandelt.

405 Für Verträge, bei denen die Gültigkeit der allgemeinen Geschäftsbedingungen der VOB/B nicht vereinbart ist, muss zunächst geprüft werden, ob es von § 2 VOB/B abweichende Regelungen im Vertrag gibt. Sind eigenständige Regelungen vorhanden, ist nach diesen Regelungen zu verfahren. In den meisten Fällen orientieren sich diese vertraglichen Regelungen aber am Wortlaut des § 2 VOB/B, sodass die hier dargestellten Grundsätze verwendet werden können.

406 Wenn in dem Vertrag keine Regelung für die Leistungsänderungsrechte des Auftraggebers und für die Berechnung der geänderten Vergütung des Auftragnehmers vorhanden ist, dann gelten die gesetzlichen Regelungen. Diese Fälle werden in Kapitel 16 behandelt.

11.1 Sachverhalt

407 Der Auftraggeber schreibt die Leistung mit einem Leistungsverzeichnis aus. Die Ausführung ist mit weißen Fliesen vorgesehen. Der Auftragnehmer bietet die Leistung an. Sein Einheitspreis beträgt 66,00 €/m², wie im Grundfall kalkuliert. Der Auftraggeber verhandelt mit dem Auftragnehmer über den Preis. In der Verhandlung einigt man sich, dass die angebotene Leistung für einen Pauschalpreis in Höhe von 6.400,00 € erbracht wird, statt für einen Einheitspreis in Höhe von 66,00 €/m² und einer Abrechnung nach Aufmaß. Bei einer ausgeschriebenen Menge von 100 m² liegt die erwartete Abrechnungssumme bei 6.600,00 €. Der Auftragnehmer hat also in der Verhandlung einen Rabatt in Höhe von 200,00 € gegeben. Die Vertragspartner schließen den Vertrag ab. Nach Vertragsabschluss erhält der Auftragnehmer von seinem Auftraggeber einen Brief, in dem dieser anordnet, statt der weißen Fliesen blaue Fliesen anzubringen.

11.2 Vertraglicher Leistungsinhalt

Der vertragliche Leistungsinhalt umfasst das Fliesen der Wandfläche, wie es im Leistungsverzeichnis angegeben ist. Da der Vertrag abgeschlossen worden war, ändert sich daran zunächst nichts. **408**

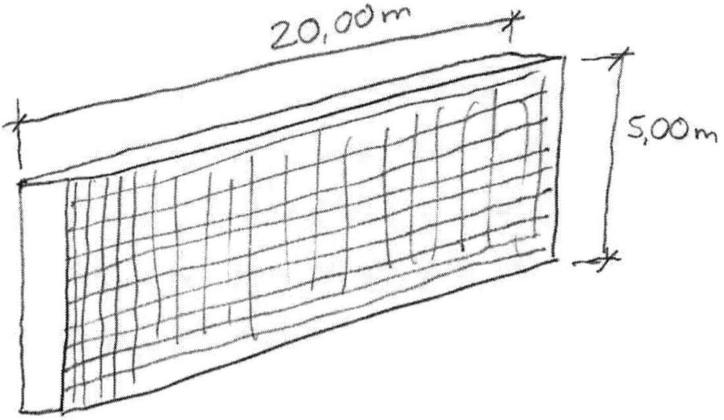

Vertraglicher Leistungsumfang

11.3 Tatsächlich auszuführende Leistung

Der Auftragnehmer fliest die Wandfläche mit blauen Fliesen. Der Nachunternehmer verfugt die geflieste Fläche. **409**

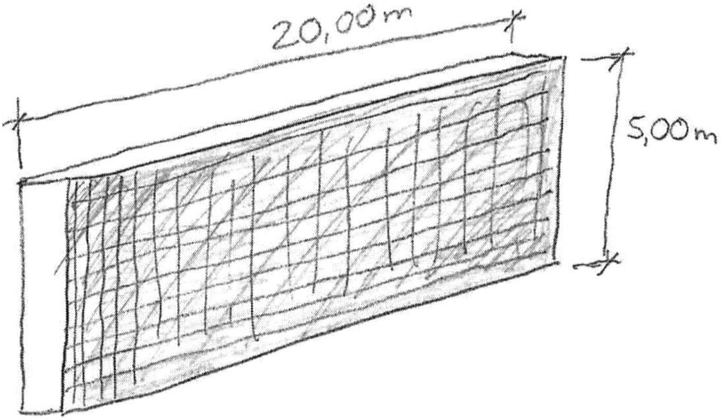

Tatsächlicher Leistungsumfang

11.4 Änderung der zu erbringenden Leistung

410 Der Auftragnehmer führt die Fliesenarbeiten auf der gleichen Fläche aus. Die Fliesenabmessungen bleiben gleich. Allerdings hat er blaue Fliesen zu verlegen. Für den Nachunternehmer ergeben sich keine Änderungen.

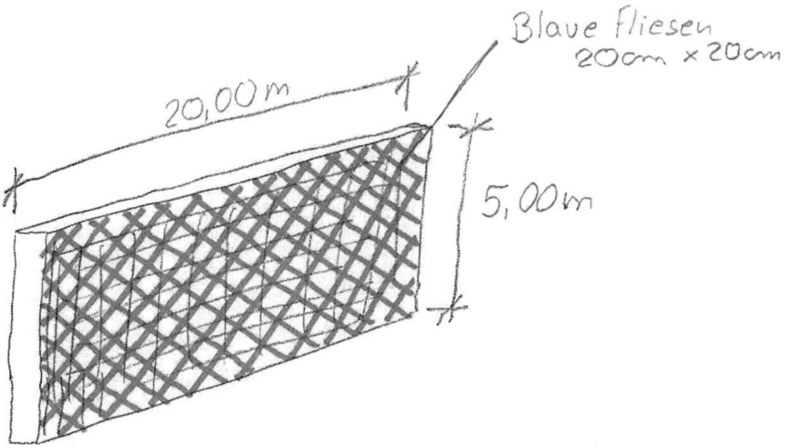

Geänderter Leistungsumfang

11.5 Anspruchsgrundlage

411 Der Vertrag ist zunächst zwischen dem Auftraggeber und dem Auftragnehmer abgeschlossen worden. Darin ist eine Ausführung mit weißen Fliesen für eine pauschale Vergütung vorgesehen. Es stellt sich daher zunächst die Frage, wie dieser Vertrag einzuordnen ist. In der Praxis haben sich viele Begriffe und Namen für Verträge ausgebildet, die aber aus rechtlicher Sicht nicht eindeutig oder nicht zutreffend sind. Wenn also von einem „Pauschalvertrag" gesprochen wird, muss man zunächst prüfen, welche Art von Vertrag vorliegt.

412 Im vorliegenden Fall hatte der Auftraggeber die Leistungen mit einer Position genau ausgeschrieben. Daher ist die zu erbringende Leistung des Auftragnehmers detailliert beschrieben. Die Art der Leistung steht somit fest. Im Gegensatz zu einem Einheitspreisvertrag, bei dem sich die Abrechnungssumme erst nach der Ausführung durch das Aufmaß ergibt, steht bei der Vereinbarung der pauschalen Vergütung die Abrechnungssumme bereits bei Vertragsabschluss fest. Ändert sich an der Art der Ausführung nach der detaillierten Leistungsbeschreibung nichts, ändert sich auch die Vergütung nicht. Diese Verträge nennt man Detailpauschalvertrag. Die Vergütungsseite ist also fest, da der Preis pauschal vereinbart wurde.

Davon abweichend kann man als Auftraggeber auch die Leistungsseite pauschal beschreiben und den Leistungsumfang entsprechend pauschalieren. Dies ist zum Beispiel gegeben, wenn der Auftraggeber den Leistungsumfang nicht detailliert beschreibt, sondern auch die Ermittlung der Art der zu erbringenden Leistungen dem Auftragnehmer überlässt. Ein Beispiel dafür ist folgende Leistungsbeschreibung in einer Position. **413**

„Baustelleneinrichtung einrichten, vorhalten und räumen; Baustelleneinrichtung nach Wahl des Auftragnehmers mit allem, was für die Ausführung der vertraglichen Arbeiten erforderlich ist."

Hier hat der Auftraggeber die Leistung nicht detailliert beschrieben, also zum Beispiel 300 m Bauzaun, 3 Container etc. Die Leistungsbeschreibung macht klar, dass der Auftragnehmer das Risiko trägt, die notwendigen Geräte, die Dauer des Einsatzes und daraus folgend erst die Kosten vollständig zu ermitteln. Hier hat der Auftraggeber also die Leistung selbst pauschal beschrieben. In der Praxis nennt man dies auch funktionale Leistungsbeschreibung. Ist die Leistungsseite pauschal beschrieben, ist meist auch der Preis eine Pauschale. Allerdings kann man auch bei dieser Position die Vergütungsseite als Einheitspreis ausbilden, indem die Position der Vorhaltung je Monat bezahlt wird, also als Einheit Monat mit einem Vordersatz der erwarteten Bauzeit in Monaten. Damit muss also unterschieden werden, ob nur die Vergütungsseite als Pauschale vereinbart worden ist oder auch die Leistungsseite. **414**

Bislang war immer die Rede von Pauschalverträgen. Allerdings ist es in der Praxis üblich, auch Verträge abzuschließen, die aus unterschiedlichen Komponenten bestehen. Häufig enthält ein Einheitspreisvertrag nicht nur entsprechende Positionen, die nach der ausgeführten Menge und einem Einheitspreis abgerechnet werden, sondern auch an verschiedenen Stellen Positionen, die entweder eine detaillierte Leistungsbeschreibung im Positionstext enthalten, deren Preis aber pauschal anzugeben ist, oder wie die oben genannte Position eine pauschale Leistungsbeschreibung und eine pauschale Vergütung. In diesen Fällen gelten die Ausführungen über „Detailpauschalverträge" für die entsprechenden Positionen, für die Positionen mit Einheitspreischarakter die Ausführungen zu den Einheitspreisverträgen. **415**

Bei Vereinbarung einer Pauschale als Vergütung sieht § 2 Abs. 7 Nr. 1 VOB/B vor, dass die Vergütung unverändert bleibt. Das gilt insbesondere für Mengenabweichungen. Das ergibt sich einerseits daraus, dass § 2 Abs. 3 VOB/B bei Vereinbarung eines Pauschalpreises nicht gilt. Dementsprechend sind Mengenabweichungen unerheblich für den Preis. Der Auftragnehmer hat das Recht, die Pauschale in Rechnung zu stellen, unabhängig von der Frage, wie viel er ausführt. Mit der Übernahme des Risikos der auszu- **416** führenden Menge hat der Auftragnehmer also Chancen auf einen zusätzlichen Gewinn, wenn sich die Menge reduziert. Erhöht sich die Menge, ist das allerdings ebenfalls das Risiko des Auftragnehmers.

417 Allerdings ist das durch den Auftragnehmer übernommene Risiko der Mengenüberschreitung nicht unbeschränkt. Wird die Menge überschritten, kann sich der Auftragnehmer auf eine Störung der Geschäftsgrundlage nach § 2 Abs. 7 Nr. 1 VOB/B berufen. Dafür muss allerdings die Menge bereits erheblich überschritten worden sein. Ob eine erhebliche Überschreitung vorliegt, ist eine Frage des Einzelfalles. Zur Beurteilung wird die Kostenfolge der Mengenüberschreitung herangezogen. Es spricht viel für eine berechtigte Mehrkostenforderung bei einer Überschreitung der Kosten in Höhe von mehr als mindestens 20 % der vereinbarten Gesamtpauschale. Sind für mehrere Leistungsteile Pauschalen vereinbart, kann man die Pauschalen für die Leistungsteile betrachten. Allerdings ist auch weiterhin die Überschreitung der Gesamtvergütung bei der Beurteilung mit zu berücksichtigen. Eine weitgehende Betrachtung einer einzelnen Position und deren Mengenüberschreitung kann ausreichen, wenn die Überschreitung einen ungewöhnlich hohen Umfang hat.

418 **Sonderfall:**

Es ist zunächst immer zu prüfen, ob der Auftragnehmer bei einer pauschalen Vergütung auch ein Mengenrisiko übernommen hat. Wenn die Vertragspartner eine bestimmte Menge ermittelt und festgelegt haben, dann beschränkt sich der Leistungsumfang des Auftragnehmers auch bei Vereinbarung einer pauschalen Vergütung auf die vereinbarte Menge. Folgendes Beispiel verdeutlicht das:

10 Bodenstrahler, inkl. Montage im Terrassenbereich und Anschluss, pauschal 1.200,00 €

Hier hat der Auftragnehmer nur 10 Bodenstrahler zu liefern, obwohl es sich um einen Detailpauschalvertrag handelt.

419 **Sonderfall:**

Wenn der Auftraggeber die Ausführung in größerer Menge anordnet, handelt es sich nicht um das Risiko des Auftragnehmers für die auszuführende Menge mit der Folge, dass er die angeordnete Mehrmenge nicht für die pauschale Vergütung mit zu erbringen hat. Das ergibt sich aus § 2 Abs. 7 Nr. 2 VOB/B. Es handelt sich um eine ändernde Anordnung des Auftraggebers. Die dadurch veranlassten Mehrmengen sind also durch den Auftraggeber zu bezahlen.

Bei dem hier vorliegenden Detailpauschalvertrag hat der Auftraggeber nach Vertragsabschluss die Leistung geändert. Es stellt sich bei dem Detailpauschalvertrag auch die Frage, ob der Auftraggeber nach Vertragsabschluss einseitig die vertragliche Vereinbarung dahingehend ändern darf, dass er die Art der Ausführung ändert, also die Farbe der Fliesen. Die Änderungsbefugnis kann sich aus dem Gesetz ergeben, also aus § 650b BGB. Diese Fälle werden in Kapitel 14 behandelt.

Für das hier behandelte Beispiel ist die Geltung der allgemeinen Geschäfts- **420** bedingungen der VOB/B vereinbart. Damit ergibt sich aus § 1 Abs. 3 VOB/B das Recht für den Auftraggeber, Änderungen des Bauentwurfs nach Vertragsabschluss einseitig anzuordnen. Zu den Grenzen des Anordnungsrechts wurde bereits in Kapitel 8 ausgeführt. Diese Ausführungen gelten auch für den Pauschalvertrag. Die Befugnis für den Auftraggeber, eine geänderte Farbe für die Fliesen anzuordnen, ist nach § 1 Abs. 3 VOB/B unproblematisch gegeben.

Für das vorliegende Beispiel wird davon ausgegangen, dass der Auftraggeber **421** die Änderung der Fliesenfarbe schriftlich angeordnet hat. Da die weißen Fliesen als Belag für die vorgesehene Wand der vertragliche Leistungsumfang waren, hat der Auftraggeber mit der Änderung der Farbe eine vertraglich vereinbarte Leistung geändert. Damit ist die Frage, ob und welche geänderte Leistung angeordnet wurde, klar dokumentiert. Der Auftragnehmer hat wegen der ändernden Anordnung des Auftraggebers aufgrund § 1 Abs. 3 VOB/B einen möglichen Anspruch aus § 2 Abs. 5 VOB/B.

Die Mehrkosten sollte der Auftragnehmer bei seinem Auftraggeber auch bei **422** einem Detailpauschalvertrag schriftlich ankündigen. Dies sieht zwar weder § 1 Abs. 3 VOB/B noch § 2 Abs. 5 VOB/B zwingend vor. Damit handelt es sich nicht um eine zwingende Anspruchsvoraussetzung. Da aber erstens viele Verträge immer eine schriftliche Anzeige von Mehrkosten verlangen und zweitens die Abgrenzung zu einer zusätzlichen Leistung nicht immer eindeutig ist, ist der Auftragnehmer auf der sicheren Seite.

Ein Aufmaß der tatsächlich ausgeführten Leistungen ist zu erstellen. Ob dies **423** der Rechnung für den Nachtrag zu Grunde zu legen ist, kann im Einzelfall entschieden werden.

11.6 Anspruchshöhe

§ 2 Abs. 7 Nr. 2 VOB/B in Verbindung mit § 2 Abs. 5 VOB/B sieht im Falle **424** einer Leistungsänderung nach § 1 Abs. 3 VOB/B einen Anspruch des Auftragnehmers vor, einen neuen Preis unter Berücksichtigung der Mehr- und Minderkosten zu verlangen. Weitere Ausführungen finden sich in Kapitel 8.6. Ausgangspunkt für die Bestimmung des neuen Preises einer geänderten Leistung mit pauschaler Vergütung ist immer die Position, welche von der Änderung betroffen ist.

425 Grundlegende Unterschiede zwischen einer pauschalen Vergütung und einem Einheitspreis bestehen eigentlich nicht. Letztlich ist auch der Einheitspreis eine pauschale Vergütung für eine Einheit. In der Praxis ist es aber häufig so, dass einem Einheitspreisvertrag eine Kalkulation zugrunde liegt, die sich auf jede einzelne Position bezieht. Eine Leistung, welche allerdings pauschal beschrieben ist und mit einer pauschalen Vergütung vereinbart wurde, wird häufig nicht in jedem Detail kalkuliert. Hier liegen der Preisfindung Annahmen, Schätzungen und Vermutungen zugrunde, die sich für eine Preisfortschreibung nicht mehr rekonstruieren lassen.

426 Ist eine Pauschalsumme vereinbart und aufgrund einer ändernden Anordnung ein neuer Preis zu ermitteln, muss die pauschale Vergütung in die Bestandteile zerlegt werden, die notwendig sind, um die Preisermittlung durchzuführen. Ist in dem vorliegenden Fall nur die Kostenart Material betroffen, muss die Pauschale zunächst nur in die Anteile der Einzelkosten der Teilleistungen und der Zuschläge zerlegt werden. Das ist unproblematisch, wenn der vereinbarten pauschalen Vergütung zunächst eine positionsweise Ausschreibung zugrunde lag, in der Einheitspreise eingetragen worden sind. Sollte das nicht der Fall sein, muss der Auftragnehmer spätestens für die Ermittlung des geänderten Preises für die angeordnete Leistungsänderung die Kalkulation erstellen.

427 Der weitestgehende Fall ist, dass für viele einzelne Leistungen eine einzige pauschale Vergütung vereinbart wurde, aber den einzelnen Positionen keine Einheitspreise zugeordnet wurden und auch keine Kalkulation angefertigt wurde. In diesen Fällen muss im Streitfall die gesamte Kalkulation im Nachgang aufgestellt werden. Diese Kalkulation muss schlüssig die vereinbarte Auftragssumme ergeben. Eine Alternative ist allerdings immer eine Vereinbarung des neuen Preises mit dem Auftraggeber.

428 Vorliegend hatte der Auftragnehmer zunächst die Leistungen des Fliesens mit 66,00 €/m² angeboten. Bei einem Vordersatz in Höhe von 100 m² ergab dies eine Auftragssumme in Höhe von 6.600,00 €. Der Vertrag wurde allerdings nicht so abgeschlossen, sondern es wurde eine Pauschalsumme in Höhe von 6.400,00 € vereinbart, die ohne Aufmaß für das Fliesen der Wandfläche zu zahlen ist. Damit ist zunächst diese pauschale Auftragssumme in Einzelkosten der Teilleistungen und Zuschläge zu zerlegen.

429 Da der Auftragnehmer dem angebotenen Einheitspreis eine Kalkulation zugrunde gelegt hat, kann diese verwendet werden. Es fragt sich dann, wie sich die Differenz zwischen der Angebotssumme in Höhe von 6.600,00 € und der Pauschalvergütung in Höhe von 6.400,00 €, also 200,00 €, auf die Einzelkosten der Teilleistungen oder die Zuschläge verteilt. Im Prinzip ist hier der Auftragnehmer wie bei seiner ursprünglichen Kalkulation frei, zu bestimmen, auf welche Einzelkosten der Teilleistungen oder auf welchen Zuschlag er den gegebenen Rabatt verteilt. Dementsprechend fällt auch das Ergebnis anders aus.

Hätte der Auftragnehmer in Erwartung, dass sein Leistungswert zu niedrig angesetzt war und er so Lohnstunden, die er kalkuliert hat, nicht benötigen werde, den Rabatt in Höhe von 200,00 € gewährt, wäre der Betrag in Höhe von 200,00 € bei den Einzelkosten der Teilleistungen Lohn in Abzug zu bringen. Diese betrugen ursprünglich 2.500,00 €. Es ergäben sich damit neue Einzelkosten der Teilleistungen in Höhe von 2.300,00 €. Da nunmehr der Rabatt in Höhe von 200,00 € bereits voll in den Einzelkosten der Teilleistungen Lohn berücksichtigt ist, muss der Zuschlag, der auf alle Einzelkosten der Teilleistungen gleichmäßig verteilt wurde, entsprechend angehoben werden. Oder anders ausgedrückt, der Absolutbetrag der Zuschläge in Höhe von 1.100,00 €, der in der Angebotssumme enthalten war, wird in voller Höhe beibehalten. **430**

Die Pauschalsumme in Höhe von 6.400,00 € würde sich also wie folgt verteilen.

Lohn	2.300,00 €
Material	2.060,00 €
Gerät	500,00 €
Sonstiges	500,00 €
	5.300,00 €

zzgl. 1.100,00 € Zuschläge = 6.400,00 €.

Der Zuschlag erhöht sich also auf ~ 21 %, wenn man ihn wieder auf alle Einzelkosten der Teilleistungen gleichmäßig verteilt. Alternativ kann auch nur für die Kostenart Lohn ein neuer Zuschlagsatz bestimmt werden. Dies ergibt folgendes Ergebnis.

Material	2.000,00 €
Gerät	500,00 €
Sonstiges	500,00 €
	3.000,00 €

zzgl. 20 % Zuschlag = 3.000,00 € × 1,2 = 3.600,00 €

Pauschale 6.400,00 € - 3.600,00 € EKdT zzgl. Zuschlag – Lohn 2.300,00 € = 500,00 € Zuschlag Lohn

Der Zuschlag auf die Einzelkosten der Teilleistung Lohn erhöht sich bei dieser Variante also auf ~ 21,7 %. Der Zuschlag auf alle anderen Einzelkosten der Teilleistungen bleibt bei 20 %.

In der Praxis hat es sich weit verbreitet, den Rabatt auf alle Einzelkosten der Teilleistungen und deren Zuschläge gleichmäßig zu verteilen. Es ergibt sich **431** daher für alle Einzelkosten der Teilleistungen und alle Zuschläge einheitlich der folgende Reduktionsfaktor.

6.400,00 € Pauschale : 6.600,00 € Angebotssumme = 0,9697

Dementsprechend kann die Kalkulation der Mehrkosten aufgrund der Anordnung des Auftraggebers zur Leistungsänderung genauso berechnet werden, wie er bei dem angebotenen Einheitspreis berechnet worden wäre. Am Ende der Berechnung ist der neue Preis mit dem Reduktionsfaktor zu multiplizieren und so die Differenz zwischen der Angebotssumme und der Auftragssumme zu berücksichtigen. Diese Alternative wird nachfolgend dargestellt.

11.6.1 Einzelkosten der Teilleistung

432 Die Kostenart Lohn wird mit dem kalkulierten Mittellohn und dem in der Kalkulation angenommenen Leistungswert als Basis verwendet. Da das ausführende Personal bei der Ausführung wegen der Änderung der Fliesenfarbe nicht anders zusammengesetzt werden muss, bleibt der Mittellohn gleich.

Dies gilt auch für den angesetzten Leistungswert, da sich auch diesbezüglich an der Art der auszuführenden Leistung nichts ändert. Die Fliesenfarbe hat keine Auswirkungen auf den Leistungswert. Hat der Auftragnehmer den Leistungswert zu niedrig angesetzt und erzielen die Mitarbeiter bei der tatsächlichen Ausführung einen höheren Leistungswert, schreibt sich der Gewinn für die erforderlichen Lohnstunden der ausgeführten Menge fort. Das gilt auch bei einem Pauschalvertrag entsprechend. Die Einzelkosten der Teilleistung Lohn berechnen sich also unverändert wie folgt.

100 m² : 2 m²/h = 50 h

50 h × 50 €/h Mittellohn = 2.500,00 €

433 In der Kostenart Material hat der Auftragnehmer nun statt der weißen Fliesen die blauen Fliesen einzukaufen. Wir unterstellen auch bei diesem Fall, dass die blauen Fliesen 5,00 €/m² teurer bei seinem Baustoffhändler eingekauft werden müssen. Sie kosten also den Auftragnehmer 30,00 €/m². Damit betragen die tatsächlichen Mehrkosten gegenüber der ursprünglich vorgesehenen weißen Fliese, die der Auftragnehmer mit 25,00 €/m² hätte einkaufen müssen, 5,00 €/m².

Der Auftragnehmer hatte aber in seiner Kalkulation für die weißen Fliesen einen Einkaufspreis in Höhe von 20,00 €/m² als Kosten angesetzt. Diese Kalkulationsannahme ist der Bestimmung des geänderten Preises zugrunde zu legen. Damit schreiben sich auch bei diesen Einzelkosten der Teilleistung die kalkulierten Kosten fort, sodass sich auch hier die in der Kalkulation enthaltenen Gewinne und Verluste durch die Veränderung der tatsächlich eintretenden Materialkosten fortsetzen. Der Vergütungsanteil für die Kostenart Material berechnet sich also für die geänderten Fliesen aus den in der Kalkulation angenommenen Kosten zuzüglich der tatsächlichen Kostensteigerung aufgrund des geänderten Materials wie folgt.

20,00 €/m² Fliesen weiß nach Kalkulation + 5,00 €/m² Kostenerhöhung für Fliesen blau = 25,00 €/m²

100 m² × 25,00 €/m² = 2.500,00 €

Sonderfall: 434

Wenn der Auftragnehmer die weißen Fliesen bereits vor der ändernden Anordnung des Auftraggebers eingekauft hatte und diese Fliesen weder zurückgeben kann noch eine andere Verwendung dafür hat, kann der Auftragnehmer auch die weißen Fliesen abrechnen. In diesem Fall berechnet er die blauen Fliesen zusätzlich. Das gilt auch bei einem Pauschalvertrag.

Sonderfall: 435

Es wird unterstellt, dass der Auftragnehmer durch die ändernde Anordnung nicht nur blaue Fliesen kleben muss, sondern die Anordnung des Auftraggebers auch vorsieht, dass 20 m² mehr Wandfläche zu fliesen sind. Hier ergibt sich die Besonderheit, dass ohne eine Änderung des Auftraggebers die Mehrmenge von 20 m² Fliesenfläche durch den Auftragnehmer ohne eine Erhöhung der pauschalen Vergütung hätte mit erbracht werden müssen, da Mehrmengen nach § 2 Abs. 3 VOB/B durch die Pauschale in den Risikobereich des Auftragnehmers fallen. Da aber hier die Leistungsänderung die Mehrmenge auslöst, hat der Auftraggeber die Mehrmenge zu bezahlen. In diesen Fällen bestimmt sich die Mehrmenge auf der Grundlage der Menge, die ohne die ändernde Anordnung auszuführen gewesen wäre. Dies ist vorliegend die Wandfläche, wie sie nach dem Vertrag zu fliesen gewesen wäre und für die der Auftragnehmer das Mengenrisiko übernommen hatte.

Wichtig ist in diesen Fällen, dass der Auftragnehmer für die Bestimmung der 436
Mehrmenge ein Aufmaß erstellen muss. Das ist sonst bei Pauschalverträgen nicht erforderlich, da die Abrechnung ohne Aufmaß vorgenommen wird.

In der Kostenart Gerät ändert sich durch den Pauschalvertrag gegenüber 437
dem Einheitspreisvertrag, wie in Kapitel 8.6 erläutert, nichts. Da die Arbeiten auch bei Verwendung der blauen Fliesen gleich bleiben, ändert sich an diesen Kalkulationsansätzen durch die andere Fliesenfarbe nichts.

Gerät Hubsteiger 1.000,00 €/Monat

50 h Zeitbedarf für Fliesen, 35 h Zeitbedarf für Nacharbeiten Verfugen ergeben 85 h Ausführungszeit. Dies entspricht einem halben Monat.

1.000,00 €/Monat × 0,5 Monate = 500,00 €

In der Kostenart Sonstiges war der Nachunternehmer für das Verfugen kal- 438
kuliert worden. Da der Nachunternehmer in der Kalkulation mit 500,00 €

pauschal angesetzt worden ist, ändern sich die Kosten in dieser Kostenart durch die andere Fliesenfarbe nicht. Die Kosten in der Kostenart Sonstiges berechnen sich daher wie folgt.

500,00 € pauschal

Damit ergeben sich die Einzelkosten der Teilleistungen für die geänderte Leistung wie folgt.

Lohn	2.500,00 €
Material	2.500,00 €
Gerät	500,00 €
Sonstiges	500,00 €
	6.000,00 €

11.6.2 Zuschläge

439 Die Zuschläge für Baustellengemeinkosten werden in voller Höhe auf die Einzelkosten der Teilleistungen der geänderten Leistung aufgeschlagen.

6.000,00 € Einzelkosten geänderte Leistung × 0,1 Zuschlag BGK = 600,00 €

440 Die Zuschläge für allgemeine Geschäftskosten sind umsatzabhängig kalkuliert. Dementsprechend werden diese Zuschläge auch bei einer geänderten Leistung mit dem in der Kalkulation verwendeten Zuschlag versehen. In dem Fall, in dem durch die geänderte Leistung ein geringerer Deckungsbeitrag erwirtschaftet wird, ist der ursprüngliche Betrag auf die geringeren Einzelkosten der Teilleistung umzulegen. Auch dies gilt für den Pauschalvertrag unverändert wie bei dem Einheitspreisvertrag.

441 Der Zuschlag für das Wagnis ändert sich vorliegend durch die geänderte Leistung ebenfalls nicht. Er ist auf die geänderten Einzelkosten der Teilleistungen mit dem in der Kalkulation verwendeten Zuschlagsatz zu berechnen.

Gleiches gilt auch für den Gewinnzuschlag.

442 Damit ergibt sich für die geänderte Leistung, dass die neu bestimmten Einzelkosten der Teilleistungen mit dem vollen Zuschlagsatz in Höhe von insgesamt 20 % beaufschlagt werden.

6.000,00 € Einzelkosten der geänderten Teilleistung × 1,2 Zuschlag = 7.200,00 €

443 Wegen des Preisnachlasses bei der Vereinbarung der Pauschale ist nun der Reduktionsfaktor zu berücksichtigen. Damit ergibt sich für die geänderte Leistung folgende Abrechnungssumme als Pauschalbetrag.

7.200,00 € × 0,9697 = 6.981,84 €

12 Mehrkostenforderungen aufgrund von Bauzeitverlängerung

In diesem Kapitel werden die Fälle behandelt, in denen der Auftraggeber mit einer Anordnung nach Vertragsabschluss bestimmt, dass der Auftragnehmer eine im Vertrag nicht bereits enthaltene Leistung mit verlängerndem Einfluss auf die Bauzeit ausführt. Es handelt sich damit um die Fälle einer Leistungsänderung nach § 2 Abs. 5 VOB/B, einer geänderten Leistung nach § 2 Abs. 6 VOB/B oder einer Anordnung, die direkt die Bauzeit verlängert, zum Beispiel einer Unterbrechung oder Umstellung der vorgesehenen Arbeiten. Eine Bauzeitverlängerung kann sich auch aus Mehrmengen ergeben, die nicht angeordnet wurden. **444**

Ordnet der Auftraggeber eine Änderung von Leistungen an, die schon im Vertrag enthalten waren, aber keinen Einfluss auf die Bauzeit haben, so werden diese Fälle in Kapitel 8 oder in Kapitel 9 behandelt. **445**

Für Verträge, bei denen die Gültigkeit der allgemeinen Geschäftsbedingungen der VOB/B nicht vereinbart ist, muss zunächst geprüft werden, ob es von § 2 VOB/B abweichende Regelungen im Vertrag gibt. Sind eigenständige Regelungen vorhanden, ist nach diesen Regelungen zu verfahren. In den meisten Fällen orientieren sich diese vertraglichen Regelungen aber am Wortlaut des § 2 VOB/B, sodass die hier dargestellten Grundsätze verwendet werden können. **446**

Wenn in dem Vertrag keine Regelungen für die Leistungsänderungsrechte des Auftraggebers und für die Berechnung der geänderten Vergütung des Auftragnehmers vorhanden sind, dann gelten die gesetzlichen Regelungen. Diese Fälle werden in Kapitel 14 behandelt. **447**

Fälle, in denen es bedingt durch eine „reine" Mengenänderung zur Mengenmehrung einer im Vertrag enthaltenen Leistung kommt, aber ohne Einfluss auf die Bauzeit, werden in Kapitel 6 behandelt, Mengenminderungen in Kapitel 7. Es handelt sich also um die Fälle, in denen sich die tatsächlich ausgeführte Menge gegenüber dem Vordersatz verändert, aber keine Anordnung des Auftraggebers vorliegt. **448**

Wird nur der vertragliche Leistungsumfang erbracht, also der ausgeschriebene Vordersatz des Leistungsverzeichnisses ausgeführt, liegen keine Mengenabweichung und keine geänderte Leistung vor. Diese Fälle werden in Kapitel 3 behandelt. **449**

Grundsätzlich geht es in diesem Kapitel nur um Fälle, bei denen der Auftragnehmer die Verlängerung nicht verursacht oder zu vertreten hat. Nicht behandelt werden die Fälle, in denen der Auftraggeber eine Mitwirkungs- **450** handlung nicht vornimmt oder vertragliche Pflichten verletzt, sodass der Auftragnehmer seine Leistung nicht ausführen kann. Diese Fälle von durch den Auftraggeber verursachten hindernden Umständen stellen Schadenersatzforderungen dar, die hier nicht behandelt werden.

12.1 Sachverhalt Leistungspositionen

451 Hier wird der Sachverhalt aus Kapitel 8.7 verwendet. Die Darstellung behandelt aber die Frage der Berücksichtigung von Einflüssen geänderter Leistungen auf die Bauzeit. Die Vertragspartner schließen den Vertrag ab. Es handelt sich um einen Einheitspreisvertrag. Es ist die Ausführung mit weißen Fliesen vorgesehen. Nach Vertragsabschluss erhält der Auftragnehmer von seinem Auftraggeber einen Brief, in dem dieser anordnet, statt der weißen Fliesen großformatige, scharfkantige und polierte Natursteine mit kleinsten Fugen aufzubringen. Der Betrieb des Auftragnehmers kann diese Arbeiten ausführen.

12.2 Vertraglicher Leistungsinhalt

452 Der vertragliche Leistungsinhalt umfasst das Fliesen der 100 m² Fläche, wie es im Leistungsverzeichnis angegeben ist. Da der Vertrag abgeschlossen worden war, ändert sich daran zunächst nichts.

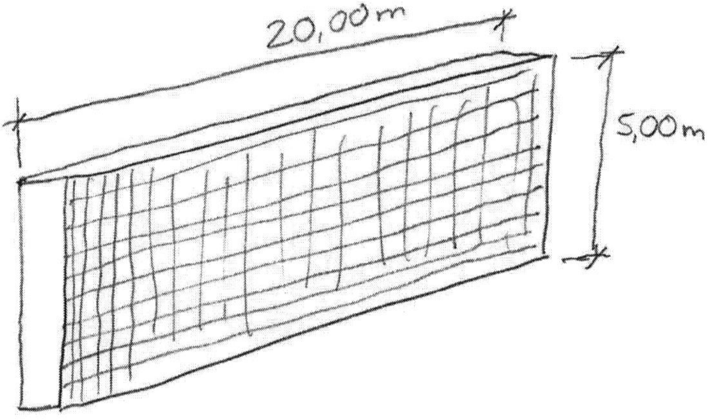

Vertraglicher Leistungsumfang

12.3 Tatsächlich auszuführende Leistung

Der Auftragnehmer fliest die Wandfläche mit großformatigen, scharfkantigen und polierten Natursteinen und mit kleinsten Fugen. Der Nachunternehmer verfugt die belegte Fläche. 453

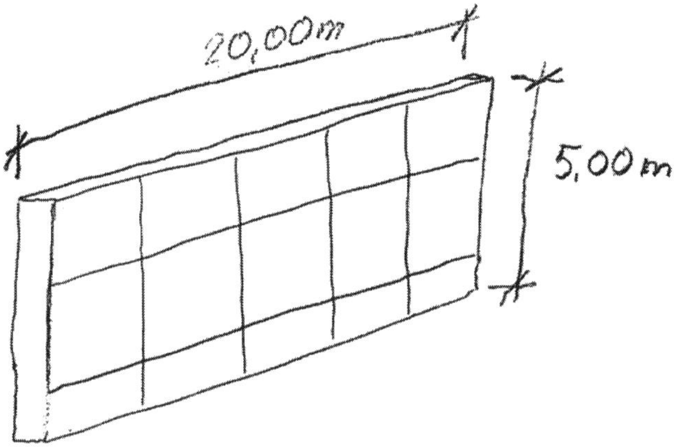

Tatsächlicher Leistungsumfang

12.4 Änderung der zu erbringenden Leistung

Der Auftragnehmer führt die Fliesenarbeiten auf der gleichen Fläche aus. 454
Allerdings muss er die Natursteine mit größerem Format verarbeiten, die wegen der Scharfkantigkeit sehr vorsichtig zu behandeln sind. Wegen der kleinen Fugen ist eine sehr sorgfältige Verlegung erforderlich. Im Gegensatz zu den Fliesen müssen die Natursteine im Randbereich auf Maß geschnitten werden. Der Auftragnehmer braucht für die Ausführung der Leistungen länger.

Für den Nachunternehmer ergeben sich Änderungen, da er die polierten 455
Natursteine mit größerem Aufwand verfugen muss. Allerdings steigt sein Gesamtaufwand nicht an, sodass er keinen geänderten Preis geltend macht.

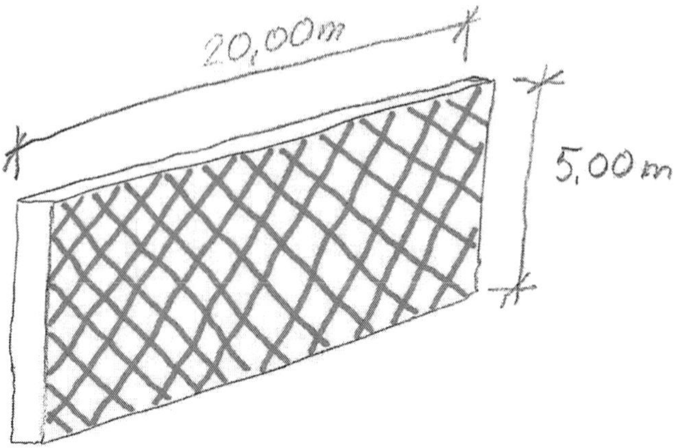

Geänderter Leistungsumfang

12.5 Anspruchsgrundlage

456 Für das hier behandelte Beispiel ist die Geltung der allgemeinen Geschäftsbedingungen der VOB/B vereinbart. Damit ergibt sich aus § 1 Abs. 3 VOB/B das Recht für den Auftraggeber, Änderungen des Bauentwurfs nach Vertragsabschluss einseitig anzuordnen. Die Reichweite dieses Anordnungsrechts ist nicht klar definiert. In der Praxis hat es sich ergeben, dass man darunter ein sehr weitgehendes Recht des Auftraggebers versteht, alle im Vertrag beschriebenen Leistungen nach Vertragsabschluss zu ändern. Da der Auftragnehmer die geänderten Leistungen ausführen kann, hat er die Anordnung zu befolgen. Da sich mit einer Anordnung einer geänderten Leistung auch Auswirkungen auf die Ausführungszeit ergeben können, sind diese Folgen für die Bauzeit auch von dem Vergütungsanspruch für die geänderte Leistung umfasst.

457 Für das vorliegende Beispiel wird davon ausgegangen, dass der Auftraggeber die Änderung des Wandbelags schriftlich angeordnet hat. Da die weißen Fliesen als Belag für die vorgesehene Wand der vertragliche Leistungsumfang waren, hat der Auftraggeber mit der Änderung des Wandbelages eine vertraglich vereinbarte Leistung geändert. Damit ist die Frage, ob und welche geänderte Leistung angeordnet wurde, klar dokumentiert. Der Auftragnehmer hat wegen der ändernden Anordnung des Auftraggebers aufgrund § 1 Abs. 3 VOB/B einen möglichen Anspruch aus § 2 Abs. 5 VOB/B.

458 Die Mehrkosten sollte der Auftragnehmer bei seinem Auftraggeber schriftlich ankündigen. Dies sehen zwar weder § 1 Abs. 3 VOB/B noch § 2 Abs. 5

VOB/B zwingend vor. Damit handelt es sich nicht um eine zwingende Anspruchsvoraussetzung. Da aber erstens viele Verträge immer eine schriftliche Anzeige von Mehrkosten verlangen und zweitens die Abgrenzung zu einer zusätzlichen Leistung nicht immer eindeutig ist, ist der Auftragnehmer auf der sicheren Seite.

Da die Anordnung einer geänderten Leistung auch Auswirkung auf die Aus- **459**
führungszeit hat, ist in der Anmeldung der Mehrkosten mit anzugeben, dass sich erstens die Bauzeit verlängert und zweitens auch dafür Kosten geltend gemacht werden. Diese Anmeldung einer Bauzeitverlängerung und deren Kosten sollte in jedem Fall auch dann erfolgen, wenn noch nicht erkennbar ist, ob die Anordnung einer geänderten Leistung Auswirkungen auf die Bauzeit hat oder der Einfluss auf die Bauzeit möglicherweise durch die Anordnung nur einen geringen Umfang haben kann. Der Auftragnehmer kann zu diesem Zeitpunkt nicht absehen, ob es durch weitere Anordnungen ebenfalls zu geringen Verlängerungen der Bauzeit kommen wird, sodass sich letztlich aus der Summe vieler kleiner Einflüsse auf die Bauzeit eine bedeutende Verlängerung einstellt.

Wichtig!

Wenn in dem Vertrag eine Vertragsstrafe vereinbart ist, so wird diese fällig, wenn der Auftragnehmer den vereinbarten Fertigstellungstermin schuldhaft überschreitet. Wenn aber durch Anordnungen geänderter Leistungen durch den Auftraggeber die Bauzeitverlängerung bewirkt worden ist, liegt kein Verschulden des Auftragnehmers vor. Damit ist die Vertragsstrafe nicht verwirkt.

12.6 Anspruchshöhe

Es gelten auch hier die Ausführungen aus Kapitel 8.6. § 2 Abs. 5 VOB/B **460**
sieht im Falle einer Leistungsänderung nach § 1 Abs. 3 VOB/B einen Anspruch des Auftragnehmers vor, einen neuen Preis unter Berücksichtigung der Mehr- und Minderkosten zu verlangen. Für die Bestimmung des neuen Preises sind auch für Ansprüche bei einer Verlängerung der Bauzeit wieder alle Einzelkosten der Teilleistungen zu betrachten und die Auswirkungen auf die Zuschläge. Wichtig ist dabei, dass innerhalb der Einzelkosten der Teilleistungen und der Zuschläge darauf geachtet wird, ob hier zeitabhängig kalkulierte Kosten enthalten sind, die aber wegen der vorgegebenen Einheit des Vordersatzes mengenabhängig oder einmalig, zum Beispiel als Pauscha-

le, abgerechnet werden. Hier kann es zu Differenzen kommen, wenn sich die Bauzeit verlängert, aber die Menge unverändert bleibt.

461 Der Rechnung für den Nachtrag ist ein Aufmaß der tatsächlich ausgeführten Leistungen zugrunde zu legen.

12.6.1 Einzelkosten der Teilleistung

462 Die folgenden Ausführungen für die Einzelkosten der Teilleistungen beziehen sich auf die Ausführungen im Kapitel 8.12.1 für geänderte Leistungen, dort zur Ermittlung der Einzelkosten der Teilleistungen. Für die Ermittlung der Details wird darauf Bezug genommen. Hier werden nur noch die relevanten Punkte dargestellt, die sich auf die Änderungen der Bauzeit beziehen.

463 Bezüglich der Kostenart Lohn ergaben sich Änderungen des Mittellohnes, da wegen der aufwändigeren Verlegearbeit qualifizierteres Personal einzusetzen war. Dieser höhere Mittellohn für das Personal ist auch bezüglich der Änderungen der Bauzeit zu verwenden. Der Mittellohn selbst oder das ihm zugrunde liegende Qualifizierungsmerkmal des Personals hat aber keinen direkten Einfluss auf die Bauzeit.

464 Durch die geänderte Ausführung hat sich allerdings der Leistungswert verändert. Diese Veränderung hat direkten Einfluss auf die Ausführungsdauer. Der Leistungswert für die geänderte Leistung war mit 1,25 m^2/h anzusetzen, woraus sich eine Ausführungsdauer von 80 h für die 100 m^2 zu verlegenden Naturstein ergab. Die Ausführungsdauer verlängerte sich gegenüber der Ausführungsdauer für die vertragliche Leistung um 30 h. Da allerdings die zusätzlichen Lohnstunden pro m^2 in den Einzelkosten der Teilleistungen berücksichtigt wurden, damit im Einheitspreis enthalten sind und somit durch die Abrechnung des Vordersatzes in Höhe von 100 m^2 voll berücksichtigt werden, ist bei der Kostenart Lohn kein Aufwand durch den geänderten Leistungswert entstanden, der nicht bereits berücksichtigt worden ist.

465 Die Kostenart Material beinhaltete die Fliesen, bei der geänderten Leistung die Natursteine. Die Kosten für das Material haben aber keinen Einfluss auf die Ausführungsdauer oder die Bauzeit. Daher gibt es hier keine Veränderungen, welche zu berücksichtigen wären.

466 In der Kostenart Gerät ergab sich durch die Änderungen des Leistungswertes für die Verlegung des Wandbelages ebenfalls eine verlängerte Einsatzzeit. Die Kosten für den verlängerten Geräteeinsatz wurden in der Kalkulation der Gerätekosten berücksichtigt und sind daher in der Kostenart Gerät bei den Einzelkosten der Teilleistungen voll berücksichtigt. Daher werden diese zeitabhängig kalkulierten Kosten ebenfalls durch die Abrechnung der Menge vollständig erlöst.

Die Kostenart Sonstiges enthielt die Kosten für den Nachunternehmer. Diese hatten sich durch die geänderte Leistung nicht verändert und waren gleichgeblieben. Daher ergibt sich in dieser Kostenart keine Änderung bezüglich der Bauzeit und daraus folgende Kosten. 467

Man kann zusammenfassen, dass sich bei dem vorliegenden Beispiel in den Komponenten der Einzelkosten der Teilleistungen Änderungen bezüglich der Ausführungsdauer oder der Einsatzdauer ergeben. Diese resultieren aus der Änderung des Leistungswertes. Allerdings sind alle Kostenanteile, welche in den Einzelkosten der Teilleistungen enthalten sind und von der Ausführungsdauer abhängen, bereits bei der Berechnung der Einzelkosten für die Teilleistungen der geänderten Leistungen berücksichtigt. Daher werden alle Mehrkosten, welche sich durch eine längere Ausführungsdauer ergeben, bereits bei der mengenabhängigen Abrechnung über den Vordersatz m² vollständig erlöst. 468

12.6.2 Zuschläge

Die Ausführungen für die Zuschläge beziehen sich auf die Ausführungen im Kapitel 8.12.2 für geänderte Leistungen, dort zur Ermittlung der Zuschläge. Für die Ermittlung der Details wird darauf Bezug genommen. Hier werden nur noch die relevanten Punkte dargestellt, die sich auf die Änderungen der Bauzeit beziehen. 469

Der Zuschlag für die Baustellengemeinkosten enthält meist zeitabhängige Bestandteile, wie zum Beispiel die Kosten für die Vorhaltung und Unterhaltung der Baustelleneinrichtung sowie die Kosten für die Bauleiter. Diese Kostenbestandteile sind bei geänderten Leistungen, welche auch zu einer Verlängerung der Ausführungsdauer führen, zu berücksichtigen. In dem Zuschlag für Baustellengemeinkosten enthaltene Kostenbestandteile, die einmalig entstehen, ändern sich durch eine Verlängerung der Ausführungsdauer meist nicht. Hier ist also zu unterscheiden, erstens welche Kostenbestandteile der Auftragnehmer in seinem Zuschlag für Baustellengemeinkosten überhaupt berücksichtigt hat und zweitens, wie er diese Kostenbestandteile des Zuschlags kalkuliert hat. Bei Letzterem stellt sich die Frage, ob die Kostenbestandteile des Zuschlags nur zeitabhängig, auch leistungsabhängig oder mengenabhängig, oder als einmalige Kosten berücksichtigt worden sind. 470

Sonderfall: 471

Wenn die Leistungsänderung bedingt, dass der Auftragnehmer die Baustelleneinrichtung ebenfalls ändern muss, sind die dadurch bedingten Kosten zu berücksichtigen. Handelt es sich um Kostenbestandteile, die in dem Zuschlag für Baustellengemeinkosten enthalten sind, ist der Zuschlag entsprechend zu erhöhen. Ein Beispiel dafür ist gegeben, wenn der Auftragnehmer den für den vertraglichen Leistungsumfang erforderlichen Kran in den Zuschlag für Baustellengemeinkosten kalkuliert hat. Aufgrund einer geänderten Leistung wird ein zweiter und größerer Kran auf der Baustelle erforderlich. Die einmalig entstehenden Kosten für den zweiten An- und Abtransport, die Kosten für die Vorhaltung des neuen Krans und die erhöhten Kosten, da es sich um einen größeren Kran handelt, sind durch eine Neuberechnung des Zuschlags für Baustellengemeinkosten zu berücksichtigen.

472 In dem hier gegebenen Sachverhalt hat der Auftragnehmer in seinen Zuschlag für Baustellengemeinkosten die Bauleitung und die Baustelleneinrichtung eingerechnet. Damit enthält der Zuschlag Kostenbestandteile, die sich mit der verlängernden Bauzeit erhöhen. Vorliegend hat aber der Auftragnehmer diesen Zuschlag voll auf die erhöhten Einzelkosten der Teilleistungen aufgeschlagen. Dort war die durch den geänderten Leistungswert verlängerte Ausführungsdauer bereits in den Lohn- und Gerätekosten berücksichtigt, sodass die Baustellengemeinkosten für die verlängerte Ausführungsdauer ebenfalls erlöst werden.

473 Der Zuschlag für die Baustellengemeinkosten kann bei geänderten Leistungen in Einzelfällen eine Diskrepanz in der Zuschlagsdeckung aufweisen, wenn sich Einzelkosten der Teilleistungen stark erhöhen oder verringern, der tatsächliche Aufwand der Baustellengemeinkosten aber nicht im gleichen Verhältnis steigt oder sinkt. Diesbezüglich sollte der Auftragnehmer immer prüfen, ob die Bestandteile in den Zuschlägen der Baustellengemeinkosten noch eine ausreichende Deckung erreichen. Entsprechende Ausführungen finden sich in Kapitel 8.12.2.

474 Die Zuschläge für allgemeine Geschäftskosten sind zunächst umsatzabhängig kalkuliert. Hier ist allerdings zu beachten, dass sich der Bezug zu einem Umsatz auch auf eine feststehende Zeitdauer bezieht. Dies ist bei der Bestimmung des Zuschlagsatzes für allgemeine Geschäftskosten üblicherweise das Geschäftsjahr, also ein Kalenderjahr. Wenn nun die Komponenten, welche den Zuschlag für allgemeine Geschäftskosten tragen, einen geringeren Deckungsbeitrag je Zeit erwirtschaften, entsteht eine Unterdeckung.

Vorliegend sind alle Einzelkosten der Teilleistungen Träger des Zuschlags für allgemeine Geschäftskosten, da dieser Zuschlag gleichmäßig nur auf alle Einzelkosten der Teilleistungen verteilt worden ist, nicht aber auf die Baustellengemeinkosten. Ergäbe sich eine Unterdeckung der allgemeinen Geschäftskosten, da innerhalb der tatsächlichen Ausführungsdauer gegenüber der vorgesehenen Ausführungsdauer bei den Einzelkosten der Teilleistungen eine Komponente nicht den auf die Zeit des Einsatzes bezogenen Umsatz erbringt, wäre der Zuschlag für allgemeine Geschäftskosten entsprechend anzuheben.

Im vorliegenden Beispiel kommt es nicht zu einer Unterdeckung durch die verlängerte Ausführungsdauer, da vergleichbar mit dem Zuschlag für die Baustellengemeinkosten bereits durch die Berücksichtigung des geänderten Leistungswertes die verlängerte Ausführungsdauer bei den Einzelkosten der Teilleistungen berücksichtigt wurde. Da der Zuschlag für allgemeine Geschäftskosten auf die Einzelkosten der Teilleistungen gleichmäßig aufgeschlagen wurde, werden diese Kosten vollständig erlöst. **475**

Der Wagnis- und der Gewinnzuschlag werden ebenfalls durch den Bezug zu den Einzelkosten der Teilleistungen und die darin bereits enthaltenen Kosten der verlängerten Ausführungsdauer entsprechend erhöht. **476**

Abschließend lässt sich feststellen, dass bei einer Berücksichtigung der durch den Auftragnehmer zeitabhängig bestimmten Kostenbestandteile innerhalb der Einzelkosten der Teilleistungen einer geänderten Position, die mengenabhängig abgerechnet werden muss, die zeitabhängigen Mehraufwände in den meisten Fällen vollständig erfasst sind. Allerdings sollte der Auftragnehmer dies immer prüfen, insbesondere in den Fällen, in denen die geänderte Leistung zu Minderkosten bei den Einzelkosten der Teilleistungen führt. **477**

12.7 Sachverhalt Positionen für Baustelleneinrichtung

Hier wird erneut der Sachverhalt aus Kapitel 8.7 bzw. Kapitel 12.1 verwendet. Die Darstellung behandelt auch hier die Frage der Berücksichtigung von Einflüssen geänderter Leistungen auf die Bauzeit. **478**

Im Gegensatz zu den bisherigen Fällen besteht das Leistungsverzeichnis des Auftraggebers nun aus zwei Positionen. Neben der Position für das Fliesen, die unverändert bleibt, enthält das Leistungsverzeichnis eine Position für die „Baustellenkosten", genannt Baustelleneinrichtung, die folgenden Leistungsverzeichnistext hat. **479**

> „Baustelle einrichten, unterhalten und räumen, für die Dauer der Ausführung der Fliesenarbeiten"
>
> Die Preisangabe ist „1 Stück" pauschal.

Der Auftragnehmer kalkuliert mit den gleichen Werten wie in dem Grundfall. Allerdings verteilt er nun die in der Kalkulation bestimmten Kosten anders als im Grundfall. Bezüglich der Einzelkosten der Teilleistungen ändert sich bei den Kostenarten Lohn, Material und Sonstiges nichts. Diese Kosten- **480** bestandteile teilt der Auftragnehmer weiterhin der Position „Fliesen" zu, da diese Kostenbestandteile zur Ausführung der Leistungen der Fliesenarbeiten dem Leistungsinhalt dieser Position zugeordnet werden können.

Die Kosten für den Hubsteiger, die im Grundfall der Position Fliesen als Gerätekosten zugeordnet waren, berücksichtigt der Auftragnehmer nun bei der Position der Baustellenkosten. Hierfür bestehen gute Gründe, da der Hubsteiger auch für die Arbeiten des Nachunternehmers zur Verfügung gestellt werden muss und daher ein Vorhaltegerät darstellt. Im Prinzip steht es dem Auftragnehmer frei, in welcher Position er diese Kosten berücksichtigt.

481 **Sonderfall:**

Wenn ein Auftragnehmer Kosten, die ausschließlich den Einzelkosten der Teilleistungen einer Position zugeordnet werden können, ohne sachlichen Grund in den Einzelkosten einer anderen Position berücksichtigt, bei der diese Kosten nicht entstehen, so kann es sich um eine unzulässige Kostenverschiebung handeln. Das kann dazu führen, dass der Auftragnehmer bei der Berechnung von Vergütungsforderungen einen sehr hohen Gewinn erwirtschaftet. Wenn der Wert der erbrachten Leistungen in einem Missverhältnis zu der Höhe der Vergütung steht, kann dieser Preis für den Nachtrag sittenwidrig sein. Der Auftragnehmer hat dann keinen Anspruch auf diese Vergütung, sondern nur auf eine angemessene Vergütung.

Im Falle eines Angebotes im Rahmen einer Ausschreibung nach den Regelungen der VOB/A kann ein Bieter ausgeschlossen werden, wenn er Kostenbestandteile bei Einzelkosten einer Teilleistungen berücksichtigt, bei denen sie nicht zuzuordnen sind, sondern eindeutig bei einer anderen Position den dortigen Einzelkosten der Teilleistungen.

Gäbe es in unserem Beispiel eine Position für die Verlegung der Wandfliesen und eine weitere Position für die Verlegung von Bodenfliesen, dann muss der Auftragnehmer die Fliesen für die Wand in der Kostenart Material bei den Einzelkosten der Teilleistung Fliesen der Wandfläche berücksichtigen, die Fliesen für den Boden in der Kostenart Material bei den Einzelkosten der Teilleistung Fliesen des Bodens. Würde der Auftragnehmer die Bodenfliesen bei der Kostenart Material bei den Einzelkosten der Teilleistungen Fliesen der Wandfläche berücksichtigen, läge eine falsche Zuordnung der Kosten zu den Teilleistungen, also Positionen, vor.

482 Die Baustellengemeinkosten weist der Auftragnehmer ebenfalls der Position der Baustelleneinrichtung zu. Damit ergibt sich für die Positionen des Leistungsverzeichnisses folgende Kalkulation.

Position Baustelleneinrichtung:

Hubsteiger 500,00 € für 0,5 Monate, entsprechend 50,00 €/Tag

Diese Kosten stellen innerhalb der Position Einzelkosten der Teilleistung dar, hier der Kostenart Gerät.

Die Baustellengemeinkosten hatte der Auftragnehmer in Höhe von 550,00 € ermittelt. Um diese Kosten den Kostenarten zuzuordnen, müsste der Auftragnehmer den ermittelten Betrag aufgliedern in Teilbeträge für Personalkosten der Bauleiter, die in der Kostenart „Lohn" angegeben werden könnten, weitere Kosten für Geräte, wie zum Beispiel Container, die der Kostenart Gerät zugeordnet werden etc. Im Ergebnis werden damit aus dem Zuschlag für Baustellengemeinkosten Einzelkosten der Teilleistung der Position Baustellenkosten. Hier wird unterstellt, dass die Baustellengemeinkosten nur für die Bauleitung anfallen und damit der Kostenart „Lohn" zugeteilt werden. **483**

Damit ergeben sich in Summe 1.050,00 € Einzelkosten der Teilleistungen für diese Position.

Diese Einzelkosten der Teilleistungen sind nun mit den Zuschlägen für allgemeine Geschäftskosten, Wagnis und Gewinn zu versehen. Die Höhe der Zuschläge beträgt für AGK 5 %, W 3 % und G 2 %, insgesamt 10 %, auf alle Einzelkosten der Teilleistungen gleichmäßig verteilt. **484**

Der Preis für die Position berechnet sich damit wie folgt.

1.050,00 € × 1,1 = 1.155,00 €

Die Kalkulation der Position Fliesen ergibt sich wie folgt.

Lohnkosten unverändert 2.500,00 €

Materialkosten unverändert 2.000,00 €

Gerätekosten entfallen

Sonstiges Nachunternehmer unverändert 500,00 €

Einzelkosten der Teilleistungen 5.000,00 €

Die Einzelkosten der Teilleistungen sind mit den Zuschlägen für allgemeine Geschäftskosten, Wagnis und Gewinn zu versehen. Die Höhe der Zuschläge beträgt für AGK 5 %, W 3 % und G 2 %, insgesamt 10 %, auf alle Einzelkosten der Teilleistungen gleichmäßig verteilt. **485**

5.000,00 € × 1,1 = 5.500,00 €

Die Angebotssumme beträgt insgesamt für beide Positionen 6.655,00 €. Die Erhöhung gegenüber dem Vertragspreis aus dem Grundfall ergibt sich, da jetzt auch die Zuschläge für Baustellengemeinkosten als Einzelkosten der Teilleistung der Position Baustellenkosten mit dem Zuschlag für allgemeine Geschäftskosten, Wagnis und Gewinn beaufschlagt worden sind, während im Grundfall dieser Kostenanteil der Baustellengemeinkosten nicht mit einem weiteren Zuschlag versehen war. Hierzu wird auf die Berechnung **486** in Kapitel 1.3 verwiesen, die zu dem gleichen Ergebnis wie hier durch eine alternative Berechnung der Zuschläge kommt.

487 Die Vertragspartner schließen den Vertrag ab. Es handelt sich um einen Einheitspreisvertrag. Es ist die Ausführung mit weißen Fliesen vorgesehen. Nach Vertragsabschluss erhält der Auftragnehmer von seinem Auftraggeber einen Brief, in dem er anordnet, statt der weißen Fliesen großformatige, scharfkantige und polierte Natursteine mit kleinsten Fugen aufzubringen. Der Betrieb des Auftragnehmers kann diese Arbeiten ausführen.

12.8 Vertraglicher Leistungsinhalt

488 Der vertragliche Leistungsinhalt umfasst das Fliesen der 100 m² Fläche, wie es im Leistungsverzeichnis angegeben ist. Da der Vertrag abgeschlossen worden war, ändert sich daran zunächst nichts.

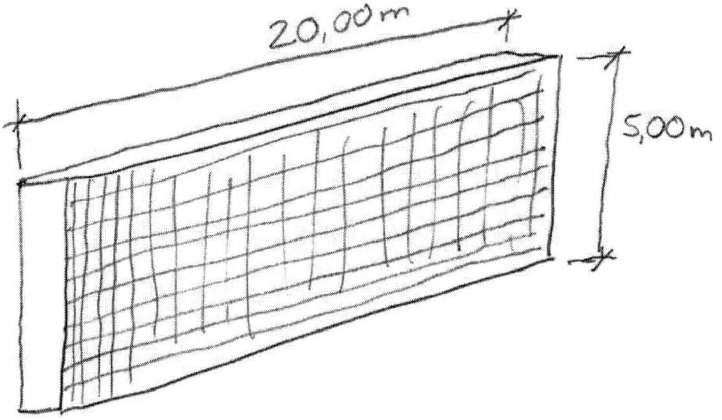

Vertraglicher Leistungsumfang

12.9 Tatsächlich auszuführende Leistung

489 Der Auftragnehmer fliest die Wandfläche mit großformatigen, scharfkantigen und polierten Natursteinen und mit kleinsten Fugen. Der Nachunternehmer verfugt die belegte Fläche.

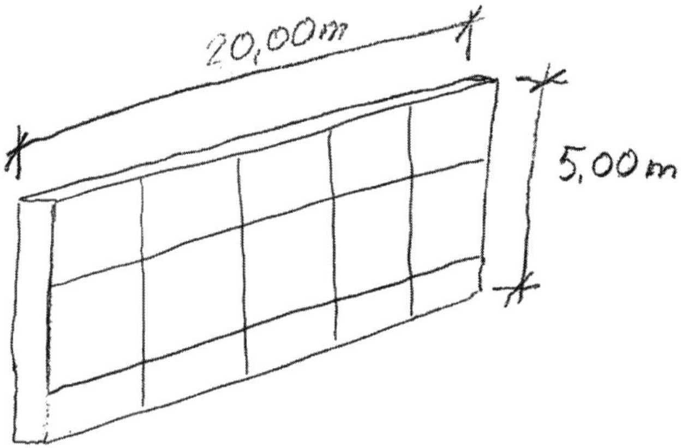

Tatsächlicher Leistungsumfang

12.10 Änderung der zu erbringenden Leistung

Der Auftragnehmer führt die Fliesenarbeiten auf der gleichen Fläche aus. Allerdings muss er die Natursteine mit größerem Format verarbeiten, die wegen der Scharfkantigkeit sehr vorsichtig zu behandeln sind. Wegen der kleinen Fugen ist eine sehr sorgfältige Verlegung erforderlich. Im Gegensatz zu den Fliesen müssen die Natursteine im Randbereich auf Maß geschnitten werden. Der Auftragnehmer braucht für die Ausführung der Leistungen länger. **490**

Für den Nachunternehmer ergeben sich Änderungen, da er die polierten Natursteine mit größerem Aufwand verfugen muss. Allerdings steigt sein Gesamtaufwand nicht an, sodass er keinen geänderten Preis geltend macht. **491**

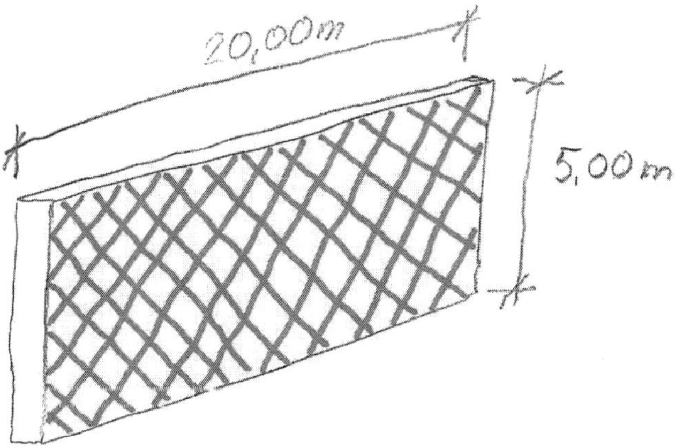

Geänderter Leistungsumfang

12.11 Anspruchsgrundlage

492 Bezüglich der Anspruchsgrundlage wird auf die Ausführungen in Kapitel 12.5 verwiesen. Der Auftragnehmer muss in seiner Mehrkostenanzeige an den Auftraggeber nicht Mehrkosten bezüglich bestimmter Positionen anmelden. Es reicht aus, wenn er unter Bezugnahme auf die Anordnung des Auftraggebers, eine Leistung zu ändern, Mehrkosten anmeldet. Der Hinweis auf eine mögliche Verlängerung der Bauzeit und deren Kosten ist immer aufzunehmen.

493 Hier besteht die Besonderheit, dass die Preisangabe der Position der Baustelleneinrichtung eine Pauschale ist. Es handelt sich also nicht um einen Detailpauschalvertrag, sondern um eine Pauschale nur für einen Teil der vertraglichen Leistung, hier nur eine Position. Gemäß § 2 Abs. 7 Nr. 3 VOB/B gilt die Regelung des § 2 Abs. 7 VOB/B auch, wenn nur bei Leistungsteilen Pauschalen vereinbart sind. Also ist die vertraglich vereinbarte Regelung anzuwenden.

Es fragt sich damit, ob der Auftragnehmer trotz Vereinbarung einer Pauschale für die Position Baustelleneinrichtung eine geänderte Vergütung verlangen darf. Dagegen scheint zunächst § 2 Abs. 7 Nr. 1 VOB/B zu sprechen. Er sieht vor, dass bei einer Pauschalsumme als Vergütung nur eine geänderte Vergütung durch den Auftragnehmer verlangt werden kann, wenn ein Festhalten an der Pauschalsumme nicht zumutbar ist. Eine Unzumutbarkeit scheint vorliegend nicht gegeben zu sein.

Allerdings ist vertraglicher Leistungsinhalt der Position Baustelleneinrichtung die Vorhaltung der Baustelleneinrichtung über die Ausführungszeit der vertraglich vereinbarten Leistungen. Die Ausführungszeit der vertraglich vorgesehenen Fliesen- und Verfugungsarbeiten war damit auch nur in diesem Umfang vertraglicher Leistungsinhalt. Da der Auftraggeber durch seine Leistungsänderung auch direkt die Ausführungsdauer der vertraglichen Arbeiten geändert hat, kann der Auftragnehmer nach § 2 Abs. 7 Nr. 2 VOB/B in Verbindung mit § 2 Abs. 5 VOB/B eine geänderte Vergütung verlangen.

494 **Sonderfall:**

Wenn sich die Ausführungsdauer aufgrund von Mehrmengen verlängert und der vorliegende Fall gegeben ist, kann der Auftragnehmer ebenfalls eine geänderte Vergütung für die Position der Baustelleneinrichtung verlangen. Das ergibt sich aus § 2 Abs. 3 Nr. 4 VOB/B. Hier ist nämlich die Leistung der Position Baustelleneinrichtung von der Leistung der Position Fliesen abhängig. Ändert sich die Position Fliesen, für die ein Einheitspreis vereinbart ist, so kann auch der Preis der Position Baustelleneinrichtung, für die eine Pauschalsumme vereinbart ist, geändert werden. Auf eine Überschreitung der Zumutbarkeitsgrenze kommt es nicht an.

12.12 Anspruchshöhe

Es gelten auch hier die Ausführungen aus Kapitel 8.6. § 2 Abs. 5 VOB/B sieht **495** im Falle einer Leistungsänderung nach § 1 Abs. 3 VOB/B einen Anspruch des Auftragnehmers vor, einen neuen Preis unter Berücksichtigung der Mehr- und Minderkosten zu verlangen. An diesem Beispiel wird aufgezeigt, wie der Auftragnehmer vorzugehen hat, wenn mehrere Positionen im Leistungsverzeichnis vorhanden sind, die von der Leistungsänderung betroffen sein können.

Der Rechnung für den Nachtrag ist ein Aufmaß der tatsächlich ausgeführten Leistungen zugrunde zu legen.

12.12.1 Einzelkosten der Teilleistung Position Fliesen

Zunächst werden die Einzelkosten der Teilleistungen der Position Fliesen betrachtet.

Für die Kostenart Lohn ergeben sich keine Änderungen gegenüber der Be- **496** rechnung mit nur einer Position. Der Mittellohn und der Leistungswert ändern sich und fließen in die Berechnung der Einzelkosten der Teilleistungen bei der Kostenart Lohn ein. Mit den neuen Werten ergeben sich für die Kostenart Lohn folgende Kosten.

100 m² : 1,25 m²/h = 80 h

80 h × 70,00 €/h Mittellohn = 5.600,00 €

Innerhalb der Kostenart Material ergeben sich keine Änderungen.

120 m² × 195,00 €/m² = 23.400,00 €

Die Kostenart Gerät gibt es in dieser Position nicht mehr. Daher entfällt diese Kostenart bei den Einzelkosten der Teilleistungen dieser Position.

Die Kostenart Sonstiges erfährt ebenfalls keine Änderungen. Die Kosten für den Nachunternehmer belaufen sich auf 500,00 € pauschal.

Damit ergeben sich die Einzelkosten der Teilleistungen für die geänderte Leistung und die Position Fliesen wie folgt.

Lohn	5.600,00 €
Material	23.400,00 €
Gerät	0,00 €
Sonstiges	500,00 €
	29.500,00 €

12.12.2 Zuschläge Position Fliesen

497 Die Zuschläge für Baustellengemeinkosten entfallen, da diese Kosten in der Position Baustelleneinrichtung berücksichtigt wurden.

498 Die Zuschläge für allgemeine Geschäftskosten, Wagnis und Gewinn werden auf die Einzelkosten der Teilleistung aufgeschlagen. Sie bleiben in der kalkulierten Höhe von 10 % bestehen. Es ergibt sich für die geänderte Position des Wandbelages folgende Vergütung.

29.500,00 € × 1,1 = 32.450,00 €

12.12.3 Einzelkosten der Teilleistung Position Baustelleneinrichtung

499 Der Auftraggeber hatte die Leistung geändert, die in der Position Fliesen beschrieben war. Diese geänderten Leistungen sind durch den Nachtrag, wie vorab beschrieben, berechnet worden. Allerdings ist nun die verlängerte Ausführungsdauer nur bezüglich der Kostenart Lohn bei den Einzelkosten der Teilleistung Fliesen berücksichtigt. Die längere Ausführungsdauer ergibt aber auch einen verlängerten Einsatz des Hubsteigers und der Bauleitung. Daher muss der Auftragnehmer in den Fällen, in denen Kostenanteile einer anderen Position als der direkt geänderten Position betroffen sein können, das Leistungsverzeichnis oder seine Kalkulation prüfen, ob weitere Positionen in die Berechnung des Nachtrags aufzunehmen sind.

Es werden also jetzt die Einzelkosten der Teilleistungen der Position Baustelleneinrichtung betrachtet.

500 Für die Kostenart „Lohn" ergeben sich keine Änderungen bei den Lohn- oder Gehaltskosten des Bauleiters. Hier könnten sich, wie bei einem Mittellohn, nur Änderungen ergeben, wenn ein Bauleiter mit einer höheren Qualifikation eingesetzt werden müsste.

Ein Leistungswert liegt der Bestimmung der Kosten für den Bauleiter nicht zugrunde. Allerdings hat der Auftragnehmer die Kosten für den Einsatz des Bauleiters nach der ermittelten Einsatzzeit berechnet. Diese betrug für den vertraglichen Leistungsinhalt Fliesen 85 h Ausführungsdauer einschließlich der Beaufsichtigung des Nachunternehmers. Die Ausführungsdauer für die Verlegung des Natursteins und das Verfugen beträgt 115 h. Damit berechnen sich die erhöhten Einzelkosten der Teilleistung für die Baustelleneinrichtung in der Kostenart Lohn wie folgt.

(115 h / 85 h) × 550,00 € ≈ 745,00 €

501 Die Kostenart Material ist in der Position Baustelleneinrichtung nicht vorhanden.

In der Kostenart Gerät war der Hubsteiger eingesetzt worden. Dieser war für 0,5 Monate vorgesehen. Durch den verlängerten Einsatz aufgrund der Verlegung des Natursteins als Änderung muss der Hubsteiger nun 0,75 Monate vorgehalten werden. Es ergeben sich daher folgende Einzelkosten der Teilleistung in der Kostenart Gerät. 502

1.000,00 €/Monat × 0,75 Monate = 750,00 €

Die Kostenart Sonstiges ist in der Position Baustelleneinrichtung nicht vorhanden. 503

Damit ergeben sich die Einzelkosten der Teilleistungen für die geänderte Leistung und die Position Baustelleneinrichtung wie folgt. 504

Lohn	745,00 €
Material	0,00 €
Gerät	750,00 €
Sonstiges	0,00 €
	1.495,00 €

12.12.4 Zuschläge Position Baustelleneinrichtung

Diese Einzelkosten der Teilleistungen sind nun mit den Zuschlägen für allgemeine Geschäftskosten, Wagnis und Gewinn zu versehen. Die Höhe der Zuschläge beträgt für AGK 5 %, W 3 % und G 2 %, insgesamt 10 %, auf alle Einzelkosten der Teilleistungen gleichmäßig verteilt. 505

Der Preis für die Position berechnet sich damit wie folgt.

1.495,00 € × 1,1 = 1.644,50 €

Der Nachtrag berechnet sich damit entweder mit den hier ermittelten Beträgen für die Vergütung der zwei Positionen als Vergütung für die geänderte Leistung. Die Abrechnungssumme berechnet sich daher wie folgt. 506

Position Baustelleneinrichtung pschl.	1.644,50 €
Position Verlegung Naturstein 100 m²	32.450,00 €
	34.095,50 €

Alternativ kann man auch bei der Position Baustelleneinrichtung nur die Mehrkosten abrechnen. In diesem Fall wird die vertragliche Vergütung für die ursprüngliche Position aber auch abgerechnet. Die Rechnung sähe wie folgt aus. 507

Position Baustelleneinrichtung pschl.	1.155,00 €
Position Fliesen entfällt	0,00 €

Nachträge:

Position zusätzliche Baustelleneinrichtung pschl.	489,50 €
Position Verlegung Naturstein 100 m²	32.450,00 €
	34.094,50 €

12.13 Sachverhalt Anordnung zur Bauzeit

508 Hier wird der Sachverhalt aus Kapitel 3.1 verwendet, also der Ausgangsfall. Die Darstellung behandelt aber auch hier die Frage der Berücksichtigung von Einflüssen von Anordnungen auf die Bauzeit. In diesem Fall erteilt der Auftraggeber eine Anordnung mit direktem Einfluss auf die Bauzeit.

509 Die Vertragspartner schließen den Vertrag ab. Es handelt sich um einen Einheitspreisvertrag, hier nur mit der Position für die auszuführende Leistung, also die Position Fliesen wie im Ausgangsfall. Die Ausführung mit weißen Fliesen ist vorgesehen. Es wird ebenfalls vereinbart, dass die Ausführung ab Montag, dem 01.04.2019, durchgängig erfolgen kann. Nach Vertragsabschluss erhält der Auftragnehmer von seinem Auftraggeber einen Brief, in dem dieser anordnet, dienstags, mittwochs und donnerstags, jeweils ab 12.00 Uhr, keine Arbeiten auszuführen.

12.14 Vertraglicher Leistungsinhalt

510 Der vertragliche Leistungsinhalt umfasst das Fliesen der 100 m² Fläche, wie es im Leistungsverzeichnis angegeben ist. Da der Vertrag abgeschlossen worden war, ändert sich daran zunächst nichts.

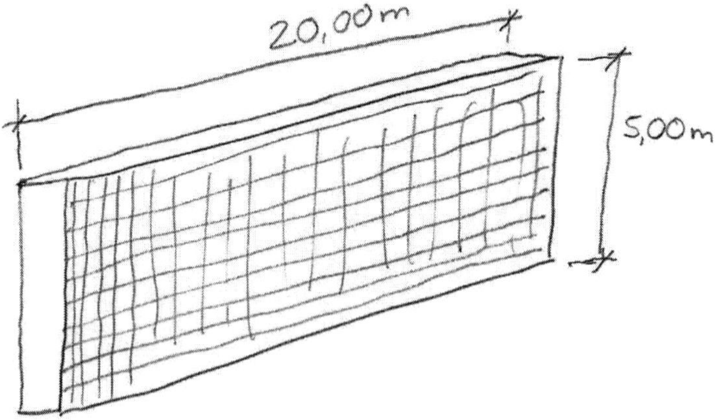

Vertraglicher Leistungsumfang

Für die Bauzeit war ein durchgängiges Arbeiten ab Montag, dem 01.04.2019 vereinbart. Die tägliche Arbeitszeit beträgt 8 Stunden. Es sind fünf Arbeitstage pro Woche vorgesehen. Die Ausführungsdauer ergibt sich aus der Kalkulation des Auftragnehmers. Der Bauzeitenplan für die Durchführung der vertraglich vereinbarten Fliesenarbeiten und des Verfugens ergibt sich damit wie folgt. **511**

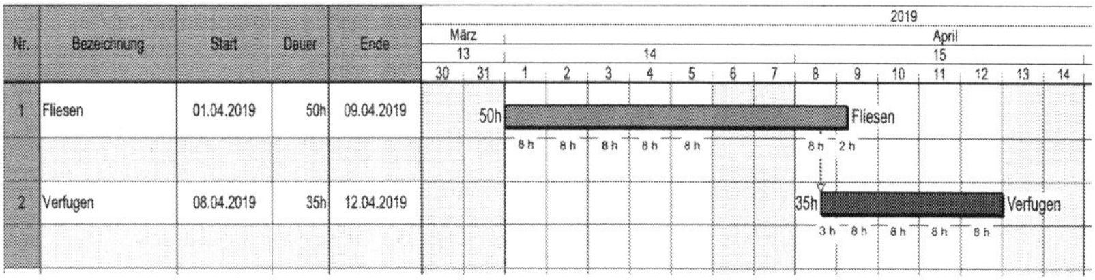

12.15 Tatsächlich auszuführende Leistung

Der Auftragnehmer führt genau die im Vertrag vorgesehene Leistung aus. Der angegebene Vordersatz weicht nicht von der ausgeführten Menge ab. **512**

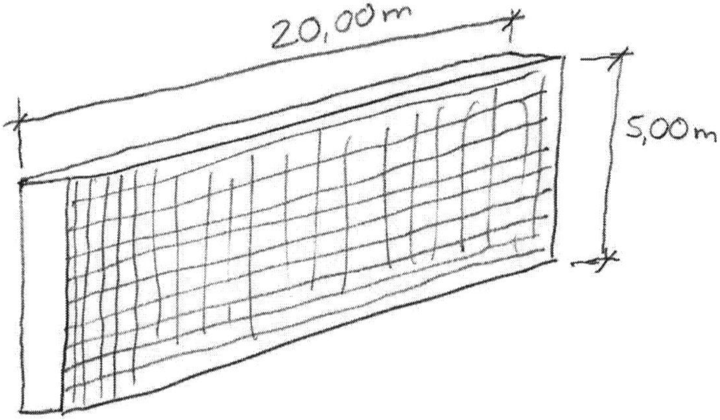

Tatsächlicher Leistungsumfang

Entsprechend der Anordnung des Auftraggebers führt der Auftragnehmer dienstags, mittwochs und donnerstags, jeweils ab 12.00 Uhr keine Arbeiten mehr aus. Der Bauzeitenplan für die „tatsächliche" Ausführung der Arbeiten sieht also wie folgt aus. Es ist zu beachten, dass die Ansätze der Kalkulation verwendet werden, also der Leistungswert für das Fliesen in Höhe von 2 m^2/h **513**

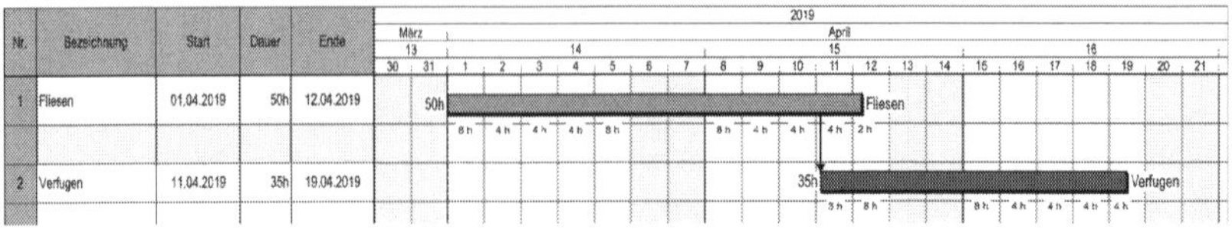

12.16 Änderung der zu erbringenden Leistung

514 Da genau die im Vertrag vorgesehene Leistung in der gleichen Menge des im Leistungsverzeichnis angegebenen Vordersatzes ausgeführt wird, ist der vertragliche Leistungsumfang gleich dem tatsächlichen Leistungsumfang. Es liegt insoweit keine Änderung vor.

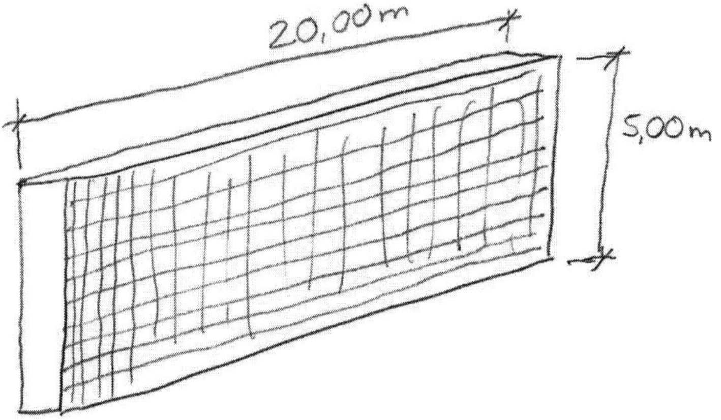

Geänderter Leistungsumfang

Allerdings ergibt sich aus dem Abgleich der Bauzeitenpläne für die vertraglich vereinbarte Ausführung und die durch die Anordnung geänderte Ausführung, dass sich die Ausführungszeit um 5 Tage verlängert. Dadurch muss das Personal mehrfach anfahren, hat an den drei Nachmittagen keine Arbeiten auf der Baustelle auszuführen, der Hubsteiger ist länger auf der Baustelle und der Bauleiter ist entsprechend länger mit der Baustelle beschäftigt.

12.17 Anspruchsgrundlage

515 Der Vertrag ist zunächst zwischen dem Auftraggeber und dem Auftragnehmer abgeschlossen worden. Darin ist eine durchgängige Ausführung der Arbeiten ab dem 01.04.2019 vorgesehen. Es stellt sich daher zunächst die Frage, ob der Auftraggeber nach Vertragsabschluss einseitig die vertragliche Vereinbarung dahingehend ändern darf, dass er die zeitlichen Rahmen-

bedingungen der Ausführung ändert, also die Ausführungszeit und die Ausführungsdauer. Die Änderungsbefugnis kann sich aus dem Gesetz ergeben, also aus § 650b BGB. Diese Fälle werden in Kapitel 16 behandelt.

Für das hier behandelte Beispiel ist die Geltung der allgemeinen Geschäfts- **516**
bedingung der VOB/B vereinbart. Damit ergibt sich aus § 1 Abs. 3 VOB/B das Recht für den Auftraggeber, Änderungen des Bauentwurfs nach Vertragsabschluss einseitig anzuordnen. Die Reichweite dieses Anordnungsrechts bezüglich der Bauzeit ist nicht klar definiert. In der Praxis hat es sich ergeben, dass man darunter ein sehr weitgehendes Recht des Auftraggebers versteht, alle im Vertrag beschriebenen Leistungen nach Vertragsabschluss zu ändern.

Das bezieht sich damit auch auf Anordnungen zur Verlängerung der Bau- **517**
zeit. Der Auftraggeber muss selbst Vorgaben und tatsächliche Umstände bei der Ausführung der Arbeiten berücksichtigen, die er möglicherweise vor Vertragsabschluss nicht bedacht hat. Diese Umstände muss er dann nachträglich beachten und in den Bauablauf integrieren. Hierfür muss ihm daher auch ein entsprechendes Anordnungsrecht gegenüber dem ausführenden Unternehmer zustehen.

Ein Anordnungsrecht für eine Verlängerung findet seine Bestätigung auch **518**
in § 6 Abs. 7 VOB/B. Danach kann der Auftragnehmer erst nach Ablauf von 3 Monaten den Vertrag kündigen, wenn der Auftraggeber zu verantworten hat, dass die Arbeiten unterbrochen werden. Ein Zeitraum von bis zu drei Monaten ist also durch den Auftragnehmer als Verlängerung der Bauzeit mindestens hinzunehmen. Daher kann der Auftraggeber diese Verlängerung auch anordnen und muss nicht, wie es für Ansprüche aus § 6 VOB/B erforderlich ist, ein vertragswidriges Verhalten ausüben.

Zu beachten ist, dass der Auftragnehmer in der Lage sein muss, die ver- **519**
längernden Auswirkungen auf die Bauzeit zu berücksichtigen. Hat der Auftragnehmer das Personal nach dem vorgesehenen Ende der Bauzeit ganz oder teilweise anders disponiert, ist dies zu berücksichtigen. Man kann es verkürzt so sagen: Was geht, das geht. Was nicht geht, geht erst später.

In jedem Fall muss der Auftragnehmer auch bei Anordnungen, die nur die **520**
Ausführungszeit oder die Ausführungsdauer betreffen, eine Anmeldung von Mehrkosten an den Auftraggeber versenden. In diesem Schreiben muss auch darauf hingewiesen werden, dass die Anordnung zu einer Verschiebung der Fertigstellung führt. Zwar wird bei Anordnungen nach § 1 Abs. 3 VOB/B keine entsprechende Anmeldung der Mehrkosten durch den Auftragnehmer verlangt, diese vermeidet aber spätere Streitigkeiten und gibt dem Auftraggeber Klarheit über die Folgen seiner Anordnung.

12.18 Anspruchshöhe

521 § 2 Abs. 5 VOB/B sieht im Falle einer Leistungsänderung nach § 1 Abs. 3 VOB/B einen Anspruch des Auftragnehmers vor, einen neuen Preis unter Berücksichtigung der Mehr- und Minderkosten zu verlangen. Erste Voraussetzung ist allerdings, dass durch die ändernde Anordnung die Grundlagen für eine im Vertrag vorgesehene Leistung ebenfalls geändert worden sind. Das wird als Voraussetzung in der Praxis angenommen, wenn die Änderung überhaupt Einfluss auf den Preis der Leistung hat. Daher reicht jeder ändernde Einfluss auf den Preis aus, auch eine Verlängerung der Ausführungsdauer. Verlängert die Anordnung des Auftraggebers nach § 1 Abs. 3 VOB/B also die Ausführungsdauer, handelt es sich um einen Anspruch des Auftragnehmers aus § 2 Abs. 5 VOB/B auf einen geänderten Preis, also einen Vergütungsanspruch.

522 Der Auftragnehmer hat bei einer Anordnung zur Bauzeit zu berücksichtigen, dass viele unterschiedliche Positionen eines Leistungsverzeichnisses, das zeitabhängig kalkulierte Kosten enthält, betroffen sein können. Das gilt insbesondere in den Fällen, in denen die Anordnung zur Bauzeit nicht die Leistungen einer bestimmten Position ändert, sondern allgemein Leistungen betrifft, die in zeitlichem Zusammenhang mit der Auswirkung der Anordnung stehen. Hier ist es Aufgabe des Auftragnehmers zu prüfen, auf welche Arbeiten die Anordnung Auswirkungen hat und welche Positionen dementsprechend betroffen sind.

Ergänzend sind die Ausführungen im Kapitel 8.6 zu beachten.

523 Zu beachten ist weiterhin, dass die Fliesenarbeiten im Prinzip so abgerechnet werden können, wie sich dies nach der Position im Vertrag ergibt. An den Fliesenarbeiten selbst hat sich nichts geändert. Allerdings sind durch die Anordnung Einzelkosten der Teilleistungen und Zuschläge betroffen. Diese Mehrkosten werden im Folgenden betrachtet.

12.18.1 Einzelkosten der Teilleistung

524 Da sich die auszuführende Leistung, das Fliesen, nicht ändert, sind weiterhin Mitarbeiter mit der gleichen Qualifikation einzusetzen. Daher bleibt der Mittellohn unverändert.

525 **Sonderfall:**

Sollte durch die Anordnung des Auftraggebers zu geänderten Bauzeiten eine Bauzeitverlängerung auftreten mit der Folge, dass der Auftragnehmer das vorgesehene Personal für Arbeiten auf einer anderen Baustelle einsetzen muss, steht das vorgesehene Personal nicht mehr zur Verfügung. Hat der Auftragnehmer aber anderes Personal zur Verfügung, welches er einsetzen kann, das aber eine höhere Qualifikation aufweist, entsteht ein höherer Mittellohn. Da dieser höhere Mittellohn eine Folge der Anordnung des Auftraggebers ist, kann in diesen Fällen durch den Auftragnehmer ein höherer Mittellohn geltend gemacht werden.

Da die Verlegung der Fliesen wie vertraglich vereinbart ausgeführt wird, 526
ändert sich auch der Leistungswert für das Fliesen nicht. Daher bleibt die Anzahl der angesetzten Lohnstunden in der Kostenart Lohn durch die Ausführung der Arbeiten gleich.

Allerdings hat die Anordnung des Auftraggebers, an drei Nachmittagen in 527
der Woche nicht zu arbeiten, Einfluss auf die für die Ausführung der Fliesenarbeiten benötigte Dauer zwischen dem Beginn und der Fertigstellung der Fliesenarbeiten. Es kommt durch die Anordnung zu Zeiten, in denen nicht gearbeitet werden darf. Daher verlängert sich die Ausführungsdauer und damit auch die Zeit, die das Personal für die Arbeiten zur Verfügung stehen muss. Der Auftragnehmer hat also einen Anspruch auf die Lohnstunden, die das Personal durch die ändernde Anordnung länger benötigt. Es handelt sich also um die zusätzlichen Lohnstunden, in denen das Personal nicht produktiv arbeitet, aber vorgehalten werden muss.

Aus dem fortgeführten Bauzeitenplan für die Ausführung aufgrund der ändernden Anordnung ergibt sich, dass der Auftragnehmer zwar für die reine Ausführung der Fliesenarbeiten nicht mehr Lohnstunden benötigt, aber an den Nachmittagen, an denen nicht gearbeitet werden darf, das Personal keine andere Tätigkeit ausüben kann. Diese Stunden als Folge der Anordnung ergeben sich zu jeweils 4 Stunden an 6 Tagen für das Personal, welches die Fliesenarbeiten ausführt, und drei Tage für den Nachunternehmer.

Es wird unterstellt, dass der Auftragnehmer sein Personal nicht anderweitig 528
einsetzen kann. Das Personal hat also keine Ersatztätigkeiten auszuführen und kann auch nicht anderweitig eingesetzt werden. In diesem Fall entstehen Lohnstunden für die Nachmittage, an denen nicht gearbeitet werden kann, als zusätzlicher Aufwand. Diese Lohnstunden ergeben in der Kostenart Lohn folgenden Betrag.

6 Nachmittage × 4 h/Nachmittag = 24 h

24 h × 50,00 €/h = 1.200,00 €

Wenn weitere Kosten im Zusammenhang mit dem Transport etc. des Perso- 529
nals entstehen, also mehr Anfahrten, Fahrtkosten, Fahrzeiten etc., sind diese ebenfalls mit zu berechnen.

Wichtig!

Für die Berechnung der Lohnkosten wird der Mittellohn aus der Kalkulation angesetzt, da es sich bei den zusätzlich entstehenden Lohnstunden um eine direkte Folge der Anordnung handelt, an den Nachmittagen keine Arbeiten auszuführen. Würden die Stillstandszeiten Folge eines pflichtwidrigen Verhaltens des Auftraggebers sein, also zum Beispiel weil der Auftraggeber hindernde Umstände auslöst und zu vertreten hat, wären die Lohnkosten in Stillstandszeiten als Schadenersatz geltend zu machen. Dafür wären die tatsächlichen Lohnkosten der eingesetzten Mitarbeiter heranzuziehen.

530 Bei der Kostenart Material ändert sich nichts. Die Fliesen sind unverändert geblieben. Bei der Kostenart Material kann sich nur etwas verändern, wenn die Anordnung zur Bauzeit dazu führt, dass das Material zu geänderten Kosten eingekauft werden muss oder zwischen dem Auftragnehmer und dem Baustoffhändler bereits abgeschlossene Lieferverträge gekündigt werden müssen. Diese Konstellationen kommen meist dann in Betracht, wenn die Baustoffe bereits mit einem Liefertermin bestellt waren und nicht gelagert werden können, zum Beispiel Lieferbeton.

531 In der Kostenart Gerät wurde der Hubsteiger für einen halben Monat angenommen, da die Einsatzzeit einen halben Monat betragen sollte. Wegen der längeren Ausführungszeit wird der Hubsteiger jetzt eine Woche länger benötigt. Das entspricht ¼ Monat. Die Mehrkosten berechnen sich wie folgt.

Hubsteiger 1.000,00 €/Monat × ¼ Monat = 250,00 €

532 Innerhalb der Kostenart Sonstiges hatte der Auftragnehmer seinen Nachunternehmer berücksichtigt. Auch der Nachunternehmer hat durch die Anordnung, an den Nachmittagen keine Arbeiten auszuführen, eine längere Ausführungszeit. Er benötigt 2 Arbeitstage mehr und es ergeben sich an drei Arbeitstagen jeweils an den Nachmittagen 4 Stunden, in denen nicht gearbeitet werden kann. Da der Nachunternehmer eine pauschale Vergütung mit dem Auftragnehmer vereinbart hat, aber diese pauschale Vergütung durch die gleichlautende Anordnung des Auftragnehmers an seinen Nachunternehmer, an den Nachmittagen nicht zu arbeiten, betroffen wird, hat der Nachunternehmer Anspruch auf eine geänderte Vergütung nach § 1 Abs. 3 VOB/B in Verbindung mit § 2 Abs. 7 Nr. 2, § 2 Abs. 5 VOB/B.

533 Für den Nachtrag des Nachunternehmers muss dieser seine Mehrkosten auf der Grundlage seiner Vergütung berechnen. Diese Berechnung erfolgt so, wie es in Kapitel 11 für Pauschalverträge ausgeführt wurde. Das bedeutet, dass der Nachunternehmer seine Pauschale aufgliedern muss, sodass die

Einzelkosten der Teilleistungen ersichtlich werden. Es wird unterstellt, dass der Nachunternehmer Mehrkosten für Lohnstunden nachweist. Es sind an den drei betroffenen Nachmittagen 12 Lohnstunden angefallen, in denen das Personal des Nachunternehmers nicht anders eingesetzt werden konnte. Weitere Kosten hatte der Nachunternehmer nicht kalkuliert. Daher berechnen sich die Mehrkosten des Nachunternehmers vereinfacht wie folgt.

Ausführungsdauer für die vertraglichen Leistungen 1 Woche mit 5 Arbeitstagen

Daraus ergibt sich ein Anteil pro Arbeitstag in Höhe von

500,00 € Pauschale : 5 AT = 100,00 €/AT

Die tatsächliche Ausführungsdauer beträgt 7 AT. Vereinfacht lassen sich daher die Mehrkosten wie folgt berechnen.

2 zusätzliche AT × 100,00 €/AT = 200,00 €

Daher ergeben sich für den Auftragnehmer Mehrkosten in der Kostenart Sonstiges in Höhe von 200 €.

Die Mehrkosten bei den Einzelkosten der Teilleistungen ergeben sich insgesamt wie folgt.

Lohnkosten	1.200,00 €
Materialkosten	0,00 €
Gerätekosten	250,00 €
Sonstiges	200,00 €
	1.650,00 €

12.18.2 Zuschläge

Die Zuschläge für Baustellengemeinkosten decken die Kosten für die all- 534
gemeinen Kosten der Baustelle. Da die Mehrkosten der Einzelkosten der Teilleistungen mit den vollen Zuschlägen für Baustellengemeinkosten beaufschlagt werden, sind diese Mehrkosten für den zusätzlichen Aufwand der allgemeinen Baustellenkosten abgedeckt. Hier wird vernachlässigt, dass in den Zuschlägen für Baustellengemeinkosten einmalige Kosten enthalten sein können. Diese einmaligen Kosten müssten in Abzug gebracht werden, da sie sich durch die verlängernde Auswirkung der Anordnung nicht erhöhen.

Die allgemeinen Geschäftskosten sind umsatzabhängig berechnet. Daher 535
wird dieser Zuschlag auf den erhöhten Umsatz bei den Einzelkosten der Teilleistungen, welche durch die Anordnung des Auftraggebers entstehen, voll angesetzt.

536 **Sonderfall:**

Hier war ein Zuschlag für allgemeine Geschäftskosten auch auf das Material angesetzt worden. Durch die Verlängerung der Ausführungszeit erwirtschaftet der Auftragnehmer aber bezüglich der Kostenart Material nur den gleichen Deckungsbeitrag, den er auch bei der vertraglichen Bauzeit erwirtschaftet hätte. Damit entsteht bezogen auf die Ausführungszeit eine Unterdeckung der Zuschläge für allgemeine Geschäftskosten innerhalb der verlängerten Ausführungszeit.

Diese Unterdeckung wird in dem Beispiel vernachlässigt, da der Betrag der Unterdeckung sehr gering ist. In Fällen, in denen es aber im Vergleich der vertraglich vorgesehenen Ausführungszeit zu der durch die Anordnung verlängerten Ausführungszeit zu einer Unterdeckung der Zuschläge für allgemeine Geschäftskosten bezogen auf die Zeitdauer kommt, kann der Betrag der Unterdeckung geltend gemacht werden.

537 Der Zuschlag für das Wagnis wird voll angesetzt, da sich die Risiken nicht ändern.

538 Auch der Zuschlag für Gewinn bleibt in der Höhe erhalten und wird auf die Mehrkosten beaufschlagt.

539 Damit ergibt sich unter Berücksichtigung der Zuschläge in Höhe von 20 % folgender Abrechnungsbetrag für den Nachtrag, der aufgrund der Anordnung bezüglich der Bauzeit entstanden ist.

EkdT 1.650,00 € × 1,2 = 1.980,00 €

13 Mehrkostenforderungen aufgrund von Bauzeitverkürzung

In diesem Kapitel werden die Fälle behandelt, in denen der Auftraggeber mit einer Anordnung nach Vertragsabschluss bestimmt, dass der Auftragnehmer eine im Vertrag nicht bereits enthaltene Leistung mit verkürzendem Einfluss auf die Bauzeit ausführt. Es handelt sich damit um die Fälle einer Leistungsänderung nach § 2 Abs. 5 VOB/B, einer geänderten Leistung nach § 2 Abs. 6 VOB/B oder einer Anordnung, die direkt die Bauzeit verkürzt, zum Beispiel einer Beschleunigung oder Umstellung der vorgesehenen Arbeiten. 540

Ordnet der Auftraggeber eine Änderung von Leistungen an, die schon im Vertrag enthalten waren, aber keinen Einfluss auf die Bauzeit haben, so werden diese Fälle in Kapitel 8 oder in Kapitel 9 behandelt. 541

Für Verträge, bei denen die Gültigkeit der allgemeinen Geschäftsbedingungen der VOB/B nicht vereinbart ist, muss zunächst geprüft werden, ob es von § 2 VOB/B abweichende Regelungen im Vertrag gibt. Sind eigenständige Regelungen vorhanden, ist nach diesen Regelungen zu verfahren. In den meisten Fällen orientieren sich diese vertraglichen Regelungen aber am Wortlaut des § 2 VOB/B, sodass die hier dargestellten Grundsätze verwendet werden können. 542

Wenn in dem Vertrag keine Regelungen für die Leistungsänderungsrechte des Auftraggebers und für die Berechnung der geänderten Vergütung des Auftragnehmers vorhanden sind, dann gelten die gesetzlichen Regelungen. Diese Fälle werden in Kapitel 16 behandelt. 543

Fälle, in denen es bedingt durch eine „reine" Mengenänderung zur Mengenmehrung einer im Vertrag enthaltenen Leistung kommt, werden in Kapitel 6 behandelt, Mengenminderungen in Kapitel 7. Es handelt sich dort also um die Fälle, in denen sich die tatsächlich ausgeführte Menge gegenüber dem Vordersatz verändert, aber keine Anordnung des Auftraggebers vorliegt. 544

Wird nur der vertragliche Leistungsumfang erbracht, also der ausgeschriebene Vordersatz des Leistungsverzeichnisses ausgeführt, liegen keine Mengenabweichung und keine geänderte Leistung vor. Diese Fälle werden in Kapitel 3 behandelt. 545

Grundsätzlich geht es hier nur um Fälle, in denen der Auftragnehmer die Verkürzung nicht verursacht oder zu vertreten hat.

13.1 Sachverhalt Leistungsposition

Im Grundsatz wird der Sachverhalt aus dem Ausgangsfall verwendet. Die Darstellung behandelt aber die Frage der Berücksichtigung von Einflüssen 546 von geänderten Leistungen auf die Bauzeit. Die Vertragspartner schließen den Vertrag ab. Es handelt sich um einen Einheitspreisvertrag. Die Ausführung mit weißen Fliesen ist vorgesehen. Nach Vertragsabschluss erhält der Auftragnehmer von seinem Auftraggeber einen Brief, in dem dieser anordnet, statt der weißen Fliesen eine weiße Beschichtung mit Betonfarbe aufzubringen. Der Betrieb des Auftragnehmers kann diese Arbeiten ausführen.

13.2 Vertraglicher Leistungsinhalt

547 Der vertragliche Leistungsinhalt umfasst das Fliesen der 100 m² Fläche, wie es im Leistungsverzeichnis angegeben ist. Da der Vertrag abgeschlossen worden war, ändert sich daran zunächst nichts.

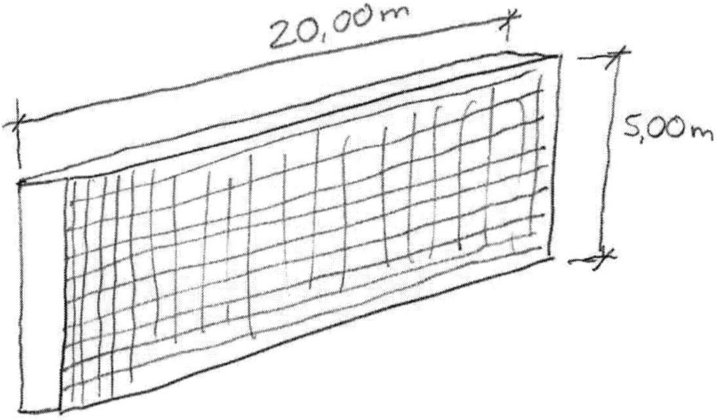

Vertraglicher Leistungsumfang

13.3 Tatsächlich auszuführende Leistung

548 Der Auftragnehmer beschichtet die Wandfläche mit weißer Betonfarbe. Die Leistung des Nachunternehmers für das Verfugen der Fliesen entfällt.

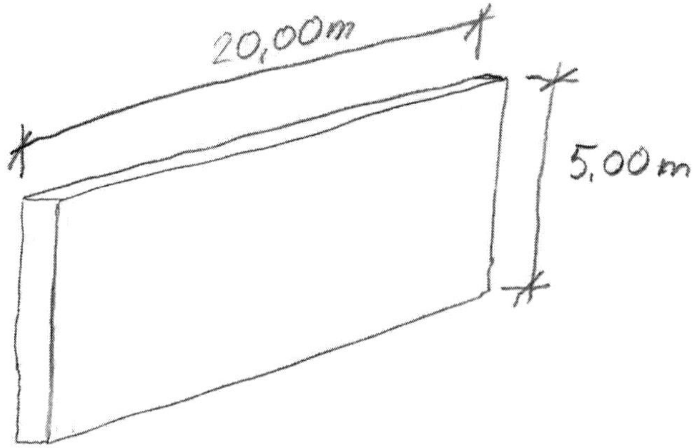

Tatsächlicher Leistungsumfang

13.4 Änderung der zu erbringenden Leistung

Der Auftragnehmer führt die Beschichtungsarbeiten auf der gleichen Fläche aus. Die Beschichtungsarbeiten können in kürzerer Zeit ausgeführt werden. Allerdings erfordern sie ein anderes Material. Der Hubsteiger wird ebenfalls eingesetzt, wobei sich die Einsatzzeit verkürzt. **549**

Für den Nachunternehmer ergeben sich Änderungen, da aufgrund der Beschichtung der Wandfläche das Verfugen vollständig entfällt. Der Nachunternehmer muss daher durch den Auftragnehmer gekündigt werden. **550**

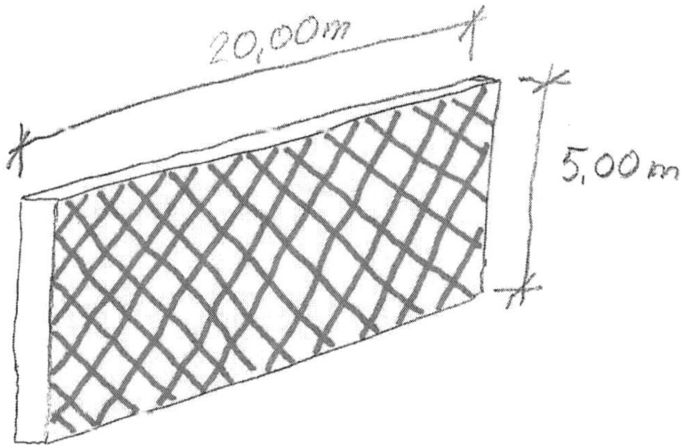

Geänderter Leistungsumfang

13.5 Anspruchsgrundlage

551 Für das hier behandelte Beispiel ist die Geltung der allgemeinen Geschäftsbedingungen der VOB/B vereinbart. Damit ergibt sich aus § 1 Abs. 3 VOB/B das Recht für den Auftraggeber, Änderungen des Bauentwurfs nach Vertragsabschluss einseitig anzuordnen. Die Reichweite dieses Anordnungsrechts ist nicht klar definiert. In der Praxis hat es sich ergeben, dass man darunter ein sehr weitgehendes Recht des Auftraggebers versteht, alle im Vertrag beschriebenen Leistungen nach Vertragsabschluss zu ändern. Da der Auftragnehmer die geänderten Leistungen ausführen kann, hat er die Anordnung zu befolgen. Da sich mit einer Anordnung einer geänderten Leistung auch Auswirkungen auf die Ausführungszeit ergeben können, sind diese Folgen auf die Bauzeit auch von dem Vergütungsanspruch für die geänderte Leistung umfasst.

552 Für das vorliegende Beispiel wird davon ausgegangen, dass der Auftraggeber die Änderung des Wandbelags schriftlich angeordnet hat. Da die weißen Fliesen als Belag für die vorgesehene Wand der vertragliche Leistungsumfang waren, hat der Auftraggeber mit der Änderung des Wandbelages in eine Beschichtung eine vertraglich vereinbarte Leistung geändert. Damit ist die Frage, ob und welche geänderte Leistung angeordnet wurde, klar dokumentiert. Der Auftragnehmer hat wegen der ändernden Anordnung des Auftraggebers aufgrund § 1 Abs. 3 VOB/B einen möglichen Anspruch aus § 2 Abs. 5 VOB/B.

553 Die Mehrkosten sollte der Auftragnehmer bei seinem Auftraggeber schriftlich ankündigen. Dies sehen zwar weder § 1 Abs. 3 VOB/B noch § 2 Abs. 5 VOB/B zwingend vor. Damit handelt es sich nicht um eine zwingende Anspruchsvoraussetzung. Da aber erstens viele Verträge immer eine schriftliche Anzeige von Mehrkosten verlangen und zweitens die Abgrenzung zu einer zusätzlichen Leistung nicht immer eindeutig ist, ist der Auftragnehmer auf der sicheren Seite.

554 Da die Anordnung einer geänderten Leistung auch Auswirkung auf die Ausführungszeit hat, ist in der Anmeldung der Mehrkosten mit anzugeben, dass sich erstens die Bauzeit ändern kann und zweitens auch dafür Kosten geltend gemacht werden. Diese Anmeldung einer Bauzeitänderung und deren Kosten sollte in jedem Fall auch dann erfolgen, wenn noch nicht erkennbar ist, ob die Anordnung einer geänderten Leistung Auswirkungen auf die Bauzeit hat oder der Einfluss auf die Bauzeit möglicherweise durch die Anordnung nur einen geringen Umfang haben kann. Der Auftragnehmer kann zu diesem Zeitpunkt nicht absehen, ob es durch weitere Anordnungen ebenfalls zu Änderungen der Bauzeit kommen wird, sodass sich letztlich aus der Summe vieler kleiner Einflüsse auf die Bauzeit eine bedeutende Änderung ergeben kann.

Auch wenn sich aus der Anordnung des Auftraggebers zunächst eine Verkürzung der Ausführungsdauer zu ergeben scheint, die möglicherweise auch zu einer Verkürzung der Ausführungszeit, also der Bauzeit, führt, sollten Mehrkosten auch für Folgen der Anordnung auf die Bauzeit vorbehalten werden. Häufig ist nicht absehbar, ob die geänderte Leistung nicht durch verzögerte Materiallieferungen aufgrund von längeren Lieferzeiten, erforderlichen zusätzlichen Leistungen wegen einer geänderten Ausführung etc. letztlich doch zu einer längeren Ausführungsdauer führt. 555

13.6 Anspruchshöhe

Es gelten auch hier die Ausführungen aus Kapitel 8.6. § 2 Abs. 5 VOB/B sieht im Falle einer Leistungsänderung nach § 1 Abs. 3 VOB/B einen Anspruch des Auftragnehmers vor, einen neuen Preis unter Berücksichtigung der Mehr- und Minderkosten zu verlangen. Für die Bestimmung des neuen Preises sind auch für Ansprüche bei einer Verkürzung der Bauzeit wieder alle Einzelkosten der Teilleistungen zu betrachten und die Auswirkungen auf die Zuschläge. Wichtig ist dabei, dass innerhalb der Einzelkosten der Teilleistungen und der Zuschläge darauf geachtet wird, ob hier zeitabhängig kalkulierte Kosten enthalten sind, die aber wegen der vorgegebenen Einheit des Vordersatzes mengenabhängig oder einmalig, zum Beispiel als Pauschale, abgerechnet werden. Hier kann es zu Differenzen kommen, wenn sich die Bauzeit verkürzt, aber die Menge unverändert bleibt. 556

Der Rechnung für den Nachtrag ist ein Aufmaß der tatsächlich ausgeführten Leistungen zugrunde zu legen.

13.6.1 Einzelkosten der Teilleistung

Die folgenden Ausführungen für die Einzelkosten der Teilleistungen beziehen sich auf die Ausführungen im Kapitel 8.12.1 für geänderte Leistungen, dort die Ermittlung der Einzelkosten der Teilleistungen. Für die Ermittlung der Details wird auch darauf Bezug genommen. In der folgenden Darstellung werden aber die Besonderheiten der Änderungen dargestellt, die sich für die Berechnung aufgrund der Anordnung, eine Beschichtung auszuführen, ergeben. Weiterhin werden die relevanten Punkte dargestellt, die sich auf die daraus folgenden Änderungen der Bauzeit beziehen. 557

Bezüglich der Kostenart Lohn ergeben sich Änderungen des Mittellohnes, wenn wegen der geänderten Ausführung, hier der Beschichtungsarbeiten, anders qualifizierteres Personal eingesetzt werden muss. Dieser höhere oder niedrigere Mittellohn für das Personal ist auch bezüglich der Änderungen der Bauzeit zu verwenden. Der Mittellohn selbst oder das ihm zugrunde 558 liegende Qualifizierungsmerkmal des Personals hat aber keinen direkten Einfluss auf die Bauzeit. Es wird vorliegend unterstellt, dass die gleiche Qualifikation des Personals für die Beschichtungsarbeiten erforderlich ist, wie sie auch für die vertraglich vereinbarten Fliesenarbeiten erforderlich war. Damit ändert sich der Mittellohn nicht.

Wichtig!

Sollte geringer qualifiziertes Personal für die geänderten Arbeiten ausreichend sein, wäre der Mittellohn zu reduzieren. Es kommt allerdings nicht allein darauf an, welche Qualifikation für die geänderten Arbeiten erforderlich ist. Steht dem Auftragnehmer nur das höher qualifizierte Personal zur Verfügung, kann er auch nur dieses Personal für die geänderten Arbeiten einsetzen. Daher kann der Auftragnehmer in diesen Fällen den Mittellohn in kalkulierter Höhe belassen.

559 Durch die geänderte Ausführung hat sich allerdings der Leistungswert verändert, da andere Arbeiten auszuführen sind. In Kapitel 8.12.1 wurden die verschiedenen Methoden dargelegt. Hier geht es darum, dass der Auftragnehmer für die vertraglich vorgesehenen Fliesenarbeiten mit einem Leistungswert von 2 m²/h kalkuliert hatte, aber tatsächlich einen Leistungswert bei der Ausführung von 4 m²/h erreicht. Damit erwirtschaftete er einen Gewinn in der Kostenart Lohn, der ihm verloren gehen würde, wenn man nur den tatsächlich erreichten Leistungswert für die Beschichtungsarbeiten ansetzen würde.

Vorliegend wird unterstellt, dass der Auftragnehmer mit der gewählten Methodik für die Beschichtungsarbeiten einen Leistungswert von 5 m²/h ermittelt hat. Darin ist der kalkulierte Gewinn in der Kostenart Lohn bereits berücksichtigt, indem der Auftragnehmer den Vergleichswert für die Beschichtungsarbeiten entsprechend reduziert hat. Die Vergütung in der Kostenart Lohn ermittelt sich also wie folgt.

$$100\ m^2 : 5\ m^2/h = 20\ h$$

$$20\ h \times 50{,}00\ €/h\ \text{Mittellohn} = 1.000{,}00\ €$$

560 In der Kostenart Material hat der Auftragnehmer nun statt der weißen Fliesen die Beschichtung einzukaufen. Wir unterstellen, dass die Betonfarbe 2,00 €/m² kostet. Der Auftragnehmer kann die Betonfarbe bei seinem Baustoffhändler einkaufen, bei dem er auch die Fliesen gekauft hätte. Damit betragen die tatsächlichen Minderkosten gegenüber der ursprünglich vorgesehenen weißen Fliese, die der Auftragnehmer mit 25,00 €/m² hätte einkaufen müssen, 23,00 €/m².

Der Auftragnehmer hatte in seiner Kalkulation für die weißen Fliesen einen Einkaufspreis in Höhe von 20,00 €/m² als Kosten angesetzt. Diese Kalkulationsannahme ist der Bestimmung des geänderten Preises zugrunde zu legen. Damit schreiben sich auch bei diesen Einzelkosten der Teilleistung die kalkulierten Kosten fort, sodass sich auch hier die in der Kalkulation enthaltenen Gewinne und Verluste durch die Veränderung der tatsächlich eintretenden Materialkosten fortsetzen. Bei der Berechnung in Kapitel 8.12.1 wurden für die Mehrkosten die kalkulierten Verluste als absoluter Betrag in Abzug gebracht. Würde diese Berechnung bei den Minderkosten so vorgenommen, würde das dazu führen, dass der Auftragnehmer folgenden Betrag für das Material an den Auftraggeber bezahlen müsste. **561**

2 €/m² Kosten Betonfarbe – 5,00 €/m² kalkulierter Verlust = - 3,00 €/m²

100 m² × - 3,00 €/m² = - 300,00 €

Ein Zahlbetrag zu Gunsten des Auftraggebers für eine durch den Auftragnehmer zu erbringende Leistung ist aber nicht interessengerecht. Daher ist in diesen Fällen der Verlust als Prozentwert fortzuschreiben, aber nicht als Absolutbetrag. Damit berechnet sich zunächst der Verlustfaktor wie folgt. **562**

(20,00 €/m² Fliesen kalkuliert × 100) : 25,00 €/m² = 80%, entsprechend 0,8 als Verlustfaktor

Der Vergütungsanteil für die Kostenart Material berechnet sich also für die geänderte Leistung mit den Kosten für die Betonfarbe der Beschichtung aus den tatsächlichen Kosten bei dem gleichen Baustoffhändler unter Berücksichtigung des Verlustfaktors wie folgt.

2 €/m² Kosten Betonfarbe × 100 m² = 200,00 €

200,00 € × 0,8 = 160,00 €

In der Kostenart Gerät war der Einsatz eines Hubsteigers vorgesehen. Dieser wird unverändert für die Beschichtungsarbeiten eingesetzt. Die Einsatzzeit beträgt für die Beschichtungsarbeiten lediglich 20 h. Der Nachunternehmer wird nicht mehr benötigt, weil die Verfugungsarbeiten entfallen. Daher erhöht sich die Einsatzzeit nicht über die 20 h hinaus. Die kalkulierten Kosten für den Hubsteiger betragen 50,00 €/AT. **563**

Es wird davon ausgegangen, dass der Hubsteiger direkt am nächsten Arbeitstag für einen anderen Auftrag eingesetzt werden kann, so berechnet sich der Hubsteiger für 20 h, also 2,5 AT. Zu berücksichtigen ist weiterhin, dass die einmaligen Kosten für den An- und Abtransport auch bei der kürzeren Einsatzzeit in voller Höhe anfallen. Unterstellt, dass die einmaligen Kosten, die in der Kostenart Gerät kalkuliert waren, 40,00 € betragen, berechnen sich die Kosten in der Kostenart Gerät also wie folgt.

2,5 AT × 50,00 €/AT = 125,00 €

125,00 € + 40,00 € Einmalkosten = 165,00 €

564 In der Kostenart Sonstiges war der Nachunternehmer mit 500,00 € pauschal angesetzt. Der Nachunternehmer muss durch den Auftragnehmer gekündigt werden, da diese Leistungen nicht mehr benötigt werden. Der Nachunternehmer rechnet also gegenüber dem Auftragnehmer, der ihm eine freie Kündigung ausgesprochen hat, die volle Vergütung in Höhe von 500,00 € ab, von der der Nachunternehmer die ersparten Kosten und den anderweitigen Erwerb in Abzug bringen muss. Es wird unterstellt, dass der Nachunternehmer einen berechtigten Anspruch gegenüber dem Auftragnehmer in Höhe von 100,00 € hat. Diesen Betrag hat also der Auftragnehmer an seinen Nachunternehmer aufgrund der freien Kündigung des Auftragnehmers gegenüber dem Nachunternehmer als Vergütung gezahlt.

Der Betrag in Höhe von 100,00 € ist also entstanden, da der Auftraggeber die Leistung in einer Art geändert hat, dass diese Kosten für die aufgrund der Änderung notwendigen Kündigung entstanden sind. Daher bleibt dieser Betrag in der Kostenart Sonstiges als Kosten erhalten, die durch den Auftragnehmer abgerechnet werden.

565 Damit ergeben sich die Einzelkosten der Teilleistungen für die geänderte Leistung wie folgt.

Lohn	1.000,00 €
Material	160,00 €
Gerät	165,00 €
Sonstiges	100,00 €
	1.425,00 €

566 Es wird bereits bei der Bestimmung der Einzelkosten der Teilleistungen deutlich, dass bei einer Leistungsänderung, die zu einer kürzeren Ausführungsdauer und geringeren Einzelkosten der Teilleistungen führt, eine große Nähe zu einer Abrechnung nach einer freien Kündigung des Auftraggebers gegeben ist. Hat der Auftragnehmer bereits Leistungsanteile für die im Vertrag vorgesehene Leistung erbracht, kann er diese nach den vertraglich vereinbarten Preisen abrechnen. Die geänderte Leistung wird in diesen Fällen zusätzlich abgerechnet.

567 Hätte der Auftragnehmer vor Erhalt der ändernden Anordnung bereits die Fliesen eingekauft und könnte sie nicht anders verwerten, könnte er sie im Rahmen der Erbringung der vertraglich vereinbarten Leistung abrechnen. Zusätzlich würde er für die geänderte Leistung die Kosten der Betonfarbe in der Kostenart Material abrechnen. Konsequent wäre es daher, wenn man bei Leistungsänderungen, welche letztlich eine andere Art der Ausführung darstellen, die ursprünglich im Vertrag vorgesehene Position wie eine gekündigte Position abrechnet, die angeordnete Leistung wie eine neue, zusätzliche Position unter Beachtung der Übernahme von Komponenten der Kalkulation der geänderten Position.

Führt man diese Abrechnung gedanklich für die geänderte Leistung durch, wird auch für die anderen Einzelkosten der Teilleistungen deutlich, dass es im Prinzip hier um eine Abrechnung wie bei einer freien Kündigung geht. Hätte der Auftragnehmer das Personal bereits für die volle Ausführungsdauer der vertraglichen Leistungen disponiert, kann er es aufgrund der ändernden Anordnung nur in geringerem Umfang abrechnen. Findet sich kein anderer Einsatz für das vorgesehene Personal, hätte der Auftragnehmer die Personalkosten für die nicht abrechenbare, kürzere Ausführungsdauer selbst zu tragen. Gleiches gilt auch für die Kostenart Gerät, wenn der Auftragnehmer das Gerät für die Ausführungsdauer der vertraglich vereinbarten Arbeiten disponiert hat, aber aufgrund der verkürzten Ausführungsdauer nur in geringerem Umfang abrechnen und auch nicht anderweitig einsetzen kann. Das bedeutet, dass auch solche Einzelkosten der Teilleistungen abzurechnen sind, wenn sie aufgrund der Anordnung entstehen. **568**

13.6.2 Zuschläge

Der Zuschlag für die Baustellengemeinkosten enthält entsprechend der Kalkulation des Auftragnehmers verschiedene Kostenbestandteile. Einmalige Kosten, zum Beispiel für die Einrichtung und das Räumen der Baustelle, fallen trotz der Leistungsänderung an. Diese Kosten müssen also gedeckt werden. Die zeitabhängig kalkulierten Kostenbestandteile, zum Beispiel das Vorhalten der Baustelleneinrichtung, der Einsatz des Bauleiters oder andere Vorhaltegeräte, reduzieren sich wegen der verkürzten Ausführungszeit. Hier stellt sich im Prinzip die gleiche Frage, die sich bezüglich der Einzelkosten der Teilleistungen bei der Kostenart Lohn oder Gerät stellt, wenn es wegen der verkürzten Ausführungsdauer zu einem geringeren Erlös kommt und ein anderweitiger Einsatz nicht möglich ist. **569**

Konsequent muss also der Betrag, der sich aus dem Zuschlag für Baustellengemeinkosten ergibt, in seine verschiedenen Bestandteile gemäß den in der Kalkulation angenommenen Kosten zerlegt werden. Die angefallenen Kosten werden in Ansatz gebracht. Dazu zählen auch die Kosten, die kalkuliert worden sind und deren Verursacher aufgrund der Anordnung zur Leistungsänderung nicht anderweitig eingesetzt werden können. Diese Kostenbestandteile sind aufgrund der Disposition für die vertragliche Leistung angefallen, auch wenn sie durch die Leistungsänderung des Auftraggebers nicht anderweitig eingesetzt werden können. **570**

Für dieses Beispiel wird unterstellt, dass der Bauleiter und die Baustelleneinrichtung anderweitig eingesetzt werden können. Der gesamte Deckungsbeitrag für diese Bestandteile beträgt 50 % des ursprünglich kalkulierten Betrages der Baustellengemeinkosten. Dieser Betrag berechnet sich wie folgt.

5.500,00 € Einzelkosten der Teilleistung vertraglicher Leistungsumfang × 0,1 Zuschlag BGK = 550,00 €

550,00 € × 50 % = 275,00 € Deckungsbeitrag für Bauleiter und Baustelleneinrichtung nach Vertrag

Damit ergibt sich statt des in der vertragsgemäßen Vergütung enthaltenen Deckungsbeitrages für zeitabhängige Baustellengemeinkosten in Höhe von 275,00 € ein um die zeitabhängigen Kostenbestandteile für den Bauleiter und die Baustelleneinrichtung reduzierter Deckungsbeitrag für die geänderte Leistung wie folgt.

Ausführungsdauer für die vertragsgemäße Leistung 85 h = 10 AT

Ausführungsdauer für die angeordnete Leistung 20 h = 2,5 AT

2,5 AT : 10 AT = 25 %

275,00 € × 25 % = 68,75 €

571 Der Zuschlag für die allgemeinen Geschäftskosten beträgt 5 % auf den Umsatz. Deckungsbeitragsträger sind hier alle Einzelkosten der Teilleistungen, da der Zuschlag gleichmäßig auf diese aufgeschlagen worden ist. Bei den Einzelkosten der Teilleistungen wird bezüglich der Kostenarten Lohn und Gerät berücksichtigt, ob ein Deckungsbeitragsträger in dem vorgesehenen Zeitraum für die vertraglich vereinbarte Leistung anderweitig eingesetzt werden kann oder nicht. Es ist hier zu beachten, dass der Zuschlag für allgemeine Geschäftskosten zwar umsatzabhängig angesetzt wird, aber die ursprüngliche Ermittlung des Zuschlagsatzes auch zeitabhängig ist. Wie in Kapitel 1.2 ausgeführt, wird der Zuschlagsatz für eine bestimmte Zeiteinheit ermittelt, in der die Deckungsträger den Beitrag für allgemeine Geschäftskosten erwirtschaften müssen. Das ist meist ein bestimmtes Geschäftsjahr. Kann das Personal als Deckungsbeitragsträger anderweitig eingesetzt werden und erwirtschaftet daher innerhalb des Zeitraumes der vertraglichen Leistung trotzdem den vorgesehenen Deckungsbeitrag, kann dieser hier nicht mehr verlangt werden.

572 Kann das Personal aber nicht anderweitig eingesetzt werden, muss es für die ursprünglich vorgesehene Ausführungsdauer den Deckungsbeitrag für die allgemeinen Geschäftskosten erwirtschaften. Daher ist dann der Deckungsbeitrag für die allgemeinen Geschäftskosten anzusetzen. Da die Lohnstunden in den Einzelkosten der Teilleistungen in der Kostenart Lohn berechnet werden und das Personal nicht anderweitig eingesetzt werden kann, sind also die Lohnstunden als Umsatz und damit als Zuschlagsträger vorhanden. Daher ist der Zuschlag gedeckt, wenn nur die Einzelkosten der

Teilleistungen mit dem kalkulierten Prozentsatz beaufschlagt werden. Der Zuschlag für allgemeine Geschäftskosten beträgt daher 5 % auf die für die geänderte Leistung ermittelten Einzelkosten der Teilleistung.

Das Wagnis könnte sich durch die geänderte Ausführung ebenfalls geändert haben. Das wäre der Fall, wenn das Ausführungswagnis kleiner geworden ist, weil statt der Fliesen eine Beschichtung aufgebracht wird. Das wird hier nicht angenommen. Daher gelten für den Wagniszuschlag die Ausführungen für den Zuschlag für allgemeine Geschäftskosten. In den Einzelkosten der Teilleistungen sind alle Zuschlagträger berechnet, sodass der kalkulierte Wagniszuschlag auf die neu berechneten Einzelkosten der Teilleistungen beaufschlagt wird. Der Wagniszuschlag beträgt also 3 %. 573

Der Gewinnzuschlag bleibt in jedem Fall in voller Höhe des ursprünglich für die vertraglich vorgesehene Leistung kalkulierten Gewinns erhalten. Das bedeutet, dass der Absolutbetrag erhalten bleibt. Daher ist nicht der Prozentsatz aus der ursprünglichen Kalkulation fortzuschreiben, sondern der Betrag. Daher berechnet sich der Betrag für den Gewinnzuschlag aus der vertraglichen Leistung wie folgt. 574

5.500,00 € Einzelkosten der Teilleistung vertraglicher Leistungsumfang × 0,02 Zuschlag Gewinn = 110,00 €

Damit berechnet sich der Nachtrag für die geänderte Leistung unter Berücksichtigung der verkürzten Ausführungsdauer und der geringeren Einzelkosten der Teilleistungen wie folgt. 575

1.425,00 € Einzelkosten der Teilleistungen × (1,05 Zuschlag AGK + 1,03 Zuschlag Wagnis) = 1.539,00 €

1.539,00 € + 68,75 € Zuschlag BGK + 110,00 € Zuschlag Gewinn = 1.717,75 €

13.7 Sachverhalt Anordnung zur Bauzeit

Hier wird der Sachverhalt aus Kapitel 3.1 verwendet, also der Ausgangsfall. 576
Die Darstellung behandelt aber auch hier die Frage der Berücksichtigung von Einflüssen von Anordnungen auf die Bauzeit. In diesem Fall erteilt der Auftraggeber eine Anordnung mit direktem Einfluss auf die Bauzeit.

Die Vertragspartner schließen den Vertrag ab. Es handelt sich um einen Ein- 577
heitspreisvertrag, hier nur mit der Position für die auszuführende Leistung, also die Position Fliesen wie im Ausgangsfall. Die Ausführung mit weißen Fliesen ist vorgesehen. Es wird ebenfalls vereinbart, dass die Ausführung ab Montag, dem 01.04.2019, durchgängig erfolgen kann. Nach Vertragsabschluss erhält der Auftragnehmer von seinem Auftraggeber einen Brief, in

dem dieser anordnet, die Arbeiten so auszuführen, dass die tägliche Arbeitszeit um zwei Stunden verlängert wird. Der Auftragnehmer ordnet daraufhin seinem Nachunternehmer an, dass auch dessen Personal täglich zwei Überstunden auszuführen hat.

13.8 Vertraglicher Leistungsinhalt

578 Der vertragliche Leistungsinhalt umfasst das Fliesen der 100 m² Fläche, wie es im Leistungsverzeichnis angegeben ist. Da der Vertrag abgeschlossen worden war, ändert sich daran zunächst nichts.

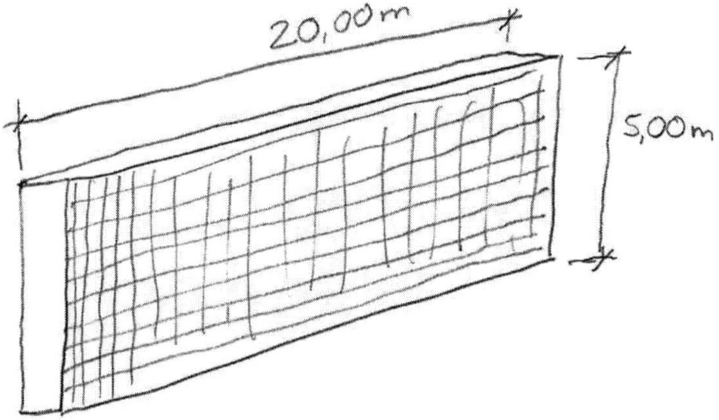

Vertraglicher Leistungsumfang

579 Für die Bauzeit war ein durchgängiges Arbeiten ab Montag, dem 01.04.2019 vereinbart. Die tägliche Arbeitszeit beträgt 8 Stunden. Es sind fünf Arbeitstage pro Woche vorgesehen. Die Ausführungsdauer ergibt sich aus der Kalkulation des Auftragnehmers. Der Bauzeitenplan für die Durchführung der vertraglich vereinbarten Fliesenarbeiten und das Verfugen ergibt sich damit wie folgt.

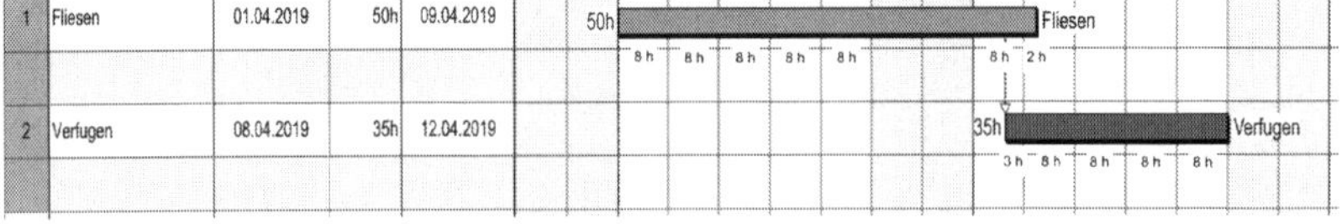

13.9 Tatsächlich auszuführende Leistung

Der Auftragnehmer führt genau die im Vertrag vorgesehene Leistung aus. **580**
Der angegebene Vordersatz weicht nicht von der ausgeführten Menge ab. Der Nachunternehmer verfugt ebenfalls die im Vertrag vorgesehene Fläche.

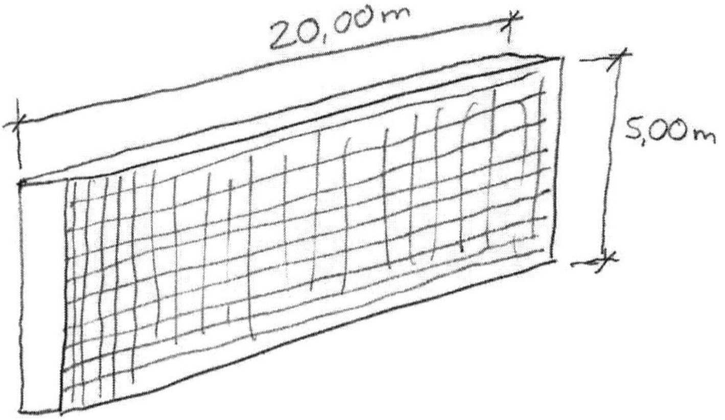

Tatsächlicher Leistungsumfang

Entsprechend der Anordnung des Auftraggebers führen der Auftragnehmer und der Nachunternehmer täglich zwei Überstunden an den fünf Arbeitstagen aus. Der Bauzeitenplan für die „tatsächliche" Ausführung der Arbeiten sieht also wie folgt aus. Es ist zu beachten, dass die Ansätze der Kalkulation verwendet werden, also der Leistungswert für das Fliesen in Höhe von 2 m²/h.

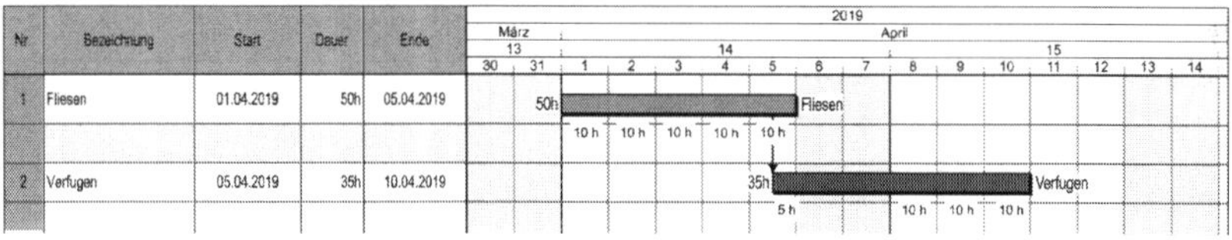

13.10 Änderung der zu erbringenden Leistung

Da genau die im Vertrag vorgesehene Leistung in der gleichen Menge des **581**
im Leistungsverzeichnis angegebenen Vordersatzes ausgeführt wird, ist der vertragliche Leistungsumfang gleich dem tatsächlichen Leistungsumfang. Es liegt insoweit keine Änderung vor.

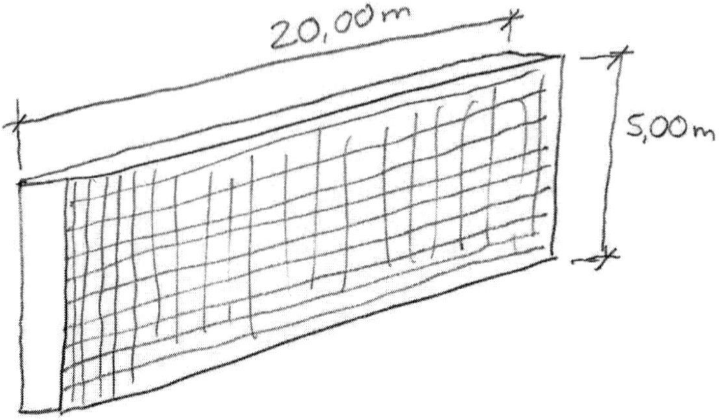

Geänderter Leistungsumfang

Allerdings ergibt sich aus dem Abgleich der Bauzeitenpläne für die vertraglich vereinbarte Ausführung und die durch die Anordnung geänderte Ausführung, dass sich die Ausführungszeit um zwei Tage verkürzt. Das Personal leistet Überstunden. Die Dauer, die der Hubsteiger auf der Baustelle ist, verkürzt sich ebenfalls um zwei Tage.

13.11 Anspruchsgrundlage

582 Der Vertrag ist zunächst zwischen dem Auftraggeber und dem Auftragnehmer abgeschlossen worden. Darin ist eine durchgängige Ausführung der Arbeiten ab dem 01.04.2019 vorgesehen. Es stellt sich daher zunächst die Frage, ob der Auftraggeber nach Vertragsabschluss einseitig die vertragliche Vereinbarung dahingehend ändern darf, dass er die zeitlichen Rahmenbedingungen der Ausführung ändert, also die Ausführungszeit und die Ausführungsdauer. Die Änderungsbefugnis kann sich aus dem Gesetz ergeben, also aus § 650b BGB. Diese Fälle werden in Kapitel 16 behandelt.

583 Für das hier behandelte Beispiel ist die Geltung der allgemeinen Geschäftsbedingungen der VOB/B vereinbart. Damit ergibt sich aus § 1 Abs. 3 VOB/B das Recht für den Auftraggeber, Änderungen des Bauentwurfs nach Vertragsabschluss einseitig anzuordnen. Die Reichweite dieses Anordnungsrechts bezüglich der Bauzeit ist nicht klar definiert und es werden hierzu sehr viele, unterschiedliche Meinungen vertreten. In der Praxis hat es sich ergeben, dass man ein sehr weitgehendes Recht des Auftraggebers annimmt, alle im Vertrag beschriebenen Leistungen nach Vertragsabschluss zu ändern.

584 Das bezieht sich damit auch auf Anordnungen zur Verkürzung der Bauzeit. Der Auftraggeber muss selbst äußere Vorgaben und tatsächliche Umstände

bei der Ausführung der Arbeiten berücksichtigen, die er möglicherweise vor Vertragsabschluss nicht bedacht hat oder die erst später eintreten. Diese Umstände muss er dann nachträglich beachten und in den Bauablauf integrieren. Hierfür muss ihm daher auch ein entsprechendes Anordnungsrecht gegenüber dem ausführenden Unternehmer zustehen, eine Verkürzung der Bauzeit zu erreichen.

Es liegt nahe, diesen Umfang des Anordnungsrechts für den Auftraggeber zu ermöglichen, da Anordnungen, die der Verkürzung der Bauzeit oder der Ausführungsdauer einzelner Vorgänge dienen oder zumindest eine Verkürzung der Bauzeit oder der Ausführungsdauer einzelner Vorgänge bewirken, im Prinzip Anordnungen zu geänderten Leistungen oder zusätzlichen Leistungen gleichen. In diesem Beispiel hat der Auftraggeber Überstunden angeordnet. Diese Anordnung betrifft die tägliche Arbeitszeit und ist damit ohne Probleme als Leistung durch das Personal des Auftragnehmers ausführbar. Auch eine Anordnung des Auftraggebers, zum Beispiel einen zweiten Kran aufzustellen, unterstützend eine Betonpumpe einzusetzen oder mehr Personal auf der Baustelle einzusetzen, kann in aller Regel problemlos durch Auftragnehmer erfüllt werden. **585**

Eine Anordnung des Auftraggebers, dass dem Auftragnehmer nur eine verkürzte Bauzeit zur Verfügung stehe, ist hingegen keine ausreichend bestimmte Anordnung. Hierzu gehört zum Beispiel eine Anordnung des Auftraggebers, statt der vertraglich vereinbarten Fertigstellung der Arbeiten am 30.09.2019 nun bereits am 31.07.2019 fertig zu sein. Mit einer Anordnung in dieser Art ist keine konkrete Leistung verbunden, die der Auftragnehmer als geänderte oder zusätzliche Leistung zu erbringen hat. Im Gegenteil erweitert der Auftraggeber damit einseitig das Risiko des Auftragnehmers, an dem angeordneten Datum fertig zu sein, erheblich. Eine derartige Risikoverschiebung zu Lasten des Auftragnehmers ist nicht zulässig. **586**

Hinzu kommt bei solchen Anordnungen, die nur einen neuen Fertigstellungstermin vorschreiben, das weitere Risiko des Auftragnehmers, welche zusätzlichen Aufwände er betreibt und in welchem Umfang er diese zusätzlichen Aufwände vorsieht. Ergreift der Auftragnehmer unbeabsichtigt zu wenig Aufwand, erreicht er den Termin nicht. Dann stellt sich die Frage, ob er seine zusätzlichen Aufwände bezahlt bekommt, da sie das Ziel der Anordnung nicht erreicht haben. Betreibt der Auftragnehmer allerdings einen zu großen Aufwand, stellt sich ebenfalls die Frage, ob er diesen vollständig bezahlt bekommt. Damit trägt der Auftragnehmer bei einer Anordnung von vorgezogenen Terminen auch das weitere Risiko, den Leistungsumfang zu bestimmen. Das kommt einer funktionalen Leistungsbeschreibung gleich, die im Widerspruch zu einem Einheitspreisvertrag steht. Bei einem Einheitspreisvertrag hat der Auftraggeber die Pflicht, die Leistung in Positionen zu be- **587** schreiben. Das ist aber nicht gegeben, wenn er lediglich einen vorgezogenen Termin anordnet.

Wichtig!

Wenn der Auftraggeber einen vorgezogenen Fertigstellungstermin, eine verkürzte Ausführungsdauer oder eine kürzere Bauzeit anordnet, muss der Auftragnehmer darauf reagieren. Er sollte umgehend mit dem Auftraggeber in Verhandlungen treten und ihm seinen Standpunkt erläutern. In diesem Gespräch ist darauf hinzuweisen, dass es dem Auftraggeber freisteht, konkrete Maßnahmen anzuordnen, die zu einer Verkürzung der Bauzeit führen können. Idealerweise werden die Maßnahmen und die Kosten in einer Vereinbarung festgehalten. Hier ist auch daran zu denken, ob sich eine vereinbarte Vertragsstrafe auch auf den vorgezogenen Termin beziehen soll.

588 Zu beachten ist, dass der Auftragnehmer in der Lage sein muss, die Verkürzung der Bauzeit zu schaffen. Hat der Auftragnehmer nicht das erforderliche Personal oder die erforderlichen Geräte, kann er eine entsprechende Anordnung nicht ausführen. Man kann es verkürzt so sagen: Was geht, das geht. Was nicht geht, geht nicht. Ist der Auftragnehmer nicht in der Lage, die erforderlichen Kapazitäten bereit zu stellen, muss er dies dem Auftraggeber mitteilen.

589 In jedem Fall muss der Auftragnehmer auch bei Anordnungen, die nur die Ausführungszeit oder die Ausführungsdauer betreffen, eine Anmeldung von Mehrkosten an den Auftraggeber versenden. Zwar wird bei Anordnungen nach § 1 Abs. 3 VOB/B keine entsprechende Anmeldung der Mehrkosten durch den Auftragnehmer verlangt, es vermeidet aber spätere Streitigkeiten und gibt dem Auftraggeber Klarheit über die Folgen seiner Anordnung.

13.12 Anspruchshöhe

590 § 2 Abs. 5 VOB/B sieht im Falle einer Leistungsänderung nach § 1 Abs. 3 VOB/B einen Anspruch des Auftragnehmers vor, einen neuen Preis unter Berücksichtigung der Mehr- und Minderkosten zu verlangen. Erste Voraussetzung ist allerdings, dass durch die ändernde Anordnung die Grundlagen für eine im Vertrag vorgesehene Leistung ebenfalls geändert worden sind. Das wird als Voraussetzung in der Praxis angenommen, wenn die Änderung überhaupt Einfluss auf den Preis der Leistung hat. Daher reicht jeder ändernde Einfluss auf den Preis aus, auch eine Verkürzung der Ausführungsdauer.

Verkürzt die Anordnung des Auftraggebers nach § 1 Abs. 3 VOB/B also die Ausführungsdauer, handelt es sich um einen Anspruch des Auftragnehmers aus § 2 Abs. 5 VOB/B auf einen geänderten Preis, also einen Vergütungsanspruch.

Der Auftragnehmer hat bei einer Anordnung zur Bauzeit zu berücksichtigen, 591
dass viele unterschiedliche Positionen eines Leistungsverzeichnisses, das zeitabhängig kalkulierte Kosten enthält, betroffen sein können. Das gilt insbesondere in den Fällen, in denen die Anordnung zur Bauzeit nicht die Leistungen einer bestimmten Position ändert, sondern allgemein Leistungen betrifft, die in zeitlichem Zusammenhang mit der Auswirkung der Anordnung stehen. Hier ist es Aufgabe des Auftragnehmers zu prüfen, auf welche Arbeiten die Anordnung Auswirkungen hat und welche Positionen dementsprechend betroffen sind.

Ergänzend sind die Ausführungen im Kapitel 8.6 zu beachten.

Zu beachten ist weiterhin, dass die Fliesenarbeiten im Prinzip so abgerechnet 592
werden können, wie sich dies nach der Position im Vertrag ergibt. An den Fliesenarbeiten selbst hat sich nichts geändert. Allerdings sind durch die Anordnung Einzelkosten der Teilleistungen und Zuschläge betroffen. Diese Mehrkosten werden im Folgenden betrachtet.

13.12.1 Einzelkosten der Teilleistung

Da sich die auszuführende Leistung, das Fliesen, nicht ändert, sind weiter- 593
hin Mitarbeiter mit der gleichen Qualifikation einzusetzen. Daher bleibt der Mittellohn unverändert.

Da die Verlegung der Fliesen wie vertraglich vereinbart ausgeführt wird, ändert sich auch der Leistungswert für das Fliesen nicht. Daher bleibt die Anzahl der angesetzten Lohnstunden in der Kostenart Lohn durch die Ausführung der Arbeiten gleich.

Allerdings hat die Anordnung des Auftraggebers, an den Arbeitstagen je- 594
weils zwei Überstunden zu arbeiten, Einfluss auf die für die Ausführung der Fliesenarbeiten benötigte Dauer zwischen dem Beginn und der Fertigstellung der Fliesenarbeiten. Es kommt durch die Anordnung zu der Verkürzung um zwei Arbeitstage. Das ist für die Einzelkosten der Teilleistung in der Kostenart Lohn ohne Bedeutung, da alle Lohnstunden abgerechnet werden. Die zwei Tage, an denen wegen der Verkürzung nicht gearbeitet wird, haben keinen Anspruch des Auftragnehmers auf weitere Lohnstunden zur Folge. Das ist unabhängig von der Frage, ob der Auftragnehmer das Personal an diesen zwei Tagen anderweitig einsetzen kann oder nicht. Selbst wenn der Auftragnehmer das Personal anderweitig einsetzen kann, hat er diesen anderweitigen Erwerb nicht von der Vergütung in Abzug zu bringen.

595 Allerdings hat der Auftragnehmer seinem Personal für die Überstunden einen Lohnzuschlag zu zahlen. Dieser Lohnzuschlag ist durch die Anordnung des Auftraggebers bedingt. Die Höhe des Zuschlages ergibt sich aus dem Tarifvertrag, Betriebsvereinbarungen oder anderen vertraglichen Gegebenheiten, in denen geregelt ist, wie viel Lohnzuschlag der Auftragnehmer seinem Personal zahlen muss. Dieser Überstundenzuschlag ist für die anfallenden Überstunden zu berechnen.

Es wird unterstellt, dass der Auftragnehmer seinem Personal einen Überstundenzuschlag in Höhe von insgesamt 10,00 €/h zahlen muss. Entsprechend der Anordnung des Auftraggebers fallen an fünf Arbeitstagen je zwei Überstunden an. Damit berechnen sich die Mehrkosten wie folgt.

5 Arbeitstage × 2 üh/ Arbeitstag = 10 üh

10 üh × 10,00 €/üh = 100,00 €

596 Bei der Kostenart Material ändert sich nichts. Die Fliesen sind unverändert geblieben. Bei der Kostenart Material kann sich nur etwas ändern, wenn die Anordnung zur Bauzeit dazu führt, dass das Material zu geänderten Kosten eingekauft werden muss oder wegen Lieferfristen das Material für eine vorgezogene Ausführung nicht zur Verfügung steht.

597 In der Kostenart Gerät wurde der Hubsteiger für einen halben Monat angesetzt, da die Einsatzzeit auf der Baustelle einen halben Monat betragen sollte. Wegen der kürzeren Ausführungszeit wird der Hubsteiger jetzt zwei Arbeitstage früher nicht mehr benötigt. Daher fragt es sich, ob für die verkürzte Ausführungszeit in der Kostenart Gerät für den Hubsteiger Änderungen vorzunehmen sind. Zunächst ist zu unterscheiden, welche „Zeit" als wesentliche Größe zu betrachten ist. Die kalkulierte Ausführungsdauer des Fliesens hat sich nicht verändert. Sie beträgt weiterhin die kalkulierten 50 h. Daher hat sich für die konkrete Einsatzzeit des Hubsteigers nichts verändert. Auch die einmaligen Kosten des An- und Abtransports sind gleich geblieben. Die Betriebskosten ändern sich ebenfalls nicht, da die Einsatzzeit mit 50 h gleich ist.

598 Es ändert sich also nur die Vorhaltedauer auf der Baustelle, die um zwei Arbeitstage kürzer geworden ist. Grundsätzlich ist die Abschreibungsdauer, die für die Kalkulation eines Gerätes zugrunde gelegt wird, abhängig von der täglichen Einsatz- und Betriebszeit. Unterstellt man eine tägliche Einsatzzeit von 8 Stunden, ergeben sich ein Verschleiß des Gerätes für eine bestimmte Dauer, bestimmte Reparaturkosten nach einem Zeitablauf, der sich aus der Einsatzzeit bestimmt, Wartungsintervalle, die von den Betriebsstunden abhängen, und diese Faktoren bestimmen so letztlich auch die Dauer für die Abschreibung und den danach folgenden Neukauf eines entsprechenden Gerätes.

Ein vereinfachtes Beispiel verdeutlicht das. Es wird von 8 Stunden Einsatzzeit für das Gerät ausgegangen. Mit der Annahme von 200 Tagen pro Jahr, an denen das Gerät im Einsatz ist, ergeben sich 599

200 Tage × 8 h/Tag = 1.600 h Einsatzzeit im Jahr.

Es wird unterstellt, dass das Gerät nach ca. 5.000 h Einsatzzeit nicht mehr zuverlässig einsetzbar ist und sich Reparaturen wegen des allgemeinen Verschleißes nicht mehr lohnen. Die Abschreibungszeit wird also mit drei Jahren angesetzt. Damit steht auch der Betrag für die Abschreibung fest, der für die vertraglich vorgesehene Ausführungsdauer kalkuliert werden muss und sich in der Kostenart Gerät wiederfindet. Diese Kalkulationsannahmen stimmen, wenn bei der Ausführung der vertraglich vorgesehenen Arbeiten in der dafür vorgesehenen Ausführungsdauer je Arbeitstag das Gerät nur 8 Stunden im Einsatz ist. Wird das Gerät aber 16 h pro Arbeitstag eingesetzt, halbiert sich die Zeit, nach der das Gerät erneuert werden muss. Das bedeutet, dass bei „Geräteüberstunden" Mehrkosten geltend gemacht werden müssen. 600

In dem Beispiel bleibt die Anzahl der Einsatzstunden gleich. Daher ist das Verhältnis zwischen der vertraglich vorgesehenen Ausführungsdauer und den Einsatzstunden gleich, wenn weiterhin die kalkulierte Ausführungsdauer abgerechnet wird. Daher hat der Auftragnehmer keine Abzüge in der Kostenart Gerät wegen der kürzeren Ausführungsdauer vorzunehmen, da die Einsatzzeit gleich geblieben ist.

Innerhalb der Kostenart Sonstiges hatte der Auftragnehmer seinen Nachunternehmer berücksichtigt. Auch der Nachunternehmer hat durch die Anordnung des Auftragnehmers, an den Arbeitstagen jeweils 2 Überstunden auszuführen, erhöhte Lohnkosten durch die Überstundenzuschläge für seine Mitarbeiter. Es wird unterstellt, dass auch der Nachunternehmer 10,00 €/h als Überstundenzuschlag an seine Mitarbeiter zu zahlen hat. 601

3 Arbeitstage × 2 üh/ Arbeitstag = 6 üh

6 üh × 10,00 €/üh = 60,00 €

Da der Nachunternehmer eine pauschale Vergütung mit dem Auftragnehmer vereinbart hat, aber diese pauschale Vergütung durch die gleichlautende Anordnung des Auftragnehmers an seinen Nachunternehmer, Überstunden auszuführen, betroffen wird, hat der Nachunternehmer einen Anspruch auf eine geänderte Vergütung nach § 1 Abs. 3 VOB/B in Verbindung mit § 2 Abs. 7 Nr. 2, § 2 Abs. 5 VOB/B.

Daher ergeben sich für den Auftragnehmer Mehrkosten in der Kostenart Sonstiges in Höhe von 60,00 €.

Die Mehrkosten bei den Einzelkosten der Teilleistungen ergeben sich insgesamt wie folgt. 602

Lohnkosten	100,00 €
Materialkosten	0,00 €
Gerätekosten	0,00 €
Sonstiges	60,00 €
	160,00 €

603 Hinzu kommen die kalkulierten Einzelkosten der Teilleistungen für die Ausführung der Fliesenarbeiten, die 5.500,00 € betragen.

13.12.2 Zuschläge

604 Die Zuschläge für Baustellengemeinkosten decken die Kosten für die allgemeinen Kosten der Baustelle. Da die Mehrkosten der Einzelkosten der Teilleistungen mit den vollen Zuschlägen für Baustellengemeinkosten beaufschlagt werden, sind diese Mehrkosten für den zusätzlichen Aufwand der allgemeinen Baustellenkosten abgedeckt. Hier wird vernachlässigt, dass in den Zuschlägen für Baustellengemeinkosten einmalige Kosten enthalten sein können.

Sonderfall:

Wenn das in den Zuschlägen für Baustellengemeinkosten enthaltene Personal ebenfalls Überstundenzuschläge erhält, müssen diese, wie bei der Kostenart Lohn innerhalb der Einzelkosten der Teilleistungen erläutert, als Mehrkosten berücksichtigt werden.

605 Einen Abzug wegen der um zwei Tage verkürzten Ausführungszeit muss der Auftragnehmer nicht vornehmen. Das Personal hat seinen vertragsgemäßen Leistungsumfang erbracht, nämlich das Fliesen der Wand. Daher steht das Personal wieder für den Auftragnehmer zur Verfügung. Auf der anderen Seite kann er auch für die zwei Tage keinen verlorenen Deckungsbeitrag fordern, da der volle Deckungsbeitrag erwirtschaftet worden ist.

606 Die allgemeinen Geschäftskosten sind umsatzabhängig berechnet. Daher wird dieser Zuschlag auf den erhöhten Umsatz bei den Einzelkosten der Teilleistungen, welche durch die Anordnung des Auftraggebers entstehen, voll angesetzt. Einen Anspruch auf entgangene Deckungsbeiträge hat der Auftragnehmer auch dann nicht, wenn er in den zwei Tagen verkürzter Ausführungsdauer keinen Umsatz erwirtschaftet, da er den Deckungsbeitrag in kalkuliertem Umfang durch die ausgeführten Leistungen erhält.

607 Der Zuschlag für das Wagnis wird voll angesetzt, da sich die Risiken nicht ändern.

608 Auch der Zuschlag für Gewinn bleibt in der Höhe erhalten und wird auf die Mehrkosten beaufschlagt.

Damit ergibt sich unter Berücksichtigung der Zuschläge in Höhe von 20 % folgender Abrechnungsbetrag für den Nachtrag, der aufgrund der Anordnung bezüglich der Bauzeit entstanden ist. 609

EkdT 160,00 € × 1,2 = 192,00 €, zzgl. 6.600,00 € aus der Abrechnung der vertraglichen Leistung

14 Mehrkostenforderungen bei Leistungen ohne Auftrag

610 In diesem Kapitel werden die Fälle behandelt, in denen der Auftragnehmer eine im Vertrag nicht bereits enthaltene Leistung ausführt und der Auftraggeber diese Leistung nicht vor der Ausführung beauftragt oder angeordnet hat.

611 Ordnet der Auftraggeber eine Änderung von Leistungen an, die schon im Vertrag enthalten waren, so werden diese Leistungen als geänderte Leistungen bezeichnet. Diese Fälle sind nach § 2 Abs. 5 VOB/B zu beurteilen und werden in Kapitel 8 behandelt. Diese Fälle sind nicht immer eindeutig von den Änderungen einer vorgesehenen Leistung nach § 2 Abs. 6 VOB/B abzugrenzen. In der Praxis kommt es immer wieder vor, dass geänderte Leistungen im Prinzip Leistungen beinhalten, die vorher in ihrer Art nicht im Leistungsumfang enthalten waren. Somit mischen sich bei einer Leistungsänderung die Anwendungen der Preisfortschreibung nach § 2 Abs. 5 VOB/B und § 2 Abs. 6 VOB/B. Daher muss in nicht eindeutigen Fällen auch immer in Kapitel 8 nachgeschlagen werden.

612 Wenn eine Anordnung des Auftraggebers vorliegt und in dem Vertrag keine Regelungen für die Leistungsänderungsrechte des Auftraggebers und für die Berechnung der geänderten Vergütung des Auftragnehmers vorhanden sind, dann gelten die gesetzlichen Regelungen. Diese Fälle werden in Kapitel 14 behandelt.

613 Fälle, in denen es bedingt durch eine „reine" Mengenänderung zur Mengenmehrung einer im Vertrag enthaltenen Leistung kommt, werden in Kapitel 6 behandelt, Mengenminderungen in Kapitel 7. Es handelt sich also um die Fälle, in denen sich die tatsächlich ausgeführte Menge gegenüber dem Vordersatz verändert, aber keine Anordnung des Auftraggebers vorliegt.

614 Wird nur der vertragliche Leistungsumfang erbracht, also der ausgeschriebene Vordersatz des Leistungsverzeichnisses ausgeführt, liegen keine Mengenabweichung und keine geänderte Leistung vor. Diese Fälle werden in Kapitel 3 behandelt.

14.1 Sachverhalt

615 Der Vertrag wurde zwischen dem Auftraggeber und dem Auftragnehmer abgeschlossen. Nach Vertragsabschluss kommt der Auftragnehmer auf die Baustelle und entdeckt, dass die Wand stark beschädigt ist. Der Untergrund ist für das Fliesen nicht geeignet. Daher hat der Auftragnehmer in erheb-

lichem Umfang sehr große Flächen und Löcher zu spachteln. Dafür muss er mehrfach Material auftragen, damit der Untergrund für die Fliesenarbeiten geeignet ist. Vorher trägt er auch loses Material ab, da es keine ausreichende Festigkeit für das Verkleben der Fliesen aufweist.

14.2 Vertraglicher Leistungsinhalt

Der vertragliche Leistungsinhalt umfasst das Fliesen der 100 m² Fläche, wie es im Leistungsverzeichnis angegeben ist. Eine weitere Position gibt es nicht. 616

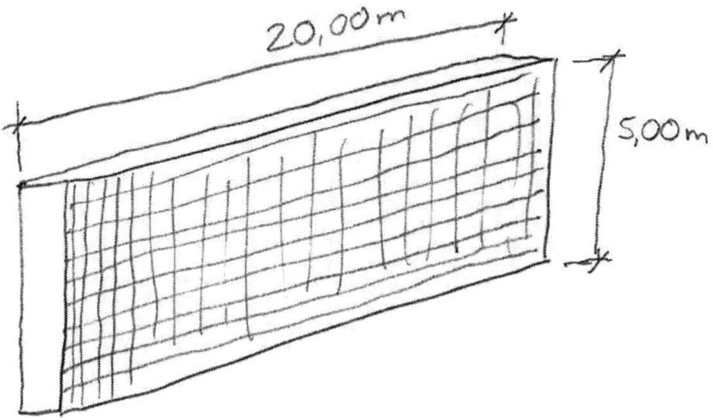

Vertraglicher Leistungsumfang

14.3 Tatsächlich auszuführende Leistung

Der Auftragnehmer trägt nicht tragfähiges Material von der Wand ab und spachtelt sehr große Flächen und Löcher zu. Dafür muss er mehrfach Material auftragen, damit der Untergrund für die Fliesenarbeiten geeignet ist. Dafür benötigen zwei Mitarbeiter 15 Stunden. Erst danach kann er die Fliesenarbeiten durchführen. Das Fliesen kann nach der Untergrundbearbeitung so ausgeführt werden, wie es vertraglich vorgesehen ist. 617

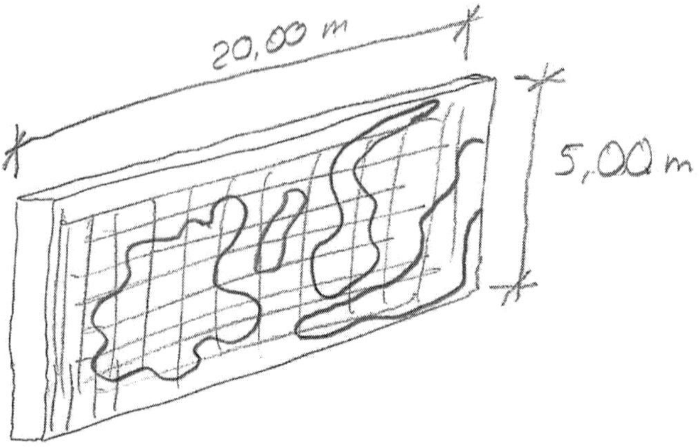

Tatsächlicher Leistungsumfang

14.4 Änderung der zu erbringenden Leistung

618 Die Abbildung zeigt vereinfacht die Arbeiten, die der Auftragnehmer auszuführen hat. Neben den Fliesenarbeiten sind hier die Vorbereitungsarbeiten des Untergrundes auszuführen.

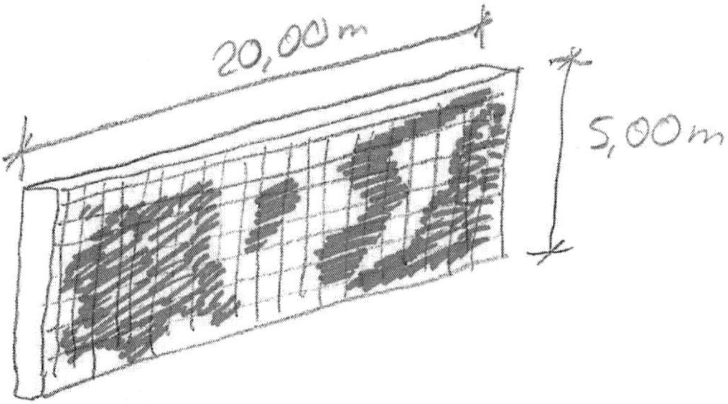

Geänderter Leistungsumfang

Der Auftragnehmer erscheint auf der Baustelle mit dem Hubsteiger. Nachdem er den Zustand der Wand festgestellt hat, beginnt er unter Einsatz des Hubsteigers mit zwei Arbeitskräften, die Wand als Untergrund für die Fliesenarbeiten entsprechend vorzubereiten. Dafür benötigt er zwei Arbeitskräfte mit jeweils 15 Stunden. Die Arbeiten werden an zwei Tagen ausgeführt.

Das abgetragene Material entsorgt der Auftragnehmer als Bauschutt und zahlt dafür bei der Deponie 30,00 €. Er erhält eine entsprechende Rechnung der Deponie.

Das Material zum Auftrag auf die Wand für die Herstellung eines geeigneten Untergrundes besorgt der Auftragnehmer bei seinem Baustoffhändler, bei dem er auch die Fliesen eingekauft hat. Er bezahlt für das Material, das er vollständig verbraucht, 50,00 €.

14.5 Anspruchsgrundlage

Der Auftragnehmer hat die Arbeiten auf dem Untergrund der Wand ausgeführt. Den Auftraggeber hatte er vorher nicht informiert, dass er diese Arbeiten ausführt und es dadurch zu Mehrkosten kommt. Diese Situation ist zu vermeiden, da der Auftragnehmer im Grundsatz nur die Arbeiten ausführen darf, zu denen er vertraglich verpflichtet ist. Führt er ohne Anordnung des Auftraggebers weitere Arbeiten aus oder ändert die Ausführung selbstständig, kann der Auftraggeber verlangen, dass der Auftragnehmer diese Leistungen wieder entfernt und weitergehend Schadenersatz verlangen. Dies ist in § 2 Abs. 8 VOB/B geregelt. **619**

Unabhängig von der Frage, ob der Auftragnehmer die Leistung wieder rückbauen muss, bekommt er im Grundsatz auch keine Vergütung für die Leistungen, die er eigenmächtig ausführt. Aus diesen Gründen muss der Auftragnehmer immer vor der Ausführung von Leistungen, die nicht im vertraglichen Leistungsumfang enthalten sind, eine schriftliche Mitteilung an seinen Auftraggeber machen, dass zusätzliche Leistungen auszuführen sind und diese Leistungen auch zusätzlich bezahlt werden müssen. Es handelt sich also im Prinzip um die Anmeldung von Mehrkosten für eine zusätzliche Leistung, wie sie in § 2 Abs. 6 VOB/B vorgesehen ist. Kurzum, der umsichtige Auftragnehmer führt keine zusätzlichen Leistungen aus, die er nicht vorher angemeldet hat und die durch den Auftraggeber angeordnet wurden. **620**

Hat der Auftragnehmer die Arbeiten aber ohne vorherige Anmeldung ausgeführt, kann er trotzdem eine Vergütung verlangen, wenn die Leistungen für die Erfüllung des Vertrages notwendig waren und dem mutmaßlichen Willen des Auftraggebers entsprachen. Im Prinzip liegen diese Voraussetzungen vor, wenn die vertraglich vorgesehene Leistung nicht oder nur mangelhaft auszuführen ist, wenn die zusätzlichen Leistungen nicht ausgeführt worden wären. Die zusätzlichen Leistungen müssen also technisch zwingend erforderlich sein, damit der vertragliche Leistungsumfang ordnungsgemäß erbracht werden kann. **621**

622 Die vorherige Anmeldung von Mehrkosten dient der Information des Auftraggebers, dass zusätzliche Leistungen auszuführen sind und dass dies mehr kosten wird. Damit soll dem Auftraggeber eine Entscheidung ermöglicht werden, ob er diese Leistungen für erforderlich hält, ob er eine andere Alternative haben möchte oder angesichts der Mehrkosten vielleicht auf die Ausführung der vertraglichen Leistungen verzichtet. Versetzt man sich in die Situation des Auftraggebers für den Fall der fehlenden Anmeldung der Leistungen und der Mehrkosten, kann man leicht erkennen, wann trotz fehlender vorheriger Anmeldung der mutmaßliche Wille des Auftraggebers unterstellt werden kann. Es sind die Fälle, in denen ein vernünftiger Auftraggeber bei vorliegender Mehrkostenanmeldung nicht anders hätte entscheiden können, als die ausgeführten Leistungen anzuordnen.

623 Der Auftragnehmer kann in diesen Fällen zwar eine Vergütung verlangen, falls die Arbeiten zwingend erforderlich waren. Die Höhe der Vergütung ist aber eingeschränkt. Der Auftragnehmer kann nicht die teuerste Lösung ausführen, sondern er hat die technisch erforderlichen, zusätzlichen Arbeiten so auszuführen, dass keine überflüssigen und nicht zwingend erforderliche Mehrkosten anfallen. Die Mehrkosten sind also, vereinfacht gesagt, auf die Mehrkosten für die preiswerteste Lösung beschränkt. Der Auftragnehmer ist also auch hier gut beraten, sich die Art der Ausführung vorher durch den Auftraggeber freigeben zu lassen und nicht einfach eine technische Lösung auszuführen in der Hoffnung, dass er das Geld schon erhalten werde.

624 § 2 Abs. 8 Nr. 2 VOB/B sieht auch für die Fälle, in denen die Leistungen erforderlich waren und dem mutmaßlichen Willen des Auftraggebers entsprachen, vor, dass der Auftragnehmer dem Auftraggeber die Ausführung der Leistungen und die Mehrkosten nachträglich anzeigt. Diese schriftliche Anzeige muss unverzüglich durch den Auftragnehmer versendet worden sein. Unverzüglich bedeutet auch hier im Prinzip „sofort". Daran fehlt es in den meisten Fällen. Damit fehlt nach den Regelungen des § 2 Abs. 8 Nr. 2 VOB/B eine Voraussetzung, den Vergütungsanspruch geltend machen zu können.

625 Allerdings bleiben nach § 2 Abs. 8 Nr. 3 VOB/B die Vorschriften im BGB über die Geschäftsführung ohne Auftrag unberührt. Das bedeutet, dass diese gesetzlichen Vorschriften Geltung haben, auch wenn die Gültigkeit der VOB/B im Vertrag vereinbart ist. Nach § 683 BGB hat der Auftragnehmer Anspruch auf Ersatz seiner Aufwendungen. Dieser Anspruch ist nicht an die Voraussetzung geknüpft, dass der Auftragnehmer ihn angekündigt hat. Daher kann der Auftragnehmer diesen Anspruch auf Ersatz seiner Aufwendungen auch geltend machen, wenn er die schriftliche Anzeige versäumt hat. In den meisten Fällen wird es aber bei unterlassener Anzeige der Mehrkosten zu Streitigkeiten kommen.

Unabhängig von allen genannten Voraussetzungen kann der Auftragnehmer in jedem Fall mit dem Auftraggeber eine Vereinbarung treffen. Wenn der Auftraggeber die zusätzlichen Leistungen nachträglich anerkennt, steht dem Auftragnehmer eine Vergütung zu. Das gilt auch für zusätzliche Leistungen, die nicht zwingend erforderlich waren. Daher sollte der Auftragnehmer in jedem Fall mit seinem Auftraggeber einen Termin vereinbaren, die zusätzlichen Leistungen erklären und eine Vergütung vereinbaren. 626

Zusammengefasst hat also der Auftragnehmer Anspruch auf eine zusätzliche Vergütung für Leistungen, die er ohne Auftrag ausgeführt hat, wenn diese Leistungen zwingend für die Ausführung der vertragsgemäßen Leistungen erforderlich waren und damit dem mutmaßlichen Willen des Auftraggebers entsprachen, oder der Auftraggeber zusätzliche Leistungen nachträglich anerkennt. 627

14.6 Anspruchshöhe

Die Höhe des Vergütungsanspruchs berechnet sich gemäß § 2 Abs. 8 Nr. 2 VOB/B entsprechend einer Vergütung bei geänderten oder zusätzlichen Leistungen. Damit ist die Vergütung so zu berechnen, wie sie in den Kapiteln 8 für geänderte Leistungen und 9 für zusätzliche Leistungen berechnet worden ist. Im Prinzip sind daher die Preisbestandteile der Kalkulation als Ausgangspunkt der Berechnung zu verwenden. 628

Weitere Grundlage der Berechnung der Vergütung ist das Aufmaß der ausgeführten Leistungen. Hier gilt das Gleiche, was auch für ein Aufmaß des vertraglichen Leistungsumfangs in Kapitel 3 ausgeführt worden ist. Der Rechnung ist dieses Aufmaß beizulegen, damit der Auftraggeber die Mengen prüfen kann. 629

Da die Fliesenarbeiten so ausgeführt worden sind, wie dies vertraglich vorgesehen war, sind diese Leistungen auch gemäß Vertrag abzurechnen. Bezüglich des vertraglich vorgesehenen Leistungsumfangs ergeben sich daher keine Besonderheiten. Daraus folgt, dass hier nur die Mehrkosten der zusätzlichen Leistungen als Nachtrag gesondert berechnet und in Rechnung gestellt werden. 630

Sonderfall: 631

Es kann vorkommen, dass die zusätzlich ausgeführten Arbeiten sich nicht getrennt abrechnen lassen, da sie sich von dem vertraglichen Leistungsumfang auch nicht trennen lassen. Das liegt beispielsweise vor, wenn die zusätzlichen Arbeiten begleitend zu den vertraglichen Arbeiten ausgeführt werden, das gleiche Personal diese zusätzlichen Arbeiten ausführt und die zusätzlichen Arbeiten die Ausführungszeit verlängern, da der Leistungswert für die vertraglichen Arbeiten sinkt. Dies wäre zum Beispiel gegeben, wenn die Leistungen zur Herstellung des Untergrundes für die Fliesenarbeiten im Zuge der Fliesenarbeiten ausgeführt werden und daher nicht zu unterscheiden ist, welchen Zeitanteil an der gesamten Ausführungszeit die Herstellungsarbeiten in Anspruch genommen haben und welchen Anteil die Fliesenarbeiten. In diesen Fällen sollte der Nachtrag gemeinsam mit dem Vergütungsanteil berechnet werden, der für die vertraglichen Arbeiten anfällt.

632 Nachfolgend werden im Grundsatz zwei Berechnungsmodelle angewendet. Man kann die tatsächlichen Gegebenheiten der Berechnung zugrunde legen und mit den kalkulierten Kostenansätzen oder den tatsächlichen Kosten den Nachtrag berechnen. Das ist in der Praxis üblich, auch wenn der Anspruch auf § 2 Abs. 8 Nr. 2 VOB/B gestützt wird. Hat der Auftragnehmer aber seinen Anspruch auf § 683 BGB gestützt, kann er den Ersatz seiner Aufwendungen verlangen. Das sind dann in jedem Fall die tatsächlich entstandenen Aufwände.

633 Da § 2 Abs. 8 Nr. 2 VOB/B die Berechnung der Vergütung für nicht beauftragte Leistungen in der gleichen Art wie für geänderte oder zusätzliche Leistungen vorschreibt, wird auch die Berechnung unter Fortführung der Kalkulationsrisiken vorgenommen. Dies wäre die vertragsgemäße Fortführung zur Bestimmung der neuen Preise.

14.6.1 Einzelkosten der Teilleistung

634 Bezüglich der Kostenart Lohn hat der Auftragnehmer mit dem gleichen Personal, wie es für die Fliesenarbeiten vorgesehen war, die zusätzlichen Arbeiten zur Herstellung des Untergrundes ausgeführt. Daher ist der angesetzte Mittellohn in Höhe von 50 €/h beizubehalten.

Ein Leistungswert war nur für die Fliesenarbeiten in der Kalkulation zugrunde gelegt worden. Einen Leistungs- oder Aufwandswert für die Arbeiten zur Herstellung des Untergrundes gibt es in der Kalkulation nicht, da diese Arbeiten nicht vorgesehen waren. In der Praxis ist es üblich, in diesen Fällen den tatsächlichen Aufwand anzusetzen. Das sind in unserem Beispiel die tatsächlich angefallenen 15 h für jede der zwei eingesetzten Arbeitskräfte für die Arbeiten zur Herstellung des Untergrundes. Damit ergibt sich für die Kostenart Lohn für die zusätzliche Leistung folgende Vergütung.

30 h × 50 €/h = 1.500,00 €

635 Damit hat man aber die Art der Vergütung für die Kostenart Lohn geändert. Während für den vertraglichen Leistungsumfang der Auftragnehmer das Risiko der Auskömmlichkeit seines der Kalkulation zugrunde gelegten Leistungswertes trägt, ist bei der Abrechnung der tatsächlich an-

gefallenen Stunden dieses Risiko nicht mehr vorhanden. Es handelt sich im Prinzip um eine Abrechnung der Stunden nach dem vertraglich zugrunde gelegten Mittellohn und den tatsächlich angefallenen Stunden wie bei einer Regieabrechnung. Sind beide Vertragspartner mit diesem Wechsel der Berechnung der Vergütung von den vertraglichen Preisen weg, hin zu einer teilweisen Abrechnung nach tatsächlichem Aufwand, einverstanden, ist dies ein einfacher und gangbarer Weg.

Will man die Risikoverteilung der vertragsgemäßen Abrechnung beibehalten, **636**
müssen die entsprechenden Kalkulationsfaktoren fortgeschrieben werden, wie es der ursprünglichen Risikoverteilung entsprach. In dem Grundfall hatte der Auftragnehmer den Leistungswert für das Fliesen in seiner Kalkulation mit 2 m²/h angenommen, aber die tatsächlich erreichte Leistung betrug 4 m²/h. Dadurch hatte der Auftragnehmer in der Kostenart Lohn für die Fliesenarbeiten einen zusätzlichen Gewinn erzielt. Es fragt sich daher, ob dieser Gewinnanteil in der Kostenart Lohn, der sich für den vertraglichen Leistungsumfang ergibt, auch auf die Kostenart Lohn für die zusätzlichen Arbeiten übertragbar ist. Bei einer konsequenten Weiterführung des Risikos für den Leistungswert ist dem Auftragnehmer auch ein entsprechender Gewinnanteil für die Lohnaufwände zur Herstellung des Untergrundes zuzusprechen.

Den Gewinnanteil kann man prozentual berechnen und den Prozentsatz **637**
übertragen. Der Gewinnanteil betrug 50 % durch den tatsächlich erreichten Leistungswert. Führt man diesen Ansatz weiter, hat der Auftragnehmer 30 h für die Untergrundarbeiten benötigt, hätte aber 60 h kalkuliert. Setzt man nun für den Nachtrag 60 h an, ergeben sich

60 h × 50 €/h = 3.000,00 €

Der Auftragnehmer hat mit dieser Berechnung den Gewinnanteil, der im Leistungswert der Fliesenarbeiten steckt, auch für die zusätzlichen Arbeiten fortgeschrieben und hier ebenfalls einen Gewinn in Höhe von 50 % erwirtschaftet, also 1.500,00 € in der Kostenart Lohn.

Für die Kostenart Material ergeben sich ebenfalls zwei ähnliche Möglichkeiten **638**
wie bei der Kostenart Lohn. Der Auftragnehmer hat für die Entsorgung des abgetragenen Materials eine Deponiegebühr in Höhe von 30,00 € gezahlt, für das aufzutragende Material 50,00 €. Für den Nachtrag kann man nun einfach die durch die entsprechenden Rechnungen nachgewiesenen Beträge verwenden. Dies entspricht ebenfalls einer weit verbreiteten Praxis, da für diese zusätzlichen und neuen Kosten in der Kalkulation keine Angaben enthalten sind. Diese Vorgehensweise ist üblich. Für den Nachtrag ergeben sich so zusätzliche Kosten in der Kostenart Material in folgender Höhe.

Deponiegebühr 30,00 € + Reparaturmaterial 50,00 € = 80,00 €

639 Bei dieser Vorgehensweise haben die Vertragspartner ebenfalls die Risikoverteilung bei der Vergütung für die Kostenart Material gewechselt. Da der Auftraggeber die tatsächlich entstandenen Kosten bezahlt, wenn er den durch die Rechnungen nachgewiesenen Betrag erstattet, handelt es sich für die Einzelkosten der Teilleistung Material um eine Kostenerstattung. Behält man die Risikoverteilung der vertraglichen Vergütung bei, muss der Auftragnehmer das Risiko der Annahme der Auskömmlichkeit der angenommenen Kosten für das Material tragen. Im Grundfall hat der Auftragnehmer den Preis der Fliesen mit 20,00 €/m² angesetzt, aber tatsächlich haben die Fliesen bei seinem Baustoffhändler 25,00 €/m² gekostet. Damit hat der Auftragnehmer 25 % Erhöhung der Kosten, also 5,00 € je m² selbst zu tragen. Dies stellt einen Verlust in Höhe von 20 % von den tatsächlichen Kosten aus gerechnet gegenüber der Annahme in der Kalkulation dar. Schreibt man diesen Verlust prozentual für das ebenfalls bei dem Baustoffhändler eingekaufte Reparaturmaterial fort, ergibt sich folgende Vergütung für die Einzelkosten Material.

50,00 € tatsächliche Kosten × 0,8 Verlustfaktor = 40,00 €

640 Die Fortschreibung des Risikos in den Einzelkosten der Teilleistungen kann man noch gut nachvollziehen, wenn es sich um die Fortschreibung der gleichen Kostenanteile handelt. Das war bei der Kostenart Lohn noch naheliegend, bei den Baustoffen, die bei dem gleichen Händler bezogen werden, ist dies ebenfalls noch nachvollziehbar. Allerdings ist ebenfalls zu berücksichtigen, dass es sich möglicherweise um andere Materialien handelt oder die Menge der zusätzlichen Materialien sehr groß ist im Gegensatz zu einer kleinen Menge, für die in der Kalkulation ein Verlust eingetreten ist. Daher ist für die Deponiegebühr in der Kostenart Material zu fragen, ob diese Kosten ebenfalls mit dem Verlustfaktor belegt werden müssen, oder ob wegen der anderen Art der Kosten, da es sich um eine Gebühr für eine Deponie handelt, der Verlust nicht auf diese Kosten übertragbar ist. Letzteres liegt nahe, da die Kalkulation von Deponiegebühren nicht so vorgenommen wird wie die Kalkulation der Materialkosten bei einem Einkauf über den Baustoffhändler. Man kann daher die Deponiekosten entweder in die Kostenart Sonstiges verschieben oder den Verlustfaktor darauf nicht anwenden. Somit ergeben sich für die Materialkosten der Entsorgung keine Abzüge.

Unter Berücksichtigung der unterschiedlichen Ansätze ergibt sich bei einer Beibehaltung der vertraglichen Risiken der Abrechnung für die Kostenart Material folgende Vergütung.

Deponiegebühr 30,00 € + (Reparaturmaterial 50,00 € × 0,8 Verlustfaktor) = 70,00 €

641 Da der Auftragnehmer für die tatsächliche Ausführung der Reparaturarbeiten an dem Untergrund zwei Tage benötigt, verlängerte sich die Einsatzzeit des

Hubsteigers um diese zwei Tage. Die Kalkulation des Auftragnehmers ging von Gerätekosten in Höhe von 1.000,00 €/Monat aus. Vereinfacht entspricht ein Monat 4 Wochen zu je 5 Arbeitstagen, also 20 Arbeitstagen im Monat. Damit berechnet sich die Vergütung für den Hubsteiger je Arbeitstag wie folgt.

1.000,00 €/Monat : 20 AT/Monat = 50,00 €/AT

Die zusätzlichen Kosten in der Kostenart Gerät berechnen sich damit für die zwei benötigten Arbeitstage folgendermaßen.

50,00 €/AT × 2 AT = 100,00 €

In dieser Berechnung wurde die tatsächliche Dauer zugrunde gelegt. Allerdings muss man bei konsequenter Fortschreibung der vertraglich vereinbarten Vergütungsrisiken auch bei der Kostenart Gerät den zugrunde liegenden Wert zur Bestimmung der Einsatzzeit des Gerätes berücksichtigen. Der Auftragnehmer hatte die benötigte Einsatzzeit des Hubsteigers mittels der Zeit berechnet, die er für die Ausführung seiner Arbeiten und der Arbeiten des Nachunternehmers benötigt. Damit wäre, wie bei der Kostenart Lohn, der gedacht kalkulierte Einsatz für die Reparaturarbeiten ebenfalls doppelt so lang wie die tatsächliche Ausführung. Damit wären unter der Annahme der Fortführung der vertraglichen Vergütungsrisiken für die Verlängerung der Einsatzzeit des Hubsteigers 60 h anzusetzen. Die Gerätekosten für die zusätzlichen Leistungen ergeben sich also unter Fortschreibung des kalkulierten Leistungswertes für das Fliesen auch für die Reparaturzeit des Untergrundes wie folgt. **642**

60 h entsprechen 4 AT bei Einsatz von zwei Arbeitskräften

4 AT × 50,00 €/AT = 200,00 €

Bei einer genauen Betrachtung fällt auf, dass in der Kostenart Gerät die einmaligen Kosten für den An- und Abtransport eingerechnet wurden. Diese Kosten fallen aber auch bei einer längeren Einsatzzeit nur einmalig an. Daher müssten diese in der Kostenart Gerät enthaltenen Einmalkosten herausgerechnet werden. Hier wird dies vernachlässigt. Die Betriebskosten fallen in der verlängerten Einsatzzeit ebenfalls an, sodass diese Kostenbestandteile weiterhin berechnet werden können. **643**

In der Kostenart Sonstiges hat es keine Änderungen gegeben, da der Nachunternehmer seine Arbeiten für das Verfugen in gleichem Umfang ausgeführt hat und daher diese Kosten gleich geblieben sind. Für die Kostenart Sonstiges sind also keine höheren Kosten angefallen. Da die Kostenart Sonstiges mit dem vertraglichen Leistungsumfang abgerechnet wird, ist diese Kostenart in dem Nachtrag nicht mehr anzugeben. **644**

Es ergeben sich daher für die Einzelkosten der Teilleistungen die folgenden zwei Varianten. Legt man die tatsächliche Ausführungszeit für die Reparatur- **645** arbeiten am Untergrund der Berechnung des Nachtrages zugrunde, ergeben sich in Summe folgende Einzelkosten der Teilleistungen.

Lohn	1.500,00 €
Material	80,00 €
Gerät	100,00 €
	1.680,00 €

646 Führt man die vertraglichen Risikoverteilungen fort, ergeben sich bei Verwendung der Leistungswerte, die prozentual fortgeschrieben werden, und der prozentual fortgeschriebenen Verluste und Gewinne folgende Einzelkosten der Teilleistungen in Summe.

Lohn	3.000,00 €
Material	70,00 €
Sonstiges	200,00 €
	3.270,00 €

14.6.2 Zuschläge

647 Die Zuschläge für die Baustellengemeinkosten werden in der kalkulierten Höhe auf alle zusätzlichen Einzelkosten der Teilleistungen des Nachtrags beaufschlagt. Durch die Ausführung der zusätzlichen Arbeiten mit dem eigenen Personal entstehen nur Kosten für die Bauleitung, die durch die Fortschreibung des Prozentsatzes in gleicher Höhe vom Umsatz erlöst werden.

648 Zu beachten wäre bei der Fortschreibung der Zuschlagsätze für die Baustellengemeinkosten eine mögliche Änderung, falls in dem Zuschlag einmalige Kosten, zum Beispiel für das Einrichten oder Räumen der Baustelleneinrichtung, enthalten wären. Wenn durch die zusätzlichen Leistungen keine weiteren einmaligen Kosten der Baustelleneinrichtung anfallen, wären diese zu berechnen und der Zuschlag entsprechend zu reduzieren. Fällt aber eine weitere Baustelleneinrichtung an, kann dies auch zu einer Erhöhung der einmaligen Kosten führen, sodass sich auch der Zuschlagsatz für die Baustellengemeinkosten erhöht.

649 Der Zuschlag für allgemeine Geschäftskosten wird ebenfalls auf alle Einzelkosten der Teilleistungen beaufschlagt. Da er umsatzabhängig errechnet worden ist, sind hier keine Änderungen vorzunehmen.

650 Der Zuschlag für das Wagnis wird ebenfalls auf alle Einzelkosten der Teilleistungen beaufschlagt. Für den Fall, dass die zusätzlichen Leistungen ein höheres oder geringeres Risiko aufweisen als die vertraglich auszuführenden Arbeiten, kann das Ausführungs- oder Gewährleistungswagnis größer oder

kleiner sein. In diesen Fällen kann der Wagniszuschlag entsprechend angepasst werden.

Der Gewinnzuschlag wird auf alle Einzelkosten der Teilleistungen in unveränderter Höhe beaufschlagt. **651**

Da hier keine Änderungen zwischen den zusätzlichen und den vertragsgemäß zu erbringenden Leistungen vorliegen, wird der Zuschlag in Höhe von insgesamt 20 % auf alle Einzelkosten der Teilleistungen berechnet. Damit ergibt sich die Vergütung für die zusätzlichen, nicht beauftragten Leistungen in der Variante der Berechnung mit der tatsächlichen Leistungszeit. **652**

1.680,00 € × 1,2 = 2.016,00 €

Für die Variante unter Fortschreibung der kalkulatorischen Risiken ergibt sich folgende Vergütung für den Nachtrag. **653**

3.270,00 € × 1,2 = 3.924,00 €

15 Vorzeitige Beendigung des Auftragsverhältnisses

654 In diesem Kapitel werden die Fälle behandelt, in denen der Auftraggeber ein bestehendes Vertragsverhältnis ganz oder teilweise beendet. Dazu muss der Auftraggeber eine Kündigung aussprechen.

655 Nicht behandelt werden die Fälle, in denen der Auftragnehmer den Vertrag selbst kündigt, zum Beispiel nach § 9 VOB/B. Ebenfalls nicht behandelt werden die Fälle, in denen der Auftraggeber dem Auftragnehmer den Vertrag kündigt, weil der Auftragnehmer gegen vertragliche Pflichten verstoßen hat, zum Beispiel in Verzug war oder mangelhaft ausführt. In diesen Fällen werden die Leistungen des Auftragnehmers nach dem erreichten Leistungsstand zum Zeitpunkt der Kündigung und den Vertragspreisen abgerechnet. Für die Abrechnung des Leistungsstandes gelten daher die Ausführungen in Kapitel 3.

656 Weitergehende Ansprüche des Auftragnehmers oder des Auftraggebers auf Schadenersatz wegen einer Kündigung werden hier nicht behandelt. Sie unterliegen besonderen Voraussetzungen und stellen keine Nachträge dar.

15.1 Sachverhalt

657 Der Vertrag wurde zwischen dem Auftraggeber und dem Auftragnehmer abgeschlossen. Nach Vertragsabschluss überlegt sich der Auftraggeber, dass er die Fliesenarbeiten gerne selbst ausführen möchte. Dies teilt er dem Auftragnehmer schriftlich mit und unterrichtet ihn davon, dass der Auftragnehmer die Leistungen nicht mehr ausführen soll. Der Auftragnehmer hat zu diesem Zeitpunkt noch keine Leistungen erbracht.

15.2 Vertraglicher Leistungsinhalt

658 Der vertragliche Leistungsinhalt umfasst das Fliesen der 100 m^2 Fläche, wie es im Leistungsverzeichnis angegeben ist. Da der Vertrag abgeschlossen worden war, ändert sich daran zunächst nichts.

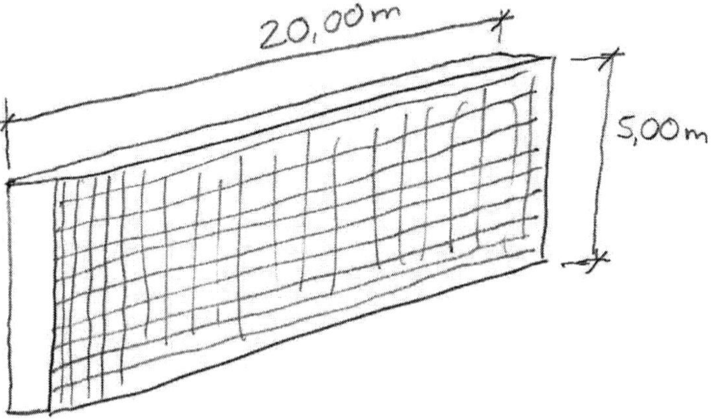

Vertraglicher Leistungsumfang

15.3 Tatsächlich auszuführende Leistung

Da der Auftraggeber die Leistungen nicht mehr haben will und der Auftragnehmer noch nichts ausgeführt hatte, ist die tatsächlich auszuführende Leistung schlicht nichts. 659

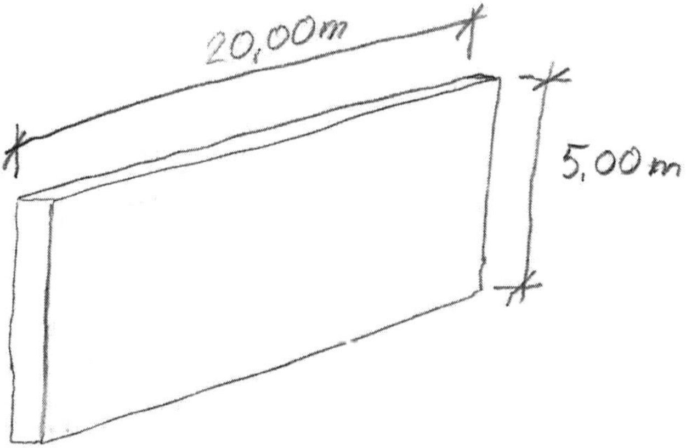

Tatsächlicher Leistungsumfang

15.4 Änderung der zu erbringenden Leistung

Die Änderung besteht zunächst darin, dass der Auftragnehmer keine Leistungen vor Ort ausführt. Das schließt aber nicht aus, dass der Auftragnehmer 660 bereits Teile der Leistung vorbereitet oder andere Aufwände hatte. Diese Möglichkeiten werden in Kapitel 15.6 Anspruchshöhe erläutert.

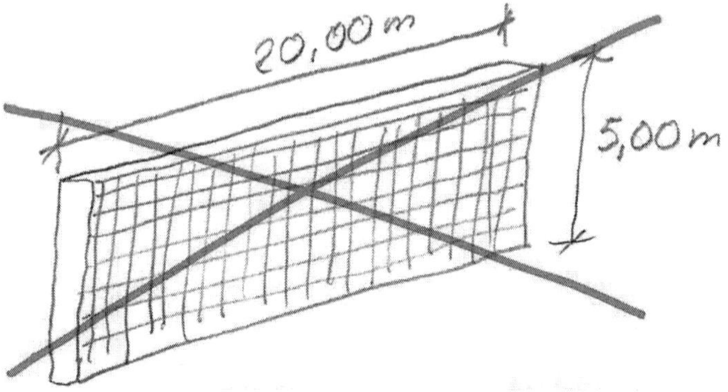

Geänderter Leistungsumfang

15.5 Anspruchsgrundlage

661 Der Auftraggeber hat bei Werkverträgen das Recht, jederzeit ohne Angabe von Gründen das Vertragsverhältnis zu beenden. Das nennt man freie Kündigung. Dies ergibt sich einerseits aus § 648 BGB, andererseits auch aus § 8 Abs. 1 VOB/B. Wann der Auftraggeber kündigt, steht ihm grundsätzlich frei. Rechtliche Voraussetzung ist, dass ein Vertrag abgeschlossen wurde. Besteht kein Vertrag, kann auch kein Vertrag gekündigt werden. Der früheste Zeitpunkt für eine Kündigung ist daher direkt nach dem Vertragsabschluss. Spätester Zeitpunkt ist direkt vor der Abnahme, da die Abnahmeerklärung des Auftraggebers das Vertragsverhältnis beendet.

662 In dem vorliegenden Beispiel hat der Auftraggeber die Leistungen gekündigt, da er sie selbst ausführen will. Dieser spezielle Fall ist in § 2 Abs. 4 VOB/B geregelt. Diese Bestimmung verweist auf § 8 Abs. 1 VOB/B, also die freie Kündigung. Daher sind die Folgen gleich, unabhängig davon, ob der Auftraggeber die Leistungen selbst ausführen will oder kündigt, ohne dass der Auftragnehmer ihm einen berechtigten Grund dazu gegeben hätte. Ist die VOB/B nicht im Vertrag als mitgeltend vereinbart, ergibt sich auch im Fall der Ausführung der vertraglichen Arbeiten durch den Auftraggeber der Anspruch des Auftragnehmers auf Vergütung aus § 648 BGB.

663 Wichtig ist, dass eine Kündigung des Auftraggebers schriftlich zu erfolgen hat und für die Anwendung der folgenden Abrechnung zwingende Voraussetzung ist. Es reicht also nicht aus, wenn der Auftraggeber sich nicht äußert und die Leistung „irgendwie" nicht ausgeführt wird. Es liegt in der Hand

des Auftragnehmers, hier für Klarheit zu sorgen. Daher hat der Auftragnehmer den Auftraggeber anzuschreiben und die schriftliche Kündigung anzufordern. Hat der Auftraggeber die Kündigung bereits vorab mündlich ausgesprochen, kann die schriftliche Bestätigung angefordert werden.

In der Praxis ergeben sich Fälle, in denen die Vertragspartner zwar einen Werkvertrag abschließen, aber den Vertrag nicht durchführen. Dann vergeht einfach die Zeit, ohne eine Reaktion der Vertragspartner. In diesen Fällen entstehen keine Ansprüche, da keine Kündigung vorliegt. Man kann diese Fälle als stillschweigende Aufhebung des Vertrages bezeichnen. **664**

Haben die Vertragspartner den Vertrag abgeschlossen, aber dann kein Interesse mehr an der Durchführung, können sie den Vertrag einvernehmlich mit einer Vereinbarung aufheben. Diese Aufhebung beendet das Vertragsverhältnis und es bedarf keiner Kündigung mehr. Wenn der Auftragnehmer Ansprüche wegen der Vertragsaufhebung stellen will, muss er diese Ansprüche in die Vereinbarung aufnehmen. Er kann also in der Vereinbarung regeln, dass er eine Abrechnung wie im Fall einer freien Kündigung vornehmen darf, eine pauschale Abgeltung bekommt oder eine andere Regelung für seine Ansprüche vorsehen. Ist allerdings keine Regelung in dem Aufhebungsvertrag vereinbart, die eine Vergütung für den Auftragnehmer vorsieht, wird im Regelfall davon auszugehen sein, dass die Vertragspartner keine gegenseitigen Ansprüche stellen wollen. Damit kann der Auftragnehmer keine Ansprüche auf Vergütung an den Auftraggeber stellen. **665**

Von der freien Kündigung zu unterscheiden sind die Fälle, in denen der Auftraggeber den Vertrag nach § 8 Abs. 3 VOB/B kündigt, da der Auftragnehmer hierfür Gründe gesetzt hat. Das kann vorliegen, wenn der Auftraggeber schon vor der Abnahme nach § 4 Abs. 7 VOB/B Mängel gerügt hat und der Auftragnehmer diese Mängel nicht innerhalb gesetzter Fristen beseitigt hat. Ein weiterer Grund besteht, wenn der Auftragnehmer mit der Leistung rückständig war und dem Abhilfeverlangen des Auftraggebers nach § 5 Abs. 4 VOB/B nicht innerhalb gesetzter Fristen entsprochen hat. Liegt eine begründete Kündigung vor, die vom Auftraggeber ausgesprochen worden ist, da der Auftragnehmer seine vertraglichen Pflichten verletzt hat, ist die Abrechnung anders als bei der freien Kündigung vorzunehmen. Der Auftragnehmer hat dann nur Anspruch auf die Vergütung der Leistungen, die bis zum Kündigungszeitpunkt ausgeführt worden sind. Das bedeutet, dass der Auftragnehmer seine Leistungen aufmisst und nach den Vertragspreisen abrechnet. Diese Abrechnung erfolgt also in der gleichen Art und Weise, wie es in bereits in Kapitel 3 erläutert wurde. **666**

Ebenfalls von der freien Kündigung zu unterscheiden sind die Fälle, in denen der Auftragnehmer selbst kündigt, beispielsweise wegen Zahlungsverzug **667** des Auftraggebers. Auch in diesen Fällen können die Abrechnungsregeln der freien Kündigung nicht angewendet werden. Kündigt der Auftragnehmer, hat er nach § 9 Abs. 3 VOB/B Anspruch auf die Vergütung der ausgeführten Leistungen bis zum Kündigungszeitpunkt. Die Vergütung erfolgt damit nach den Vertragspreisen und dem Aufmaß der tatsächlich ausgeführten Leistungen, also ebenfalls wie in Kapitel 3 erläutert.

668 In den Fällen der begründeten Kündigung eines Auftraggebers oder eines Auftragnehmers bestehen daneben noch weitere Ansprüche auf Schadenersatz oder eine Entschädigung. Diese sind bei der Abrechnung nach einer freien Kündigung aber nicht von Interesse.

15.6 Anspruchshöhe

669 Im Fall einer freien Kündigung des Auftraggebers erfolgt die Berechnung der Vergütung grundlegend anders als in allen anderen Fällen. Grund hierfür ist, dass der Auftraggeber die volle vertragliche Vergütung schuldet, da er zunächst den Vertrag abgeschlossen hatte, dann aber ohne jeglichen Grund aus dem Verantwortungsbereich des Auftragnehmers auf die Durchführung des Vertrages verzichtet hat. Ausgangspunkt ist hier also immer die volle vertragliche Vergütung.

670 Von dieser Vergütung muss der Auftragnehmer jedoch in Abzug bringen, was er infolge der Aufhebung des Vertrags an Kosten erspart oder durch anderweitige Verwendung seiner Arbeitskraft und seines Betriebs erwirbt oder zu erwerben böswillig unterlässt. Da man also von der vollen Vergütung bestimmte Punkte in Abzug bringt, nennt man diese Berechnung eine „Abrechnung von oben".

Im vorliegenden Fall ergibt sich die vertragliche Vergütung aus dem Vertrag.

Leistungsverzeichnistext:

100 m² Verlegen von Fliesen, 20 cm x 20 cm, weiß, als Wandbelag

Einheitspreis 66,00 €/m², Gesamtpreis 6.600,00 €.

Damit ist Ausgangspunkt der Vertragspreis in Höhe von 6.600,00 €.

15.6.1 Abzug ersparter Aufwand

671 Davon sind erstens ersparte Aufwände in Abzug zu bringen. Hierfür geht man einfach die Einzelkosten der Teilleistungen durch und überlegt, welche Kosten man erspart hat. Im vorliegenden Fall wurden keine Leistungen ausgeführt.

672 Die Lohnkosten sind grundsätzlich nicht erspart, wenn die Mitarbeiter für das Projekt vorgesehen sind und daher ihr Einsatz disponiert war. Die Löhne müssen den Mitarbeitern gezahlt werden, auch wenn die vertraglich vorgesehene Leistung entfällt. Daher sind die Lohnkosten nicht als ersparter Aufwand in Abzug zu bringen.

Die Materialkosten werden erspart, wenn der Auftragnehmer noch kein Material eingekauft hat. In diesem Fall sind die vollständigen Materialkosten als ersparter Aufwand in Abzug zu bringen. Da vorliegend der Auftragnehmer noch kein Material gekauft hatte, sind ihm keine Materialkosten entstanden. Daher ergeben sich die ersparten Materialkosten wie folgt. **673**

100 m² Fliesen × 20 €/m² = 2.000,00 €

Abweichend davon sind die Materialkosten nicht erspart, wenn der Auftragnehmer das Material bereits eingekauft hat. Dann muss in der Kostenart Material kein Abzug vorgenommen werden. Zu beachten ist aber, dass der Auftraggeber selbstverständlich Anspruch auf die Übereignung des Materials hat, wenn er es bezahlt. Kann der Auftragnehmer das Material anderweitig für den gleichen Ertrag nutzen, sind die Materialkosten voll als ersparter Aufwand in Abzug zu bringen. **674**

Mit Vorsicht ist der Fall zu behandeln, in dem der Auftragnehmer das Material zwar verwenden kann, aber nur für einen geringeren Erlös. Das bedeutet, dass der Auftragnehmer die Kosten für das Material nicht vollständig erlöst, sondern bei einem anderen Auftrag nur einen geringeren Betrag. In diesen Fällen sollte der Auftragnehmer das Material dem Auftraggeber anbieten, bevor er es anderweitig zu einem geringeren Erlös verwertet. **675**

Für die Gerätekosten gilt üblicherweise das Gleiche wie für die Lohnkosten. Das Gerät war für den Einsatz vorgesehen und die kalkulierten Gerätekosten fallen unabhängig von der Ausführung der vertraglichen Leistung an. Allerdings ist bei dem Gerät zu beachten, dass durch den fehlenden Einsatz die Kosten entfallen, welche durch den Betrieb entstehen. Das sind also zum Beispiel Strom, Diesel oder andere Betriebsstoffe. **676**

Eine weitere Besonderheit besteht, wenn in den Einzelkosten der Teilleistung Gerät auch die Kosten des An- und Abtransports enthalten sind. Auch diese Kosten können entfallen, wenn die Leistung überhaupt nicht ausgeführt wird. Es wird unterstellt, dass in diesem Beispiel Betriebskosten und Transportkosten in Höhe von 50,00 € kalkuliert wurden und damit in Abzug zu bringen sind. **677**

Hat der Auftragnehmer das Gerät für die Leistungen aus diesem Vertrag angemietet, richtet sich der ersparte Aufwand danach, ob der Auftragnehmer die Anmietung rückgängig machen kann. Besteht diese Möglichkeit nicht, ist kein Abzug für ersparten Aufwand zu machen. Sind durch eine Stornierung geringere Kosten angefallen, ist die Differenz zwischen den kalkulierten Kosten für das Gerät und den tatsächlich zu zahlenden Kosten für das Gerät in Abzug zu bringen. **678**

679 Die Einzelkosten der Teilleistungen enthalten unter der Kostenart Sonstiges die Kosten für den Nachunternehmer in Höhe von 500,00 € pauschal. Hier stellt sich nun die Frage, ob der Nachunternehmer schon bestimmt war und mit ihm auch bereits ein Vertrag abgeschlossen worden war. In diesem Fall muss der Auftragnehmer den Vertrag mit dem Nachunternehmer ebenfalls kündigen, da er dessen Leistungen wegen der Kündigung durch den Auftraggeber nicht mehr benötigt. Daher erspart der Auftragnehmer nur den Kostenanteil, der ihm nach Kündigungsabrechnung mit dem Nachunternehmer nicht entstanden ist.

Der Nachunternehmer rechnet also gegenüber dem Auftragnehmer, der ihm auch eine freie Kündigung ausgesprochen hat, die volle Vergütung in Höhe von 500,00 € ab, von der der Nachunternehmer die ersparten Kosten und den anderweitigen Erwerb in Abzug bringen muss. Es wird unterstellt, dass der Nachunternehmer einen berechtigten Anspruch gegenüber dem Auftragnehmer in Höhe von 100,00 € hat. Diesen Betrag hat also der Auftragnehmer an seinen Nachunternehmer aufgrund der freien Kündigung des Auftragnehmers gegenüber dem Nachunternehmer als Vergütung gezahlt.

Damit hat der Auftragnehmer in der Kostenart Sonstiges folgende Kosten erspart:

> 500,00 € vereinbarte Vergütung Nachunternehmer - 100,00 € gezahlte Vergütung Nachunternehmer = 400,00 € ersparte Kosten

680 Der Zuschlag für Baustellengemeinkosten wird üblicherweise nicht erspart, da die Kosten für Personal oder Gerät trotz des Entfalls der vertraglichen Leistung bei dem Auftragnehmer anfallen. Sollten in den Zuschlägen für Baustellengemeinkosten auch einmalig anfallende Kosten enthalten sein, zum Beispiel für das Einrichten und Räumen der Baustelle, die entfallen, wären diese Kosten als Betrag von der vertraglichen Vergütung in Abzug zu bringen.

681 Der Zuschlag für allgemeine Geschäftskosten wird nicht erspart, da der Auftragnehmer diese Kosten in jedem Fall zu tragen hat. Sie entstehen unabhängig von der Durchführung der vertraglichen Leistung dieser Baustelle.

682 Der Zuschlag für Wagnis kann entfallen, wenn hier das Ausführungswagnis berücksichtigt wurde. Wird keine Leistung ausgeführt, besteht auch kein Wagnis. Das gilt auch für den Fall, dass der Auftragnehmer in diesem Zuschlag Wagnisse aus einer Gewährleistung berücksichtigt hatte. Auch die Gewährleistung entfällt, da keine Leistung ausgeführt wurde. Das allgemeine Unternehmerwagnis bleibt bestehen, da es sich genau genommen auch bei einem gekündigten Vertrag einstellt. So bleibt zum Beispiel das Risiko der Bezahlung der Vergütung durch den Auftraggeber bestehen. In der Praxis wird eine genaue Differenzierung des Wagniszuschlages häufig nicht vorgenommen, sodass der Wagniszuschlag als nicht ersparter Aufwand angesetzt und damit nicht abgezogen wird.

Der Zuschlag für Gewinn wird nicht erspart und bleibt erhalten. Daher ist er nicht als ersparter Aufwand in Abzug zu bringen. 683

Somit sind keine Zuschläge als ersparter Aufwand in Abzug zu bringen und es ergibt sich bis zu diesem Punkt folgende Abrechnung: 684

Vertragliche Vergütung:	6.600,00 €
Ersparter Aufwand	
Material	– 2.000,00 €
Gerät	– 50,00 €
Sonstiges	– 400,00 €
	4.150,00 €

15.6.2 Abzug anderweitiger Erwerb

Von der vertraglichen Vergütung ist zweitens anderweitiger Erwerb in Abzug zu bringen. Hierfür geht man einfach erneut die Einzelkosten der Teilleistungen durch und überlegt, welche der kalkulierten Kostenträger man anderweitig eingesetzt hat. 685

Bezüglich der Kostenart Lohn sind die Kosten zwar nicht erspart, da das Personal weiterhin bezahlt werden muss. Die Lohnkosten fallen an, da das Personal weiterhin bei dem Unternehmen beschäftigt ist und damit monatlich seinen Lohn erhält. Allerdings ist festzustellen, welche dieser Mitarbeiter durch die Kündigung der vertraglichen Leistung keine Beschäftigung hatten und daher anderweitig eingesetzt werden konnten. Das ist dann anderweitiger Erwerb, also die Einnahmen, die durch einen anderen Einsatz dieses Mitarbeiters erzielt werden konnten. 686

Dieser anderweitige Erwerb des Personals ist bezüglich jedes einzelnen Mitarbeiters darzulegen. Das bedeutet, dass für jeden Mitarbeiter zu prüfen ist, ob er überhaupt eingesetzt werden konnte. Konnte er nicht eingesetzt werden, sind seine Kosten nicht als anderweitiger Erwerb in Abzug zu bringen. Zwar ist es zunächst nicht erforderlich dies nachzuweisen, aber es ist für die Durchsetzung der Ansprüche des Auftragnehmers hilfreich, wenn eine entsprechende Dokumentation vorgelegt werden kann. 687

Innerbetrieblich kommt es vor, dass der Mitarbeiter noch Resturlaub hat, Überstunden für einen Freizeitausgleich anstehen oder andere Gründe vorliegen, dass der Mitarbeiter keine aktuelle Arbeitszeit nutzlos verbringen muss. Ist also letztlich ein Ausgleich möglich, den fehlenden Einsatz des Mitarbeiters durch solche betrieblichen Gründe auszugleichen, die dem Unternehmen letztlich dazu verhelfen, die mangelnde Einsatzmöglichkeit zu kom- 688 pensieren, hebt dies einen Anspruch auf. Dann kann der Auftragnehmer den mangelnden Einsatz nicht geltend machen, sondern er hat den Lohnaufwand anderweitig erworben, da er den Mitarbeiter entsprechend freigestellt hat. Letztlich sind Lohnkosten in Abzug zu bringen, wenn der Mitarbeiter anderweitig eingesetzt werden konnte oder Ansprüche auf arbeitsfreie Zeit, die unabhängig von der mangelnden Einsatzmöglichkeit bestanden, ausgeglichen wurden.

689 In dem Beispiel wird unterstellt, dass das disponierte Personal die Hälfte der kalkulierten Zeit in der vorgesehenen Ausführungszeit anderweitig eingesetzt werden konnte. Bei diesen anderen Arbeiten wurde ebenfalls ein Mittellohn in Höhe von 50,00 €/h erwirtschaftet. Der anderweitige Erwerb für die Kostenart Lohn berechnet sich damit wie folgt:

25 h × 50,00 €/h = 1.250,00 €

690 **Sonderfall:**

Sollte allerdings der anderweitige Erwerb mit dem für den vertraglichen Leistungsumfang vorgesehenen Personal nur mit einem geringeren Mittellohn erfolgen, ist auch nur der geringere anderweitige Erwerb in Abzug zu bringen. Beträgt der Mittellohn auf der anderen Baustelle für das freigewordene Personal beispielsweise nur 40,00 €/h, wären nur

25 h × 40,00 €/h = 1.000,00 €

als anderweitiger Erwerb abzuziehen.

691 Bezüglich der Kostenart Material besteht ein anderweitiger Erwerb, wenn der Auftragnehmer das bereits disponierte Material für andere Zwecke verwenden kann. Der so erwirtschaftete Betrag ist dann als anderweitiger Erwerb in Abzug zu bringen. In diesem Fall wird davon ausgegangen, dass keine Kosten für Material angefallen waren. Damit besteht auch kein anderweitiger Erwerb bei der Kostenart Material.

692 Für die Kostenart Gerät liegt ein anderweitiger Erwerb vor, wenn das Gerät auf einer anderen Baustelle eingesetzt werden kann. Wir unterstellen in unserem Beispiel, dass das Gerät nicht anderweitig eingesetzt werden konnte. Daher besteht kein anderweitiger, abzuziehender Erwerb in der Kostenart Gerät.

693 Bezüglich der Kostenart Sonstiges läge ein anderweitiger Erwerb vor, wenn der Nachunternehmer zwar die vorgesehene Leistung nicht ausführt, aber für einen anderen Einsatz verwendet werden kann. Erbringt der Nachunternehmer also für einen anderen Auftrag des Auftragnehmers Leistungen anstatt der ursprünglich vorgesehenen Leistungen und wird deshalb keine Kündigung erforderlich, ist dies für die Kostenart Sonstiges ein anderweitiger Erwerb des Auftragnehmers. Wir unterstellen, dass der Nachunternehmer durch den Auftragnehmer ebenfalls frei gekündigt worden ist.

Zuschlag

Ob Anteile des Zuschlags als anderweitiger Erwerb in Abzug zu bringen sind, erfordert zunächst eine kalkulatorische Überlegung. Alle Zuschläge wurden auf die Einzelkosten der Teilleistungen gleichmäßig mit 20 % verteilt. Im Kapitel 13.6.1 wurde davon ausgegangen, dass die Zuschläge nicht als ersparter Aufwand in Abzug zu bringen sind. Damit sind sie bislang in der berechneten Vergütung noch vollständig enthalten. **694**

Kann der Auftragnehmer allerdings anderweitigen Erwerb erwirtschaften, so erwirtschaftet er auch mit diesem Erwerb möglicherweise einen entsprechenden Zuschlag. Man bezeichnet also die Einzelkosten der Teilleistungen als Zuschlagsträger, wenn sie in der ursprünglichen Kalkulation mit Zuschlag versehen waren. Kommen diese Zuschlagsträger nun bei einem anderen Bauvorhaben zum Einsatz, so ist zu prüfen, ob und in welcher Höhe diese Zuschlagsträger dort einen ersatzweisen Deckungsbeitrag für die Zuschläge erwirtschaften. In diesem Beispiel waren alle Einzelkosten der Teilleistungen mit Zuschlag erhöht, sodass alle Einzelkosten der Teilleistungen betrachtet werden müssen. **695**

Das Personal konnte 25 h auf einer anderen Baustelle eingesetzt werden. Da der Mittellohn dort auch 50,00 €/h betrug, war der anderweitige Erwerb in einer Höhe von 1.250,00 € in Abzug gebracht worden. Nun ist zu fragen, ob dieses Personal auf der anderen Baustelle einen Zuschlag erwirtschaftet hat. Dafür sind nun die einzelnen Zuschläge auf die Einzelkosten der Teilleistungen abzuarbeiten. **696**

Auf den Einzelkosten der Teilleistung Lohn waren im gekündigten Vertrag 10 % Zuschlag für BGK enthalten. Das entspricht einem Deckungsbeitrag in Höhe von

1.250,00 € × 0,1 = 125,00 €

Es stellt sich jetzt die Frage, ob dieses Personal auf der anderen Baustelle einen Deckungsbeitrag für BGK erwirtschaftet hat. Unterstellt man, dass der Auftragnehmer auf der anderen Baustelle ebenfalls mit einem Zuschlag in Höhe von 10 % für BGK kalkulierte und daher das eingesetzte Personal wieder 125,00 € Deckungsbeitrag für BGK erwirtschaftet hat, so sind diese 125,00 € als anderweitiger Erwerb für den Zuschlag BGK und die Kostenart Lohn in Abzug zu bringen. **697**

Sonderfall: **698**

Hätte der Auftragnehmer auf der anderen Baustelle nur mit 5 % Zuschlag für BGK kalkuliert, hätte das Personal nur einen Betrag in Höhe von 62,50 € Deckungsbeitrag erwirtschaftet. Dann wären auch nur 62,50 € als anderweitiger Erwerb der BGK Lohn in Abzug zu bringen.

699 Weitergehend ist zu fragen, ob das eingesetzte Personal auf der anderen Baustelle auch Deckungsbeiträge für AGK erwirtschaftet hat. Es ist also auch hier die Frage zu beantworten, in welcher Höhe auf der anderen Baustelle die Einzelkosten Lohn mit einem Zuschlag für AGK versehen sind. Gleiches gilt für die Zuschläge für Wagnis. Es wird unterstellt, dass auf der anderen Baustelle die Kostenart Lohn auch mit insgesamt 8 % für AGK und Wagnis beaufschlagt worden ist. Damit wird in der Kostenart Lohn auch der Zuschlag für AGK und Wagnis in folgender Höhe erwirtschaftet.

1.250,00 € × 0,08 = 100,00 €

700 Für die anderen Zuschläge und Kostenarten ist ebenfalls nach diesem Muster zu prüfen, ob Deckungsbeiträge als anderweitiger Erwerb erwirtschaftet worden sind. Für die Kostenart Material gab es keinen Aufwand, also auch keinen anderweitigen Erwerb. Daher sind durch anderweitigen Erwerb in der Kostenart Material auch keine Deckungsbeiträge erwirtschaftet worden.

701 **Sonderfall:**

Anders wäre der Fall zu beurteilen, wenn der Unternehmer Material eingekauft hätte, der Auftraggeber es nicht haben wollte und der Auftragnehmer das Material auf einer anderen Baustelle einsetzen konnte. Dann ist ebenfalls zu prüfen, ob auf der anderen Baustelle mit dem Material Deckungsbeiträge erwirtschaftet worden sind, da dort auf das Material Zuschläge gemacht worden sind.

702 In der Kostenart Gerät bestanden ersparte Aufwände, da Kosten für den An- und Abtransport und die Betriebsmittel nicht entstanden sind. Allerdings konnte damit kein anderweitiger Erwerb erzielt werden. Daher sind durch diese ersparten Aufwände keine Deckungsbeiträge erwirtschaftet worden und damit auch keine Abzüge vorzunehmen. Gleiches gilt für die Kostenart Sonstiges. Auch der Nachunternehmer wurde nicht anderweitig eingesetzt, sodass bezüglich Deckungsbeiträgen kein anderweitiger Erwerb vorliegt.

703 Der Zuschlag für Gewinn wird als nicht erspart und auch nicht als anderweitig erwirtschaftet angesehen. Daher ist der Gewinn in jedem Fall als Zuschlag in voller Höhe zu erhalten und nicht in Abzug zu bringen.

704 Somit ergibt sich folgende Abrechnung, wobei der Ausgangsbetrag die vertragliche Vergütung abzüglich des ersparten Aufwands ist.

Vertragliche Vergütung	
abzgl. ersparter Aufwand	4.150,00 €
Lohn	– 1.250,00 €
BGK Lohn	– 125,00 €
AGK Wagnis Lohn	– 100,00 €
	2.675,00 €

Sonderfall: 705

Hat der Auftragnehmer bereits Leistungen vor der Kündigung erbracht, so ist die Abrechnung ebenfalls von oben vorzunehmen. Ausgangsbetrag ist immer die volle vertragliche Vergütung der gekündigten Leistung oder Teilleistung. Davon ist zunächst in Abzug zu bringen, was der Auftraggeber bereits bezahlt hat, also zum Beispiel die bezahlten Abschlagsrechnungen. Danach ist für den noch nicht erbrachten Leistungsteil so vorzugehen, wie dies in den vorstehenden Kapiteln 15.6.1 und 15.6.2 ausgeführt worden ist. Damit ergäbe sich beispielsweise bei zwei bezahlten Abschlagsrechnungen, jeweils in Höhe von 500,00 €, nachstehende Abrechnung.

Vertragliche Vergütung:	6.600,00 €
1. AR	– 500,00 €
2. AR	– 500,00 €
Material	– 2.000,00 €
Gerät	– 50,00 €
Sonstiges	– 400,00 €
Lohn	– 1.250,00 €
BGK Lohn	– 125,00 €
AGK Wagnis Lohn	– 100,00 €
	1.675,00 €

Ausgeführte Leistungen, die noch nicht in Rechnung gestellt worden sind, 706
stellen keinen ersparten Aufwand dar und können auch nicht anderweitig erworben werden. Diese sind daher einfach nicht von der vertraglichen Vergütung in Abzug zu bringen.

Sonderfall: 707

Hat der Auftragnehmer keinen Aufwand gehabt und liegt anderweitiger Erwerb vor, so besteht nach § 648 BGB die Vermutung, dass dem Auftragnehmer 5 % des auf den noch nicht erbrachten Teil der Werkleistung entfallenden vereinbarten Vergütungsanteils zustehen. Ist noch keine Leistung erbracht, sind also 5 % der vertraglichen Vergütung als „Vermutung" nach § 648 BGB abrechenbar.

16 Nachträge nach BGB

708 Seit dem 01.01.2018 gelten die neuen Vorschriften des Werkvertragsrechts und des Bauvertragsrechts im BGB. Genau gesagt, gelten diese Vorschriften für Verträge, die seit dem 01.01.2018 abgeschlossen worden sind. Das ändert für Nachträge die Möglichkeiten der Berechnung gegenüber Verträgen, die vor dem 01.01.2018 abgeschlossen worden sind.

709 In diesem Kapitel werden die Fälle behandelt, in denen das Vertragsverhältnis nach dem 01.01.2018 abgeschlossen worden ist und der Auftraggeber mit einer Anordnung nach Vertragsabschluss bestimmt, dass der Auftragnehmer eine im Vertrag nicht bereits enthaltene Leistung ausführt.

710 Wenn die Geltung der allgemeinen Geschäftsbedingungen der VOB/B vereinbart ist und Anordnungen des Auftraggebers vorliegen, sind diese Fälle als geänderte Leistung nach § 2 Abs. 5 VOB/B zu beurteilen und werden in Kapitel 8 behandelt, oder diese Fälle sind zusätzliche Leistung nach § 2 Abs. 6 VOB/B und werden in Kapitel 9 behandelt.

711 Für Verträge, bei denen die Gültigkeit der allgemeinen Geschäftsbedingungen der VOB/B nicht vereinbart ist, muss aber immer geprüft werden, ob es von § 2 VOB/B abweichende Regelungen im Vertrag gibt. Sind eigenständige Regelungen vorhanden, ist nach diesen Regelungen zu verfahren. In den meisten Fällen orientieren sich diese vertraglichen Regelungen aber am Wortlaut des § 2 VOB/B, sodass die hier dargestellten Grundsätze verwendet werden können.

712 Wird nur der vertragliche Leistungsumfang erbracht, also der ausgeschriebene Vordersatz des Leistungsverzeichnisses ausgeführt, liegen keine Mengenabweichung und keine geänderte Leistung vor. Diese Fälle werden in Kapitel 3 behandelt.

713 Die in diesem Kapitel enthaltenen Erläuterungen beziehen sich auf gesetzliche Regelungen, die noch nicht so lange in Kraft sind. Daher gibt es noch keine Rechtsprechung. Die bislang veröffentlichte Literatur zeigt aber bereits, dass die Interpretation der neuen Vorschriften sehr unterschiedliche Sichtweisen hervorbringt. Da keine Rechtsprechung vorhanden ist, besteht daher eine größere Unsicherheit, wie die gesetzlichen Vorschriften angewendet werden. Somit sind auch die in diesem Kapitel gemachten Ausführungen darauf zu prüfen, ob sich durch entsprechende neue Urteile eine abweichende Ansicht durchsetzt. Die grundsätzlichen Fragestellungen sollten aber einheitlich beurteilt werden, sodass hier keine Abweichungen erwartet werden.

16.1 Sachverhalt Geänderte Fliesen

Hier wird der gleiche Fall behandelt, der bereits in Kapitel 8.1 für geänderte Leistungen bearbeitet wurde. Damit wird deutlich, welche Unterschiede bei der Bearbeitung von Nachträgen gegeben sind, wenn die gesetzlichen Regelungen des BGB zur Anwendung kommen oder wenn die Geltung der VOB/B vereinbart worden ist, sodass § 1 VOB/B bezüglich des Leistungsänderungsrechts und § 2 VOB/B bezüglich der Bestimmung der geänderten Preise Geltung haben. **714**

Die Vertragspartner schließen den Vertrag nach dem 01.01.2018 ab. Es handelt sich um einen Einheitspreisvertrag, bei dem der Auftraggeber das Leistungsverzeichnis erstellt hat. Die Geltung der VOB/B ist nicht vereinbart. Im Vertrag befinden sich auch keine anderen Regelungen, die ein Leistungsänderungsrecht des Auftraggebers oder die entsprechende Änderung der Vergütung vorsehen. Es ist die Ausführung mit weißen Fliesen vorgesehen. Nach Vertragsabschluss erhält der Auftragnehmer von seinem Auftraggeber einen Brief, in dem dieser äußert, statt der weißen Fliesen blaue Fliesen haben zu wollen. **715**

16.2 Vertraglicher Leistungsinhalt

Der vertragliche Leistungsinhalt umfasst das Fliesen der 100 m² Fläche, wie es im Leistungsverzeichnis angegeben ist. Da der Vertrag abgeschlossen worden war, ändert sich daran zunächst nichts. **716**

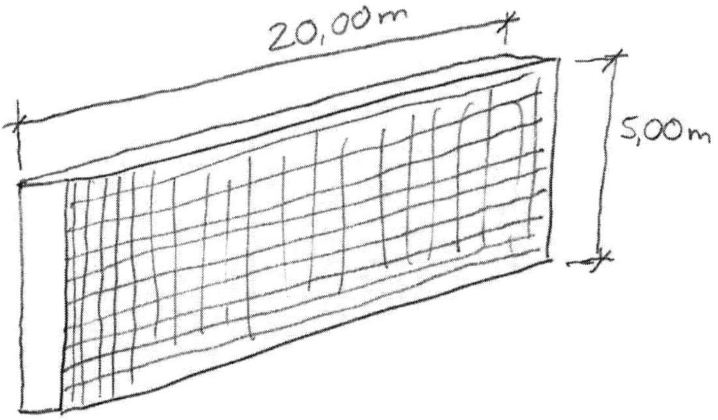

Vertraglicher Leistungsumfang

16.3 Tatsächlich auszuführende Leistung

717 Der Auftragnehmer fliest die Wandfläche mit blauen Fliesen. Der Nachunternehmer verfugt die geflieste Fläche.

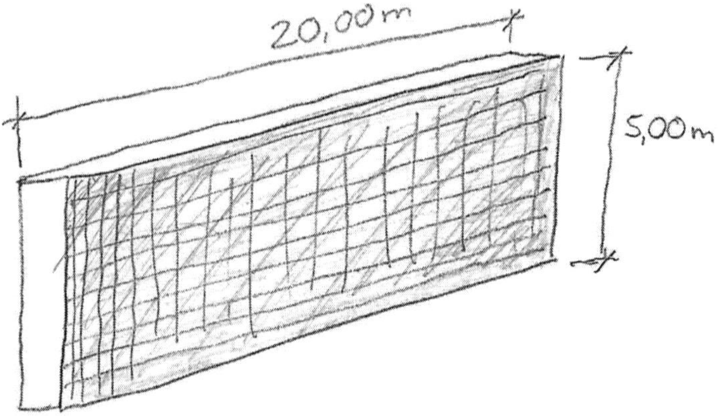

Tatsächlicher Leistungsumfang

16.4 Änderung der zu erbringenden Leistung

718 Der Auftragnehmer führt die Fliesenarbeiten auf der gleichen Fläche aus. Die Fliesenabmessungen bleiben gleich. Allerdings hat er blaue Fliesen zu verlegen. Für den Nachunternehmer ergeben sich keine Änderungen.

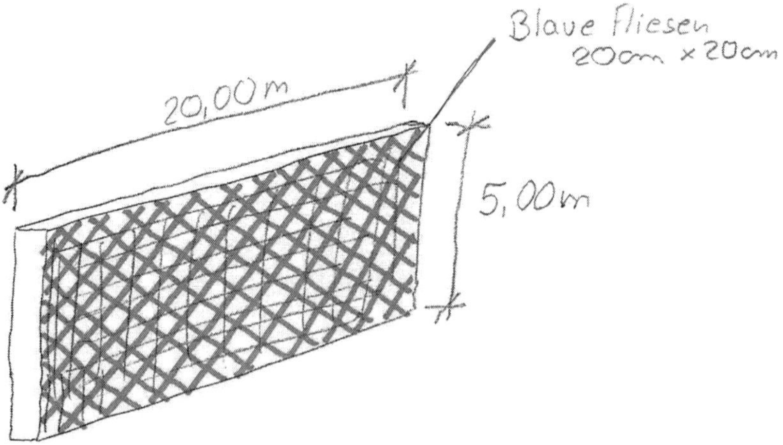

Geänderter Leistungsumfang

16.5 Anspruchsgrundlage

Nach § 650b Abs. 1 BGB kann der Auftraggeber nach Vertragsabschluss den Leistungsumfang ändern. Dies umfasst Änderungen der im vertraglichen Leistungsumfang enthaltenen Leistungen, die Anordnung zusätzlicher Leistungen und die Änderung des Werkerfolges nach § 650b Abs. 1 Ziffer 1 BGB. Letzteres ist ein sehr weitgehendes Recht des Auftraggebers und erlaubt ihm auch sehr weitgehende Änderungen. Da auch der vereinbarte Fertigstellungstermin zu dem Werkerfolg gehört, darf der Auftraggeber auch Anordnungen zur Bauzeit aussprechen. **719**

Dieses weitgehende Anordnungsrecht wird in § 650b Abs. 1 Satz 2 BGB eingeschränkt. Der Auftragnehmer muss diese Anordnung nur ausführen, wenn sie für ihn zumutbar ist. Nicht zumutbar ist die Ausführung der Anordnung, wenn die geänderte Leistung zum Beispiel ein anderes Gewerk betrifft, für das der Auftragnehmer kein Personal hat. Soll also statt eines textilen Bodenbelags ein Naturstein verlegt werden, für dessen Verlegung der Auftragnehmer nicht qualifiziert ist, kann er die Ausführung der Anordnung ablehnen. **720**

Der Auftragnehmer kann auch aus betriebsinternen Gründen die Ausführung der geänderten Leistungen aufgrund einer Anordnung des Auftraggebers verweigern. Betriebsinterner Grund ist zum Beispiel fehlendes Personal wegen hoher Auslastung. Diese betriebsinternen Gründe muss der Auftragnehmer aber beweisen. Das bedeutet, dass er die angegebenen Gründe, die er dem Auftraggeber für die Unzumutbarkeit mitteilt, sofort dokumentieren muss. In dem vorliegenden Fall ist die Verlegung der blauen Fliesen dem Auftragnehmer zumutbar. **721**

Die folgende Abbildung zeigt den Ablauf der Anordnung nach § 650b BGB und die gegenseitigen Pflichten und Rechte.

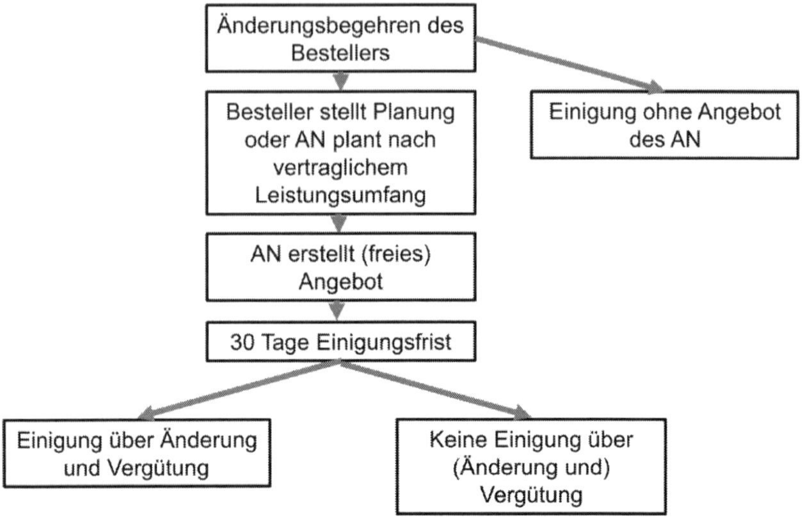

722 Es wird unterstellt, dass der Auftraggeber die Fliesen genau beschrieben hat, sodass der Hersteller und der Typ bestimmt sind. Jetzt muss der Auftragnehmer innerhalb von 30 Tagen nach Zugang des Änderungsbegehrens des Auftraggebers ein Angebot erstellen. Dies ist in § 650b Abs. 1 Satz 2 BGB vorgeschrieben.

Wichtig!

Wenn der Auftraggeber die Verantwortung für die Planung der Bauausführung trägt, muss die angefragte Leistungsänderung ebenfalls zunächst durch den Auftraggeber geplant werden. Zu der Planung gehört auch ein Leistungsverzeichnis, wenn die vertraglich vorgesehene Leistung durch den Auftraggeber mit einem Leistungsverzeichnis beschrieben worden ist. Stellt der Auftraggeber diese Planung dem Auftragnehmer nicht zur Verfügung, muss der Auftragnehmer auch kein Angebot erstellen.

723 Das Angebot kann der Auftragnehmer frei berechnen. Er ist dabei an keine Vorgaben gebunden. Das bedeutet, dass im Prinzip auch eine Kostenschätzung des Auftragnehmers eine Grundlage darstellen kann. Zu beachten ist aber, dass das Angebot, welches der Auftragnehmer dem Auftraggeber übergeben muss, verbindlich wird. Daher muss der Auftragnehmer in jedem Fall sicherstellen, dass der angebotene Preis für ihn auskömmlich ist.

Gemäß § 650b Abs. 2 BGB haben beide Vertragspartner 30 Tage nach Zugang des Änderungsbegehrens des Auftraggebers bei dem Auftragnehmer Zeit, sich über die Änderung und deren Mehr- oder Mindervergütung zu einigen. Es steht den Vertragspartnern frei, diese Frist einvernehmlich zu überschreiten. Nach Ablauf der 30 Tage hat der Auftraggeber aber das Recht, in dem Fall fehlender Einigung die Änderung in Textform einseitig anzuordnen. Der Auftragnehmer muss dann diese Anordnung ausführen. Eine Ausnahme besteht immer noch, wenn die Änderung für den Auftragnehmer unzumutbar ist. 724

Wichtig!

Der Auftraggeber muss die Änderung nach § 650b Abs. 2 BGB in Textform anordnen. Eine mündliche Anordnung reicht nicht aus! Daher muss der Auftragnehmer darauf achten, dass er die Anordnung schriftlich erhält. Führt der Auftragnehmer ohne schriftliche Anordnung eine geänderte Leistung aus, läuft er große Gefahr, hierfür keine Vergütung zu erhalten.

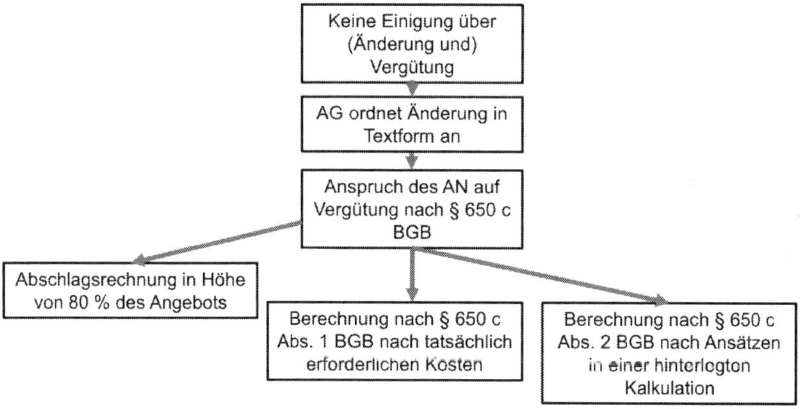

Unabhängig von den im Gesetz beschriebenen Abläufen, Rechten und Pflichten der Vertragspartner steht es diesen immer frei, sich auch in anderer Form zu einigen. Das kann zum Beispiel zunächst mündlich erfolgen, indem der Auftraggeber bei dem Auftragnehmer anfragt, ob er eine geänderte Leistung ausführen kann. Wenn der Auftragnehmer ohne ein Angebot zu erstellen dem Auftraggeber einen Preis nennt, der dann Grundlage für eine Einigung wird, ist dies ebenfalls eine Möglichkeit. Wichtig ist dabei allerdings, dass erstens der Umfang der geänderten Leistung und zweitens die 725 dafür zu zahlende Vergütung durch die Vertragspartner schriftlich und eindeutig dokumentiert werden. Im Prinzip handelt es sich also um eine Änderung des bestehenden Vertrages, die in gleicher Form wie der Vertrag zu dokumentieren ist.

726 Haben sich die Vertragspartner über die Leistungsänderung und die Vergütung geeinigt, bedarf es keiner weiteren Preisermittlung mehr. Der geänderte Leistungsumfang wird im Fall der übereinstimmenden Vereinbarung zu einem neuen vertraglichen Leistungsumfang, der ohne Besonderheiten abgerechnet wird. Insoweit kann auf Kapitel 3 verwiesen werden.

727 In den Fällen, in denen die Vertragspartner keine Einigung innerhalb von 30 Tagen gefunden haben und der Auftraggeber die Änderung in Textform angeordnet hat, muss der Auftragnehmer seine Vergütung nach § 650c BGB berechnen. Dies wird im folgenden Kapitel erläutert.

16.6 Anspruchshöhe

728 Der Auftragnehmer hat für die geänderte Leistung Anspruch auf eine geänderte Vergütung, da der Auftraggeber im vorliegenden Fall die geänderte Leistung nach Ablauf von 30 Tagen ohne Einigung über die Änderung und die Vergütung schriftlich angeordnet hat. Daher ist nun die Frage offen, wie sich die Vergütung des Auftragnehmers berechnet. Die Berechnung der Vergütung ist in § 650c BGB geregelt. Das bedeutet, dass der Auftragnehmer die Vergütung entsprechend den Regelungen in § 650c BGB bestimmen muss.

729 § 650c Abs. 1 BGB sieht vor, dass der Auftragnehmer den aus der Anordnung des Auftraggebers resultierenden Mehr- und Minderaufwand nach den tatsächlich erforderlichen Kosten bestimmt. Dieser Betrag kann mit angemessenen Zuschlägen für allgemeine Geschäftskosten, Wagnis und Gewinn beaufschlagt werden. Nach § 650c Abs. 2 BGB kann der Auftragnehmer aber die geänderte Vergütung auch auf der Grundlage der Ansätze in der Kalkulation ermitteln. Das bedeutet, dass er die Methode der Preisfortschreibung anwenden kann, die bereits für den vorliegenden Fall in Kapitel 8 erläutert worden ist.

730 Welche der zwei Methoden der Auftragnehmer anwendet, kann er bei jedem Nachtrag selbst entscheiden. Das bedeutet, dass dem Auftragnehmer das alleinige Wahlrecht zusteht. Der Auftraggeber hat kein Mitspracherecht. Weiterhin muss der Auftragnehmer das Wahlrecht nicht bei einem ersten Nachtrag verbindlich ausüben, sodass es bei der gewählten Berechnung auch für alle folgenden Nachträge bleibt. Im Gegenteil kann der Auftragnehmer für jeden einzelnen Nachtrag das Wahlrecht neu ausüben. Somit kann er bei einem Nachtrag eine Berechnung mit den tatsächlich erforderlichen Kosten und Zuschlägen vornehmen, bei dem nächsten Nachtrag nach den Ansätzen in der hinterlegten Kalkulation.

Voraussetzung für die Anwendung der Ansätze der Kalkulation für die Berechnung der Vergütung für einen Nachtrag ist allerdings, dass der Vertrag vorsieht, dass eine Kalkulation hinterlegt wird. Das bedeutet im Umkehrschluss, dass der Auftragnehmer seinen Nachtrag nicht auf der Grundlage der Ansätze seiner Kalkulation berechnen darf, wenn keine Kalkulation hinterlegt worden ist. Allerdings steht es den Vertragspartnern frei, sich auch in diesem Fall darauf zu verständigen, die Vergütung für den Nachtrag nach den Ansätzen der Vertragspreise zu bestimmen. Hierfür ist aber eine einvernehmliche Einigung bezüglich dieser Vorgehensweise erforderlich. 731

In den folgenden Ausführungen werden die zwei Alternativen unterschieden. Wegen der Übersichtlichkeit wird zunächst die Alternative des § 650c Abs. 1 BGB bezüglich der Einzelkosten der Teilleistungen und der Zuschläge erläutert. Diese Kapitel werden mit Alternative 1 bezeichnet. Im Anschluss wird die Berechnung der Vergütung nach der zweiten Alternative des § 650c Abs. 2 BGB vorgenommen. Diese Kapitel werden dementsprechend mit Alternative 2 gekennzeichnet. 732

16.6.1 Einzelkosten der Teilleistung Alternative 1

Nach § 650c Abs. 1 BGB ist der geänderte Aufwand durch den Auftragnehmer nach den tatsächlich erforderlichen Kosten zu ermitteln. Der Auftragnehmer darf also zunächst die tatsächlichen Kosten, die für die geänderte Leistung entstehen, als Ausgangspunkt ansetzen. Das bedeutet, dass er in den allermeisten Fällen die geänderte Leistung erst ausführen muss, damit er die tatsächlichen Kosten ermitteln kann. Es wird ersichtlich, dass es sich im Prinzip insoweit um eine Abrechnung nach „Regie" handelt. Allerdings besteht ein großer Unterschied zu einer Abrechnung nach Regie, da bei der Ermittlung der tatsächlichen Kosten im Gegensatz zu einer Abrechnung nach Regie keine vereinbarten Regieansätze, also zum Beispiel Stundenlöhne, verwendet werden können. 733

Der Auftragnehmer muss sich also schon vor Ausführung der geänderten Leistungen entscheiden, ob er diese Berechnungsvariante wählt. Sie erfordert eine genaue Kostenermittlung für alle Einzelkosten der Teilleistungen, die im Prinzip aus zwei Komponenten besteht. Erstens sind die Kosten der verwendeten Ressourcen für alle Kostenarten zu ermitteln. Hierbei handelt es sich um die tatsächlichen Kosten des Personals, der Geräte, des Materials etc. Zweitens sind die Mengen dieser verwendeten Ressourcen für die Ausführung der geänderten Leistungen baubegleitend zu dokumentieren. Das entspricht der Anfertigung sehr sorgfältig erstellter Regierapporte. 734

735 Zu beachten ist, dass der Auftragnehmer aber nicht in jedem Fall die tatsächlichen Kosten bezahlt bekommt. § 650c Abs. 1 BGB enthält eine Einschränkung. Die tatsächlichen Kosten müssen auch erforderlich gewesen sein, um den geänderten Leistungsumfang ausführen zu können. Das bedeutet, dass der Auftragnehmer nicht Kosten in Rechnung stellen kann, die zwar tatsächlich entstanden sind, aber eben nicht für die Herstellung des geänderten Leistungsumfangs zwingend notwendig waren. Mit dieser Einschränkung soll vermieden werden, dass der Auftragnehmer überhöhte Kosten für die Ausführung des geänderten Leistungsumfangs produziert und dann abrechnen kann.

736 Allerdings muss der Auftragnehmer auch für die entsprechend nicht benötigten Einzelkosten der Teilleistungen die tatsächlichen Kosten in Abzug bringen. Das bedeutet, dass die Einzelkosten der Teilleistungen, die durch den geänderten Leistungsumfang entfallen, nicht nach den kalkulierten Kosten der entsprechenden Positionen in Abzug zu bringen, sondern auch hier die tatsächlichen Kosten anzusetzen sind. Da die entsprechenden Leistungen entfallen, also nicht ausgeführt werden, bedeutet eine Ermittlung der tatsächlichen Kosten also die Ermittlung von hypothetischen Kosten.

737 Auch bei den Minderkosten besteht im Prinzip das einschränkende Kriterium der Erforderlichkeit der Kosten. Das bedeutet, dass der Auftragnehmer bei den anzusetzenden Minderkosten ebenfalls nur die Kosten in Abzug bringen muss, die für die Ausführung der entfallenden Leistungsteile erforderlich gewesen wären. Hatte der Auftragnehmer also für die vertraglich vorgesehene Leistung Kosten angesetzt, die nicht für die Ausführung erforderlich geworden wären, muss er diese nicht erforderlichen Kosten auch nicht in Abzug bringen.

Die Ermittlung der Vergütung für die geänderte Leistung ergibt sich für die Einzelkosten der Teilleistungen damit deutlich anders, als dies bei einer Verwendung von Preisbestandteilen der Fall wäre. Im Prinzip muss der Auftragnehmer folgende drei Schritte für die Ermittlung der Einzelkosten der Teilleistungen als Vergütungsbestandteil vornehmen.

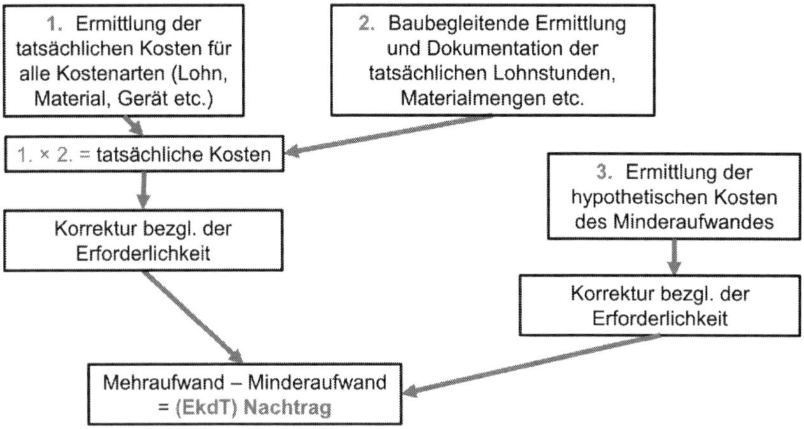

In der Kostenart Lohn wurde bislang der für die Kalkulation ermittelte Mittellohn auch bei der geänderten Leistung verwendet, wenn sich die Kolonnenzusammensetzung nicht ändert. Da der Mittellohn üblicherweise aber nur einen Mittelwert darstellt, der sich aus einer üblichen Kolonnenzusammensetzung ergibt, bildet der Mittellohn nicht die tatsächlichen Kosten ab. Daher sind die tatsächlichen Lohnkosten einschließlich aller Lohnnebenkosten aus der Lohnbuchhaltung für jeden der eingesetzten Mitarbeiter zu ermitteln. Werden unterschiedliche Mitarbeiter an verschiedenen Tagen eingesetzt, sind die jeweiligen Lohnkosten aller eingesetzten Mitarbeiter entsprechend ihrem Einsatz zu verwenden. **738**

Bei der Auswahl der Mitarbeiter hat der Auftragnehmer darauf zu achten, dass er keine Mitarbeiter einsetzt, die eine hohe Qualifikation aufweisen, die aber für die Ausführung der Arbeiten nicht zwingend erforderlich ist. Da höher qualifizierte Mitarbeiter einen höheren tatsächlichen Lohn erhalten werden, wären diese höheren Kosten für den besser qualifizierten Mitarbeiter nicht erforderlich. Die Erforderlichkeit kann sich aber auch für den höher qualifizierten Mitarbeiter ergeben, wenn kein anderes Personal zur Verfügung steht. **739**

Der in der Kalkulation angesetzte Leistungswert hat für die Ermittlung der tatsächlich erforderlichen Kosten in der Kostenart Lohn keine Bedeutung. Da die tatsächlichen Kosten zu ermitteln sind, ergibt sich die Anzahl der anzusetzenden Lohnstunden für die Kostenart Lohn aus den tatsächlich erbrachten Lohnstunden. Daher hat der Auftragnehmer während der Ausführung des geänderten Leistungsumfangs eine genaue Dokumentation anzulegen, welche Lohnstunden erbracht worden sind. Dabei ist auch anzugeben, welche Mitarbeiter welche Anzahl Lohnstunden geleistet haben, da diese Lohnstunden mit den jeweiligen tatsächlichen Lohnkosten des einzelnen Mitarbeiters zu berechnen sind. **740**

Diese Dokumentation muss auch enthalten, welche Arbeiten die Mitarbeiter an den jeweiligen Tagen ausgeführt haben. Damit kann der Auftragnehmer nachweisen, dass die entsprechend angefallenen Lohnstunden auch erforderlich waren. Ist diese Dokumentation nicht vorhanden, setzt sich der Auftragnehmer möglicherweise dem Vorwurf aus, dass seine Mitarbeiter nicht effektiv gearbeitet hätten und daher ein Teil der angefallenen Lohnstunden nicht erforderlich gewesen sei.

741 In dem vorliegenden Fall erfolgt die Berechnung der tatsächlich erforderlichen Kosten in der Kostenart Lohn dementsprechend wie folgt.

Eingesetzt werden die Mitarbeiter M und G. Aus der Lohnbuchhaltung wurden die tatsächlichen Lohnkosten inklusiv aller Lohnbestandteile für beide Mitarbeiter wie folgt ermittelt.

Mitarbeiter M: 48,90 €/h

Mitarbeiter G: 52,80 €/h

Die Mitarbeiter verlegen die blauen Fliesen und erreichen einen Leistungswert von 4 m²/h. Damit fallen 25 Lohnstunden tatsächlich an. Zwar hatte der Auftragnehmer mit einem Leistungswert von 2 m²/h kalkuliert. Das geht aber bei der Ermittlung der tatsächlich erforderlichen Kosten nicht ein. Von den tatsächlich erbrachten Lohnstunden hat der Mitarbeiter M 16 Lohnstunden erbracht, der Mitarbeiter G 9 Lohnstunden. Damit ergeben sich die tatsächlich erforderlichen Kosten wie folgt.

Mitarbeiter M: 48,90 €/h × 16 h =	782,40 €
Mitarbeiter G: 52,80 €/h × 9 h =	475,20 €
	1.257,60 €

Da bei einer Ausführung mit weißen Fliesen der gleiche Leistungswert erreicht worden wäre sowie die gleichen Mitarbeiter eingesetzt worden wären, ergeben sich keine hypothetischen Minderkosten bei der Ausführung des vertraglichen Leistungsumfangs. Die tatsächlich angefallenen Stunden waren auch für die Leistung erforderlich, sodass die tatsächlich erforderlichen Kosten in der Kostenart Lohn 1.257,60 € betragen.

742 In der Kostenart Material hat der Auftragnehmer für die blauen Fliesen bei seinem Baustoffhändler 30,00 €/m² zu bezahlen. Das entspricht damit den tatsächlich erforderlichen Kosten in der Kostenart Material. Damit ergeben sich die tatsächlich erforderlichen Kosten wie folgt.

100 m² × 30,00 €/m² = 3.000,00 €

743 Die Kostenart Gerät zeichnet sich ebenfalls dadurch aus, dass die Gerätekosten kalkulatorisch ermittelt werden, zum Beispiel nach der Baugeräteliste oder durch andere kalkulatorische Ansätze. Daher können diese Ansätze für die Gerätekosten, vergleichbar dem Mittellohn, nicht für die Ermittlung der tatsächlichen Kosten angesetzt werden. Die tatsächlichen Gerätekosten sind also aus der Buchhaltung zu ermitteln. Dabei sind die tatsächlichen Ansätze für die einzelnen Kostenbestandteile der Gerätekosten zu verwenden, also Abschreibungen auf der Grundlage der tatsächlichen Einkaufspreise für die Geräte, Wartungskosten auf Grundlage der tatsächlichen Wartungsintervalle etc. Reparaturkosten lassen sich aus dem tatsächlichen Einsatz bestimmen, bei dem sie anfallen.

Die Kosten für das Personal bestimmen sich nach den tatsächlichen Kosten. **744**
Hier wird wie bei den Lohnkosten aus der Lohnbuchhaltung der tatsächliche Lohn mit allen Nebenkosten ermittelt. Die tatsächlich erbrachten Stunden des Bedienpersonals sind ebenfalls entsprechend den Lohnstunden zu rapportieren und mit den tatsächlichen Lohnkosten zu berechnen. Betriebskosten sind nach den tatsächlich verbrauchten Betriebsstoffen zu ermitteln. Die Kosten für den An- und Abtransport müssen auch als tatsächlich angefallene Kosten ermittelt werden.

Die Kostenermittlung für das Gerät ist sehr einfach, wenn es sich um ein **745**
Mietgerät handelt. Die angefallene Miete und mögliche weitere Kosten bei dem Vermieter sind in der entsprechenden Rechnung aufgeführt. Der Rechnungsbetrag entspricht den tatsächlichen Kosten. Zu beachten ist, dass das angemietete Gerät erforderlich sein muss, da sonst der Einwand erfolgen kann, es handele sich um ein zu großes Gerät, sodass die tatsächlichen Kosten auf die erforderlichen Kosten zu beschränken sind.

Für das Beispiel ergeben sich folgende Kosten in der Kostenart Gerät. Es wird **746**
unterstellt, dass die Kosten in Höhe von 50,00 €/AT die tatsächlich erforderlichen Kosten darstellen oder die Mietkosten pro Arbeitstag. Durch den erreichten, tatsächlichen Leistungswert in Höhe von 4 m²/h bei dem Fliesen ergibt sich eine kürzere Einsatzzeit des Hubsteigers. Er wird nur noch für die 25 h für das Fliesen und für 35 h für das Verfugen benötigt. Damit ergeben sich die tatsächlich erforderlichen Kosten wie folgt.

25 h Fliesen + 35 h Verfugen = 60 h

60 h : 8 h/AT = 7,5 AT

7,5 AT × 50,00 €/AT = 375,00 €

Zu beachten ist, dass hier die einmaligen Kosten vernachlässigt worden **747**
sind. Sollten in der Kostenart Gerät die einmaligen Kosten für den An- und Abtransport eingerechnet worden sein, sodass diese über die Einsatzzeit abgerechnet werden, ergibt sich bei der Abrechnung nach der kürzeren, tatsächlichen Einsatzzeit eine Unterdeckung für diese einmaligen Kosten. Der Auftragnehmer muss in diesen Fällen also die einmaligen Kosten als tatsächlich erforderliche Kosten gesondert berechnen. Im Gegenzug muss

der Auftragnehmer diese Kosten aber aus den zeitabhängigen Ansätzen herausnehmen.

748 Die Nachunternehmerleistung ändert sich durch den angeordneten Leistungsumfang nicht. Daher bestimmen sich die tatsächlichen Kosten in jedem Fall nach der entsprechenden Rechnung des Nachunternehmers. Das einschränkende Kriterium der Erforderlichkeit bezieht sich hier nicht darauf, dass der Auftragnehmer einen Nachunternehmer einsetzt, statt die Leistung eventuell durch eigenes Personal oder einen anderen Nachunternehmer ausführen zu lassen. Es wird sich hier nur die Frage stellen, ob die Rechnungshöhe des Nachunternehmers im Verhältnis zu der durch den Nachunternehmer erbrachten Leistung als erforderlich angesehen werden kann. Hier sollen ebenfalls überhöhte Forderungen für Nachunternehmerleistungen vermieden werden. In dem Beispiel ergeben sich die Kosten in der Kostenart Sonstiges durch die Kosten des Nachunternehmers für das Verfugen.

500,00 € pauschal

749 Damit ergeben sich die Einzelkosten der Teilleistungen für die geänderte Leistung als tatsächlich erforderliche Kosten wie folgt.

Lohn	1.257,60 €
Material	3.000,00 €
Gerät	375,00 €
Sonstiges	500,00 €
	5.132,60 €

750 Mit dieser Berechnung der Einzelkosten der Teilleistung werden damit alle in den Komponenten zur kalkulatorischen Ermittlung der Einzelkosten der Teilleistungen enthaltenen Gewinn- und Verlustfaktoren eliminiert. Es handelt sich insoweit um eine Kostenerstattung auf der Grundlage der tatsächlichen Kosten, die durch das Kriterium der Erforderlichkeit eingeschränkt wird.

16.6.2 Zuschläge Alternative 1

751 Nach § 650c Abs. 1 BGB sind die tatsächlich erforderlichen Kosten mit angemessenen Zuschlägen für allgemeine Geschäftskosten, Wagnis und Gewinn zu beaufschlagen. Die Zuschläge für Baustellengemeinkosten sind nicht aufgeführt. Damit kann der Auftragnehmer zunächst keine Zuschläge für Baustellengemeinkosten ansetzen. Allerdings ist der Auftragnehmer nicht gehindert, diese Baustellengemeinkosten als tatsächlich erforderliche Kosten, die durch die Anordnung des Auftraggebers entstehen, geltend zu machen.

752 Das bedeutet, dass die Baustellengemeinkosten nicht mehr als Zuschlag berechnet werden können, sondern die tatsächlichen Kosten zu ermitteln sind.

Im Prinzip sind also die Baustellengemeinkosten bei dieser Berechnungsmethode wie Einzelkosten der Teilleistungen zu betrachten. Es gelten daher die im vorstehenden Kapitel angegebenen drei Schritte zur Ermittlung der tatsächlich erforderlichen Kosten.

Im ersten Schritt werden die tatsächlichen Kosten ermittelt, die in den Bau- 753
stellengemeinkosten enthalten sind. Im Prinzip handelt es sich um die analoge Ermittlung dieser Kosten, wie sie in Kapitel 12.12.3 für die Position Baustelleneinrichtung vorgenommen worden ist. Die Leistungen, die in dem Zuschlag für Baustellengemeinkosten enthalten sind, werden also in Einzelkosten der Teilleistung „Baustelleneinrichtung" aufgeteilt. Im Gegensatz zu der Verwendung kalkulativer Ansätze müssen hier die tatsächlichen Kosten ermittelt werden.

In der Kostenart Lohn ist der Bauleiter enthalten. Hier sind die konkreten 754
Gehaltskosten für den tatsächlich eingesetzten Mitarbeiter aus der Lohnbuchhaltung zu ermitteln, einschließlich aller Gehaltsnebenkosten. Sollten auch die Poliere oder andere Mitarbeiter in den Zuschlägen für Baustellengemeinkosten enthalten sein, sind auch deren Kosten aufzuführen. Aus den Gehaltskosten pro Monat lassen sich die tatsächlichen Kosten pro Arbeitstag oder pro Stunde ermitteln.

Die Stundenanzahl, welche die Mitarbeiter, die in den Zuschlägen für Bau- 755
stellengemeinkosten enthalten waren, aufgrund der Anordnung des Auftraggebers mehr oder weniger leisten, sind wie bei dem sonstigen Personal in Stunden- und Tätigkeitsberichten als zweiter Schritt zu dokumentieren. Diese Stundenanzahlen der einzelnen Mitarbeiter sind mit den tatsächlichen Kosten der einzelnen Mitarbeiter zu berechnen und ergeben in Summe die tatsächlich erforderlichen Kosten des Baustellenpersonals, welches in den Zuschlägen für Baustellengemeinkosten enthalten war. Mit der Dokumentation der ausgeführten Tätigkeiten wird die Erforderlichkeit der Kosten nachgewiesen.

In diesem Fall ergibt sich aus der Gehaltsabrechnung, dass der eingesetzte 756
Bauleiter 12.500,00 €/Monat an Gehalt bezieht. Damit ergibt sich bei einer monatlichen Einsatzzeit von 170 h/Monat folgender Stundensatz.

12.500,00 €/Monat : 170 h/Monat = 73,53 €/h

Da der Bauleiter die Arbeiten beaufsichtigt, die aufgrund der geänderten Fliesenfarbe nicht kürzer oder länger dauern, ist seine Einsatzzeit unverändert. Daher sind die im dritten Schritt abzuziehenden Minderkosten hier nicht zu berücksichtigen. Die Einsatzzeit beträgt 10 Stunden. Damit ergeben sich die tatsächlich erforderlichen Kosten wie folgt.

10 h × 73,53 €/h = 735,30 €

Wenn in den Zuschlägen für Baustellengemeinkosten Geräte mit einer an- 757
genommenen Einsatzzeit sowie einmalige Kosten für das Einrichten und Räu-

men der Baustelleneinrichtung enthalten sind, sind auch für diese Bestandteile des Zuschlages für Baustellengemeinkosten die tatsächlichen Kosten zu ermitteln. Gibt es aufgrund der ändernden Anordnung des Auftraggebers Änderungen bei diesen Kostenbestandteilen, ist der entsprechende Mehraufwand ebenfalls mit den tatsächlichen Kosten und der entsprechenden verlängerten Zeitdauer oder einem anderen Mehraufwand zu berechnen.

758 Die so ermittelten tatsächlichen Kosten, die in den Zuschlägen für Baustellengemeinkosten enthalten waren, sind zu den bereits ermittelten tatsächlichen Kosten der Einzelkosten der Teilleistungen zu addieren. Damit ergeben sich folgende tatsächlich erforderlichen Kosten.

Einzelkosten der Teilleistungen	5.132,60 €
Kosten der Baustelle	735,30 €
	5.867,90 €

759 Auf diese tatsächlich erforderlichen Kosten kann der Auftragnehmer Zuschläge für allgemeine Geschäftskosten, Wagnis und Gewinn aufschlagen. Da er die Alternative nach § 650c Abs. 1 BGB gewählt hat, kann er die Zuschläge frei bestimmen. Er muss nicht die kalkulierten Zuschläge verwenden, sondern kann einen neuen Zuschlagsatz ermitteln, der höher oder niedriger ist als der kalkulierte Zuschlagsatz. Der gewählte Zuschlagsatz muss aber angemessen sein. In welcher Höhe die einzelnen Zuschläge als angemessen zu bezeichnen sind, ist unklar. Um Streitigkeiten zu vermeiden, sollten sich die Vertragspartner bereits vorher über angemessene Zuschlagsätze einigen, die sie im Fall von angeordneten Änderungen des vertraglichen Leistungsumfangs und einer Berechnung nach § 650c Abs. 1 BGB verwenden wollen.

760 Im Einzelfall wird die Angemessenheit des Zuschlages zunächst von den Kostenbestandteilen abhängen, welche der Auftragnehmer in die einzelnen Zuschläge eingerechnet hat. Dies ist individuell sehr verschieden und muss vorrangig geklärt werden. Dann muss weiterhin überlegt werden, ob sich durch die angeordnete Änderung des vertraglich vorgesehenen Leistungsumfangs eine abweichende Beurteilung der Zuschlagsätze ergibt. So wäre ein geringerer Umsatz in einer längeren Ausführungszeit ein Grund, den umsatzabhängig berechneten Zuschlag für allgemeine Geschäftskosten bei der angeordneten Leistungsänderung zu erhöhen. Erhöht sich das Wagnis, kann auch der entsprechende Zuschlag erhöht werden. Inwieweit auch der in der Kalkulation festgelegte Gewinnzuschlag im Rahmen einer möglichen Angemessenheit angepasst werden kann, ist fraglich. Grundsätzlich ist das aber nach der gesetzlichen Regelung erlaubt.

761 Im vorliegenden Fall hat der Auftragnehmer die geänderte Leistung im Grundsatz in der gleichen Zeit ausgeführt, in der er auch den vertraglichen Leistungsumfang ausgeführt hätte. In dieser Zeit hat er aber durch die Berechnung der tatsächlich erforderlichen Kosten als Vergütung einen geringeren Deckungsbeitrag für allgemeine Geschäftskosten erwirtschaftet, als er bei einer nicht geänderten Leistung erwirtschaftet hätte. Daher kann mit dieser Begründung beispielsweise der Zuschlag für allgemeine Geschäftskosten auf einen anderen, angemessenen Zuschlag angehoben werden. In dem Beispiel wird der Zuschlag für allgemeine Geschäftskosten von 5 % auf 8 % angehoben.

Das Wagnis unterliegt durch die geänderte Ausführung keinen Änderungen. **762**
Trotzdem steht es dem Auftragnehmer frei, auch hier einen abweichenden, aber angemessenen Zuschlag zu fordern. Es wird unterstellt, dass ein Wagniszuschlag in Höhe von nunmehr 4 % angemessen ist.

Der Gewinnzuschlag wird ebenfalls um 1 % auf 3 % angehoben, da auch **763**
ein Gewinnzuschlag in Höhe von 3 % in unserem Fall angemessen ist.

Der Zuschlag für allgemeine Geschäftskosten, Wagnis und Gewinn ergibt **764**
sich damit wie folgt.

AGK 8 % + W 4 % + G 3 % = 15 %.

Mit diesem Zuschlag sind nun die tatsächlich erforderlichen Kosten zu beaufschlagen. Es ergibt sich damit folgende Abrechnungssumme.

5.867,90 € × 1,15 = 6.748,09 €

16.6.3 Einzelkosten der Teilleistung Alternative 2

Die Berechnungsmethode für die Vergütung bei Nachträgen in § 650c Abs. 2 **765**
BGB, die als Grundlage eine vereinbarungsgemäß hinterlegte Kalkulation erfordert, kann also durch den Auftragnehmer nur gewählt werden, wenn er nach dem abgeschlossenen Vertrag eine Kalkulation hinterlegt hat. Allerdings kann auch der Vertrag durch die Vertragspartner entsprechend geändert werden, sodass die Vereinbarung zur Hinterlegung einer Kalkulation erst später getroffen wird. In jedem Fall ist eine Verwendung der Ansätze aus einer Kalkulation, also die Verwendung von Kalkulationsbestandteilen, ausgeschlossen, wenn sich beide Vertragspartner nicht auf die Hinterlegung einer Kalkulation im Vertrag geeinigt haben. In dem vorliegenden Sachverhalt wird unterstellt, dass der Auftragnehmer eine Kalkulation hinterlegt hat.

Die Bestimmung der Einzelkosten der Teilleistungen erfolgt damit in gleicher **766**
Art und Weise, wie es in Kapitel 8 und Kapitel 9 ausgeführt worden ist. Diese Berechnung wird für das hier bearbeitete Beispiel wiederholt.

Die Kostenart Lohn wird mit dem kalkulierten Mittellohn und dem in der **767**
Kalkulation angenommenen Leistungswert als Basis verwendet. Da das ausführende Personal bei der Ausführung wegen der Änderung der Fliesenfarbe nicht anders zusammengesetzt werden muss, bleibt der Mittellohn gleich.

768 Dies gilt auch für den angesetzten Leistungswert, da sich auch diesbezüglich an der Art der auszuführenden Leistung nichts ändert. Die Fliesenfarbe hat keine Auswirkungen auf den Leistungswert. Hat der Auftragnehmer den Leistungswert zu niedrig angesetzt und erzielen die Mitarbeiter bei der tatsächlichen Ausführung einen höheren Leistungswert, schreibt sich der Gewinn für die erforderlichen Lohnstunden der ausgeführten Menge fort. Die Einzelkosten der Teilleistung Lohn berechnen sich also unverändert wie folgt.

100 m² : 2 m²/h = 50 h

50 h × 50,00 €/h Mittellohn = 2.500,00 €

769 In der Kostenart Material hat der Auftragnehmer nun statt der weißen Fliesen die blauen Fliesen einzukaufen. Es wird unterstellt, dass die blauen Fliesen 5,00 €/m² teurer bei seinem Baustoffhändler eingekauft werden müssen. Sie kosten also den Auftragnehmer 30,00 €/m². Damit betragen die tatsächlichen Mehrkosten gegenüber den ursprünglich vorgesehenen weißen Fliesen, die der Auftragnehmer mit 25,00 €/m² hätte einkaufen müssen, 5,00 €/m².

Der Auftragnehmer hatte aber in seiner Kalkulation für die weißen Fliesen einen Einkaufspreis in Höhe von 20,00 €/m² als Kosten angesetzt. Diese Kalkulationsannahme ist der Bestimmung des geänderten Preises zugrunde zu legen. Damit schreiben sich auch bei diesen Einzelkosten der Teilleistung die kalkulierten Kosten fort, sodass sich auch hier die in der Kalkulation enthaltenen Gewinne und Verluste durch die Veränderung der tatsächlich eintretenden Materialkosten fortsetzen. Der Vergütungsanteil für die Kostenart Material berechnet sich also für die geänderten Fliesen aus den in der Kalkulation angenommenen Kosten zuzüglich der tatsächlichen Kostensteigerung aufgrund des geänderten Materials wie folgt.

20,00 €/m² Fliesen weiß nach Kalkulation + 5,00 €/m² Kostenerhöhung für Fliesen blau = 25,00 €/m²

100 m² × 25,00 €/m² = 2.500,00 €

770 In der Kostenart Gerät hatte der Auftragnehmer für den Hubsteiger 1.000,00 €/Monat in der Kalkulation angesetzt. Für die Zeitdauer hatte er den Leistungswert für das Fliesen und die Zeit der Ausführung des Nachunternehmers angesetzt. Da die Arbeiten auch bei Verwendung der blauen Fliesen gleich bleiben, ändert sich an diesen Kalkulationsansätzen durch die andere Fliesenfarbe nichts. Es entstehen gegenüber den angesetzten Kosten für das Gerät keine Mehrkosten. Die Ermittlung für die Kostenart Gerät aus der Kalkulation ändert sich daher für den Nachtrag für die 100 m² Fliesen nicht.

Gerät Hubsteiger 1000,00 €/Monat

50 h Zeitbedarf für Fliesen, 35 h Zeitbedarf für Nacharbeiten Verfugen ergeben 85 h Ausführungszeit. Dies entspricht einem halben Monat.

1.000,00 €/Monat × 0,5 Monate = 500,00 €

In der Kostenart Sonstiges war der Nachunternehmer für das Verfugen kalkuliert worden. Da der Nachunternehmer in der Kalkulation mit 500,00 € pauschal angesetzt worden ist, ändern sich die Kosten in dieser Kostenart durch die andere Fliesenfarbe nicht. Die Kosten in der Kostenart Sonstiges berechnen sich daher wie folgt. 771

500,00 € pauschal

Damit ergeben sich die Einzelkosten der Teilleistungen für die geänderte Leistung wie folgt.

Lohn	2.500,00 €
Material	2.500,00 €
Gerät	500,00 €
Sonstiges	500,00 €
	6.000,00 €

16.6.4 Zuschläge Alternative 2

Liegt eine Wahl des Auftragnehmers vor, die Ansätze der hinterlegten Kalkulation zu verwenden, werden auch die Vergütungsanteile für die Zuschläge so bestimmt, wie es in den Kapiteln 8 und 9 ausgeführt worden ist. Es ergeben sich insoweit keine Änderungen. Nachstehend wird diese Berechnung für das hier bearbeitete Beispiel wiederholt. 772

Die Zuschläge für Baustellengemeinkosten werden üblicherweise in voller Höhe auf die Einzelkosten der Teilleistungen der geänderten Leistung aufgeschlagen. Zwar wird eine Berechtigung zur Geltendmachung der Zuschläge für Baustellengemeinkosten bei geänderten Leistungen vereinzelt nicht anerkannt. Dies ist aber sachlich nicht zutreffend. Die Einzelkosten der Teilleistungen betrugen für die vertraglichen Leistungen 5.500,00 €. Diese wurden mit 10 % Zuschlag für die Baustellengemeinkosten beaufschlagt, also 550,00 € als Betrag, den der Auftragnehmer bei Abrechnung der vertraglich vereinbarten Vergütung erhalten würde. Würde man nun die Einzelkosten der Teilleistungen nicht beaufschlagen, würde für den Auftragnehmer eine Unterdeckung dieser Zuschläge entstehen. 773

Daher ist in jedem Fall der Zuschlag für Baustellengemeinkosten in Höhe des kalkulierten Prozentsatzes aufzuschlagen. Das gilt auch für die geänderten Einzelkosten, da der Auftragnehmer zwar durch die gestiegenen Einzelkosten der Teilleistungen, hier das Material, einen höheren Deckungsbeitrag für die Baustellengemeinkosten erwirtschaftet, der

6.000,00 € Einzelkosten geänderte Leistung × 0,1 Zuschlag BGK = 600,00 €

beträgt. Damit erwirtschaftet der Auftragnehmer 50,00 € mehr Deckungsbeitrag durch die geänderte Leistung. Dem steht aber auch ein entsprechender Mehraufwand bei der Abwicklung gegenüber, da die geänderte Ausführung organisiert werden muss, sich der Materialeinkauf ändert, die geänderte Leistung eine neue Arbeitsvorbereitung nach sich zieht und letztlich Schriftverkehr und eine gesonderte Kalkulation und Abrechnung auslöst.

774 In Einzelfällen kann man über eine Verringerung des Deckungsbeitrages für Baustellengemeinkosten bei bestimmten Einzelkosten der Teilleistungen nachdenken, wenn es zum Beispiel durch die Verwendung von sehr teuren Materialien dazu kommt, dass der Aufwand der Bauleitung nicht proportional ansteigt, die Baustelleneinrichtung auch nicht mehr in Anspruch genommen wird, aber ein sehr viel höherer Deckungsbeitrag für die BGK erwirtschaftet wird.

775 Im Gegenzug ist bei geänderten Leistungen für den Auftragnehmer zu beachten, dass der ursprünglich erzielte Deckungsbeitrag für die Baustellengemeinkosten durch die geänderte Leistung nicht unterschritten wird. Aus dem Ausgleichsgedanken des § 2 Abs. 3 Nr. 3 VOB/B ergibt sich, unterstellt, dass dieser Gedanke auch auf Verträge ohne Geltung der VOB/B übertragbar ist, dass dem Auftragnehmer auch bei einer Leistungsreduzierung seine ursprünglich kalkulierten Deckungsbeiträge in voller Höhe des Absolutbetrages zustehen sollen.

776 Die Zuschläge für allgemeine Geschäftskosten sind umsatzabhängig kalkuliert. Dementsprechend werden diese Zuschläge auch bei einer geänderten Leistung mit dem in der Kalkulation verwendeten Zuschlag versehen. In dem Fall, in dem durch die geänderte Leistung ein geringerer Deckungsbeitrag erwirtschaftet wird, ist der ursprüngliche Betrag auf die geringeren Einzelkosten der Teilleistung umzulegen.

777 Der Zuschlag für das Wagnis ändert sich vorliegend durch die geänderte Leistung ebenfalls nicht. Er ist auf die geänderten Einzelkosten der Teilleistungen mit dem in der Kalkulation verwendeten Zuschlagsatz zu berechnen.

Gleiches gilt auch für den Gewinnzuschlag.

778 Damit ergibt sich für die geänderte Leistung, dass die neu bestimmten Einzelkosten der Teilleistungen mit dem vollen Zuschlagsatz in Höhe von insgesamt 20 % beaufschlagt werden. Die Abrechnungssumme für den Nachtrag der geänderten Leistung berechnet sich daher wie folgt.

> 6.000,00 € Einzelkosten der geänderten Teilleistung × 1,2 Zuschlag = 7.200,00 €

779 Alternativ ist es auch möglich, nur die Mehrkosten gesondert in Rechnung zu stellen. Das bedeutet, dass die vertraglich vereinbarte Leistung wie im Vertrag vorgesehen abgerechnet wird. Nur die geänderten Leistungen, hier die Einzelkosten der Teilleistung Material, werden als Nachtrag mit den

Mehrkosten und den entsprechenden Zuschlägen gesondert in Rechnung gestellt. Dies entspräche bezüglich der Abrechnung dem Vorgehen bei einer Zulageposition.

§ 650c Abs. 2 Satz 2 BGB sieht allerdings vor, dass eine Vermutung besteht, **780** dass die auf Basis der Kalkulation fortgeschriebene Vergütung der Vergütung entspricht, die nach den tatsächlich erforderlichen Kosten, zuzüglich der Zuschläge, ermittelt worden ist. Rein rechnerisch ist das bei dem unwahrscheinlichen Fall einer Vollkostenkalkulation allerdings nicht möglich. Es ist daher unklar, was mit dieser Anmerkung gemeint sein soll. Es ist zu vermuten, dass die nach der Kalkulation ermittelte Vergütung „in etwa" in der Höhe dem Betrag entsprechen sollte, der sich aus einer Berechnung mit den tatsächlich erforderlichen Kosten zuzüglich der Zuschläge ergibt. Damit hat der Auftraggeber eine Einflussmöglichkeit, falls die Preisfortschreibung nach der Alternative des § 650c Abs. 2 BGB unter Verwendung der Ansätze einer hinterlegten Kalkulation eine Vergütung ergibt, die deutlich über der Vergütung liegt, die nach den tatsächlich erforderlichen Kosten bestimmt wird.

In der Alternative 1 des Falles ergab sich eine Vergütung auf der Grundlage **781** der tatsächlich erforderlichen Kosten in Höhe von 6.748,09 €. Das ergibt eine Abweichung in folgender Höhe.

7.200,00 € – 6.748,09 € = 451,91 € oder in Höhe von ca. 7 %

Bei Abweichungen in dieser Größenordnung wird man davon ausgehen können, dass eine höhere Vergütung, die nach § 650c Abs. 2 BGB berechnet worden ist, noch der Vergütung, die nach § 650c Abs. 1 BGB berechnet worden ist, entspricht.

16.7 Sachverhalt Geänderter Wandbelag

Hier wird der gleiche Fall behandelt, der bereits in Kapitel 8.7 für geänderte **782** Leistungen bearbeitet wurde. Damit wird deutlich, welche Unterschiede bei der Bearbeitung von Nachträgen mit größerem Einfluss auf die vertraglichen Leistungen gegeben sind, wenn die gesetzlichen Regelungen des BGB zur Anwendung kommen oder wenn die Geltung der VOB/B vereinbart worden ist, sodass § 1 VOB/B bezüglich des Leistungsänderungsrechts und § 2 VOB/B bezüglich der Bestimmung der geänderten Preise Geltung hat. Hier wird wegen der tiefer greifenden Änderungen der Leistung der Nachtrag so berechnet, dass die Mehr- und Minderkosten angesetzt werden.

Die Vertragspartner schließen den Vertrag nach dem 01.01.2018 ab. Es **783** handelt sich um einen Einheitspreisvertrag, bei dem der Auftraggeber das Leistungsverzeichnis erstellt hat. Die Geltung der VOB/B ist nicht vereinbart. Im Vertrag befinden sich auch keine anderen Regelungen, die ein Leistungsänderungsrecht des Auftraggebers oder die entsprechende Änderung der Vergütung vorsehen. Es ist die Ausführung mit weißen Fliesen vorgesehen. Nach Vertragsabschluss erhält der Auftragnehmer von seinem Auftraggeber einen Brief, in dem dieser anordnet, statt der weißen Fliesen großformatige, scharfkantige und polierte Natursteine und mit kleinsten Fugen aufzubringen. Der Betrieb des Auftragnehmers kann diese Arbeiten ausführen.

16.8 Vertraglicher Leistungsinhalt

784 Der vertragliche Leistungsinhalt umfasst das Fliesen der 100 m² Fläche, wie es im Leistungsverzeichnis angegeben ist. Da der Vertrag abgeschlossen worden war, ändert sich daran zunächst nichts.

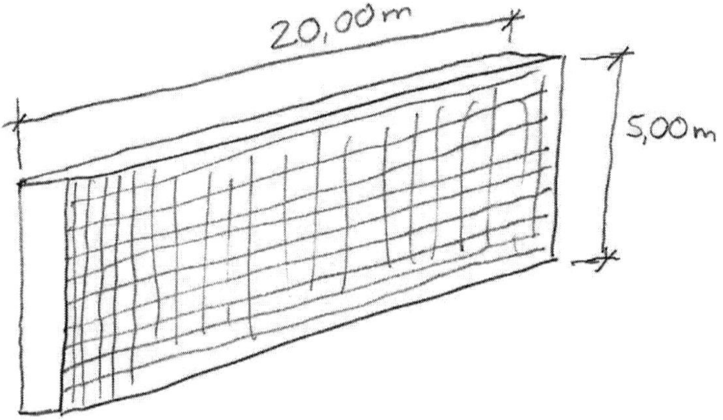

Vertraglicher Leistungsumfang

16.9 Tatsächlich auszuführende Leistung

785 Der Auftragnehmer fliest die Wandfläche mit großformatigen, scharfkantigen und polierten Natursteinen und mit kleinsten Fugen. Der Nachunternehmer verfugt die belegte Fläche.

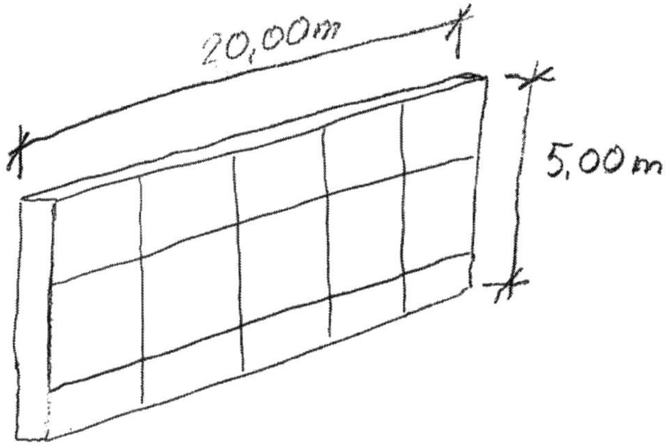

Tatsächlicher Leistungsumfang

16.10 Änderung der zu erbringenden Leistung

Der Auftragnehmer führt die Fliesenarbeiten auf der gleichen Fläche aus. **786**
Allerdings muss er die Natursteine mit größerem Format verarbeiten, die wegen der Scharfkantigkeit sehr vorsichtig zu behandeln sind. Wegen der kleinen Fugen ist eine sehr sorgfältige Verlegung erforderlich. Im Gegensatz zu den Fliesen müssen die Natursteine im Randbereich auf Maß geschnitten werden. Für den Nachunternehmer ergeben sich Änderungen, da er die polierten Natursteine mit größerem Aufwand verfugen muss. Allerdings steigt sein Gesamtaufwand nicht an, sodass er keinen geänderten Preis geltend macht.

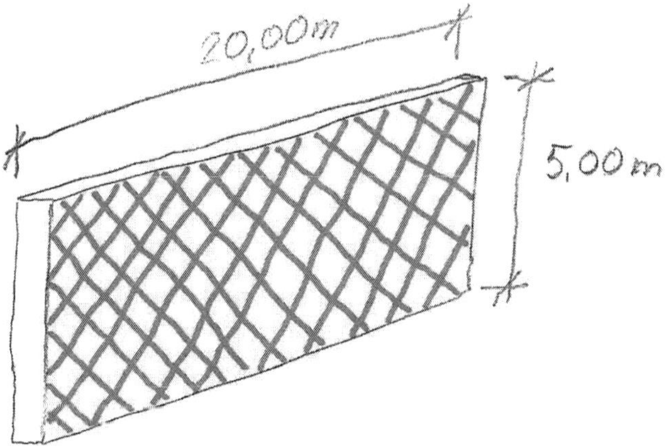

Geänderter Leistungsumfang

16.11 Anspruchsgrundlage

787 Da weder die Geltung der VOB/B vereinbart ist, noch andere Regelungen im Vertrag enthalten sind, welche das Leistungsänderungsrecht des Auftraggebers oder das Recht der Vergütungsanpassung des Auftragnehmers regeln, gelten auch hier nur die gesetzlichen Bestimmungen. Daher ergibt sich das Recht des Auftraggebers, einseitig den vertraglichen Leistungsumfang zu ändern, aus § 650b BGB. Das entsprechende Recht des Auftragnehmers, seine Vergütung anzupassen, ergibt sich aus § 650c BGB. Es wird ergänzend auf die Ausführungen in Kapitel 16.5 verwiesen.

16.12 Anspruchshöhe

788 Auch dieser Fall wird wieder in den zwei Alternativen abgearbeitet, also Alternative 1 mit der Ermittlung der Vergütung nach den tatsächlich erforderlichen Kosten gemäß § 650c Abs. 1 BGB, Alternative 2 unter Rückgriff auf die Ansätze der hinterlegten Kalkulation nach § 650c Abs. 2 BGB. Hier wird aber die angeordnete Leistungsänderung so betrachtet, als ob die geänderte Leistung des Wandbelages den Mehraufwand darstellt, die nicht mehr ausgeführte Leistung des Fliesens den verminderten Aufwand.

Das bedeutet, dass sowohl der verminderte Aufwand nach den tatsächlich erforderlichen Kosten zu bestimmen ist, aber auch der Mehraufwand. Es gelten hier die Ausführungen aus Kapitel 16.6 ergänzend.

16.12.1 Einzelkosten der Teilleistung Alternative 1

789 Einleitend gelten die Ausführungen aus Kapitel 16.6.1. Es werden hier zunächst die tatsächlich erforderlichen Kosten ermittelt in der Struktur der Kostenarten der Einzelkosten der Teilleistungen. Bei jeder Kostenart werden dann die verminderten Aufwände in Abzug gebracht.

790 Aufgrund der Anordnung des Auftraggebers müssen empfindliche Natursteine verarbeitet werden. Daher muss der Auftragnehmer zwei hoch qualifizierte Mitarbeiter einsetzen. Zur Ermittlung der tatsächlichen Lohnkosten ist daher wieder der tatsächliche Lohn einschließlich aller Lohnnebenkosten aus der Lohnbuchhaltung zu ermitteln.

Im vorliegenden Fall erfolgt die Berechnung der tatsächlich erforderlichen Kosten in der Kostenart Lohn dementsprechend wie folgt.

791 Eingesetzt werden die Mitarbeiter A und B. Aus der Lohnbuchhaltung wurden die tatsächlichen Lohnkosten inklusive aller Lohnbestandteile für beide Mitarbeiter wie folgt für den ersten Schritt ermittelt.

Mitarbeiter A: 59,20 €/h

Mitarbeiter B: 62,10 €/h

Vorliegend wird unterstellt, dass der tatsächlich erreichte Leistungswert für die Verlegung der Natursteine 1,5 m²/h beträgt. Damit fallen 67 Lohnstunden tatsächlich an. Von diesen Lohnstunden hat der Mitarbeiter A 27 Lohnstunden erbracht, der Mitarbeiter B 40 Lohnstunden. Mit dieser im zweiten Schritt ermittelten tatsächlichen Stundenanzahl ergeben sich die tatsächlich erforderlichen Kosten für den Mehraufwand der geänderten Leistung wie folgt.

Mitarbeiter A: 59,20 €/h × 27 h =	1.598,40 €
Mitarbeiter B: 62,10 €/h × 40 h =	2.484,00 €
	4.082,40 €

792 Das stellt in der Kostenart Lohn die tatsächlich erforderlichen Kosten dar. Im dritten Schritt wird der durch die Leistungsänderung verminderte tatsächlich erforderliche Aufwand ermittelt. Für die Fliesenarbeiten des vertraglichen Leistungsumfangs wurden die Mitarbeiter M und G eingesetzt. Sie hätten einen tatsächlichen Leistungswert von 4 m²/h für die Fliesenarbeiten erreicht. Damit ergaben sich mit ihren tatsächlichen Lohnkosten folgende hypothetischen Lohnkosten für die Ausführung des vertraglichen Leistungsumfangs.

Mitarbeiter M: 48,90 €/h × 16 h =	782,40 €
Mitarbeiter G: 52,80 €/h × 9 h =	475,20 €
	1.257,60 €

Der tatsächliche Mehraufwand in der Kostenart Lohn berechnet sich damit wie folgt.

4.082,40 € - 1.257,60 € = 2.824,80 €

793 Da dieser Betrag nur den tatsächlichen Lohnmehraufwand darstellt, sind die kalkulierten Lohnkosten in der Kostenart Lohn zu berücksichtigen. Die kalkulierten Lohnkosten betragen 2.500,00 €. Insgesamt ergeben sich somit die Einzelkosten der Teilleistung in der Kostenart Lohn wie folgt.

2.500,00 € EkdT Lohn nach Vertrag – 1.257,60 € tatsächliche Kosten Minderaufwand + 4.082,40 € tatsächliche Kosten Mehraufwand = 5.324,80 €

oder

2.500,00 € EkdT Lohn nach Vertrag + 2.824,80 € tatsächlicher Mehraufwand = 5.324,80 €

794 Bei dieser Berechnung mit dem Vertragspreis als Ausgangsbasis, mit dem innerhalb der Einzelkosten der Teilleistungen in der Kostenart Lohn die tat-

sächlichen Kosten für den Mehraufwand und die hypothetischen, tatsächlichen Kosten für den Minderaufwand verrechnet werden, werden die in den Einzelkosten der Teilleistungen enthaltenen Gewinne aus dem Leistungswert im Prinzip erhalten. Rechnerische Unterschiede ergeben sich, da bei dem Minderaufwand nicht der Mittellohn in die Rechnung einbezogen wird, sondern die tatsächlichen Lohnkosten. Damit werden auch Gewinne und Verluste, die sich aus der Differenz der tatsächlichen Lohnkosten zu dem in der Kalkulation angenommenen Mittellohn ergeben, fortgeschrieben.

795 In der Kostenart Material hat der Auftragnehmer bei seinem Baustoffhändler nun statt der weißen Fliesen die Natursteine einzukaufen. Es wird unterstellt, dass die Natursteine 200,00 €/m² kosten. Durch den Verschnitt erhöht sich die einzukaufende Menge um 20 m² auf 120 m². Die tatsächlich erforderlichen Kosten berechnen sich daher wie folgt.

200,00 €/m² × 120 m² = 24.000,00 €

Der verminderte Aufwand besteht in den hypothetischen tatsächlichen Kosten für die weißen Fliesen. Der Auftragnehmer hätte 100 m² einkaufen müssen. Diese hätten den Auftragnehmer bei seinem Baustoffhändler 25,00 €/m² gekostet. Der verminderte Aufwand berechnet sich damit wie folgt.

100 m² × 25,00 €/m² = 2.500,00 €

Die kalkulierten Materialkosten betragen 2.000,00 €. Insgesamt ergeben sich somit die Einzelkosten der Teilleistung in der Kostenart Material wie folgt.

2.000,00 € EkdT Material nach Vertrag – 2.500,00 € tatsächliche Kosten Minderaufwand + 24.000,00 € tatsächliche Kosten Mehraufwand = 23.500,00 €

796 Bei der Kostenart Material wird durch die Verwendung der im Vertragspreis enthaltenen Einzelkosten der Teilleistungen in der Kostenart Material der in der Kalkulation enthaltene Verlust fortgeschrieben.

797 In der Kostenart Gerät wird unterstellt, dass die Kosten in Höhe von 50,00 €/AT die tatsächlich erforderlichen Kosten darstellen oder die Mietkosten pro Arbeitstag für den Hubsteiger.

Durch den erreichten tatsächlichen Leistungswert für das Verlegen des Natursteins ergaben sich 67 Stunden für die Ausführung, sowie weitere 35 Stunden des Nachunternehmers für das Verfugen. Damit ergibt sich eine längere Einsatzzeit des Hubsteigers und die tatsächlich erforderlichen Kosten berechnen sich wie folgt.

67 h Verlegen Naturstein + 35 h Verfugen = 102 h

102 h : 8 h/AT = 12,75 AT

12,75 AT × 50,00 €/AT = 637,50 € tatsächliche Kosten Mehraufwand

Der tatsächliche Minderaufwand für die Kostenart Gerät berechnete sich aus der hypothetisch benötigten Einsatzzeit für das Fliesen und das Verfugen. Da der Auftragnehmer einen Leistungswert von 4 m²/h erreicht hätte, hätte er den Hubsteiger für die Fliesenarbeiten 25 Stunden benötigt. Hinzu kommen die 35 Stunden für das Verfugen, also insgesamt 60 Stunden. **798**

60 h : 8 h/AT = 7,5 AT

7,5 AT × 50,00 €/AT = 375,00 € tatsächliche Kosten Minderaufwand

In den Einzelkosten der Teilleistungen sind bei der Kostenart Gerät durch den Auftragnehmer 500,00 € angesetzt worden. Insgesamt ergeben sich somit die Einzelkosten der Teilleistung in der Kostenart Gerät wie folgt.

500,00 € EkdT Gerät nach Vertrag – 375,00 € tatsächliche Kosten Minderaufwand + 637,50 € tatsächliche Kosten Mehraufwand = 762,50 €

Bei der Kostenart Gerät wird durch die Verwendung der im Vertragspreis enthaltenen Einzelkosten der Teilleistungen in der Kostenart Gerät der in der Kalkulation enthaltene Gewinn fortgeschrieben.

Zu beachten ist, dass hier die einmaligen Kosten vernachlässigt worden sind. **799**
Sollten in der Kostenart Gerät die einmaligen Kosten für den An- und Abtransport eingerechnet worden sein, sodass diese über die Einsatzzeit abgerechnet werden, ergibt sich bei der Abrechnung eine Unter- oder Überdeckung für diese einmaligen Kosten. Der Auftragnehmer muss in diesen Fällen also die einmaligen Kosten als tatsächlich erforderliche Kosten gesondert berechnen. Im Gegenzug muss er diese Kosten aber aus den zeitabhängigen Ansätzen herausnehmen.

Die Nachunternehmerleistung ändert sich durch den angeordneten Leistungs- **800**
umfang nicht. Daher bestimmen sich die tatsächlichen Kosten in jedem Fall nach der entsprechenden Rechnung des Nachunternehmers. Das einschränkende Kriterium der Erforderlichkeit bezieht sich hier nicht darauf, dass der Auftragnehmer einen Nachunternehmer einsetzt, statt die Leistung eventuell durch eigenes Personal oder einen anderen Nachunternehmer ausführen zu lassen. Es wird sich hier nur die Frage stellen, ob die Rechnungshöhe des Nachunternehmers im Verhältnis zu der durch den Nachunternehmer erbrachten Leistung als erforderlich angesehen werden kann. Hier sollen ebenfalls überhöhte Forderungen für Nachunternehmerleistungen vermieden werden. In dem Beispiel ergeben sich daher die Kosten in der Kostenart Sonstiges durch die Kosten des Nachunternehmers für das Verfugen.

500,00 € pauschal

Damit ergeben sich die Einzelkosten der Teilleistungen für die geänderte **801**
Leistung als tatsächlich erforderliche Kosten wie folgt.

Lohn	5.324,80 €
Material	23.500,00 €
Gerät	762,50 €
Sonstiges	500,00 €
	30.087,30 €

16.12.2 Zuschläge Alternative 1

802 Für den Zuschlag der Baustellengemeinkosten wird allgemein auf die Ausführungen in Kapitel 16.6.2 verwiesen.

Im vorliegenden Fall ergibt sich aus der Gehaltsabrechnung, dass der eingesetzte Bauleiter 12.500,00 €/Monat an Gehalt bezieht. Damit ergibt sich bei einer Einsatzzeit von 170 h/Monat folgender Stundensatz.

12.500,00 €/Monat : 170 h/Monat = 73,53 €/h

Da der Bauleiter die Arbeiten beaufsichtigt, die aufgrund des geänderten Wandbelages länger dauern, ist seine Einsatzzeit ebenfalls länger. Die Einsatzzeit beträgt 30 Stunden. Damit ergeben sich die tatsächlich erforderlichen Kosten als Mehraufwand wie folgt.

30 h × 73,53 €/h = 2.205,90 €.

Die Einsatzzeit für den vertraglichen Leistungsumfang beträgt 10 Stunden. Damit ergeben sich die tatsächlich erforderlichen Kosten für den Minderaufwand wie folgt.

10 h × 73,53 €/h = 735,30 €.

803 Die kalkulierten Zuschläge für Baustellengemeinkosten betrugen 10 % bezogen auf Einzelkosten der Teilleistungen in Höhe von 5.500,00 €. Der Deckungsbeitrag hat damit 550,00 € betragen.

In dem Zuschlag für Baustellengemeinkosten sind durch den Auftragnehmer 550,00 € angesetzt worden. Insgesamt ergeben sich somit die Mehr- und Minderaufwände wie folgt.

550,00 € Deckungsbeitrag BGK nach Vertrag – 735,30 € tatsächliche Kosten Minderaufwand + 2.205,90 € tatsächliche Kosten Mehraufwand = 2.020,60 €

804 Bei dem Zuschlag für Baustellengemeinkosten wird durch die Verwendung des im Vertragspreis enthaltenen Zuschlagsbetrages der in der Kalkulation enthaltene Gewinn oder Verlust fortgeschrieben.

805 Wenn in den Zuschlägen für Baustellengemeinkosten Geräte mit einer angenommenen Einsatzzeit und einmalige Kosten für das Einrichten und Räumen der Baustelleneinrichtung enthalten sind, sind auch für diese Bestandteile des Zuschlages für Baustellengemeinkosten die tatsächlichen Kosten zu

ermitteln. Gibt es aufgrund der ändernden Anordnung des Auftraggebers Änderungen bei diesen Kostenbestandteilen, ist der entsprechende Mehraufwand ebenfalls mit den tatsächlichen Kosten und der entsprechend verlängerten Zeitdauer oder einem anderen Mehraufwand zu berechnen.

Die so ermittelten tatsächlichen Kosten, die in den Zuschlägen für Baustellen- **806**
gemeinkosten enthalten waren, sind zu den bereits ermittelten tatsächlichen Kosten der Einzelkosten der Teilleistungen zu addieren. Damit ergeben sich folgende tatsächlich erforderlichen Kosten.

Einzelkosten der Teilleistungen	30.087,30 €
Kosten der Baustelle	2.020,60 €
	32.107,90 €

Auf diese tatsächlich erforderlichen Kosten kann der Auftragnehmer Zu- **807**
schläge für allgemeine Geschäftskosten, Wagnis und Gewinn aufschlagen. In Kapitel 16.6.2 wurden allgemeine Ausführungen zu den Zuschlägen gemacht, die auch für diesen Fall gültig sind. Der neu bestimmte Zuschlag für allgemeine Geschäftskosten, Wagnis und Gewinn ergibt sich damit wie folgt.

AGK 8 % + W 4 % + G 3 % = 15 %.

Mit diesem Zuschlag sind nun die tatsächlich erforderlichen Kosten zu beauf- **808**
schlagen. Es ergibt sich damit folgende Abrechnungssumme.

32.107,90 € × 1,15 = 36.924,09 €

16.12.3 Einzelkosten der Teilleistung Alternative 2

In der Alternative 2 wird die Vergütung nach den Ansätzen in einer hinter- **809**
legten Kalkulation berechnet. Für die Kostenart Lohn ist der kalkulierte Mittellohn die Ausgangsbasis zur Berechnung der geänderten Vergütung für die neuen Lohnkosten. Damit ist zunächst die Ermittlung des in der Kalkulation verwendeten Mittellohns aufzuschlüsseln. Es wird unterstellt, dass der kalkulierte Mittellohn sich aus zwei Fachkräften ergeben hat, die für standardmäßige Fliesenarbeiten ausgebildet und erfahren sind. Diese Mitarbeiter sind aber nicht qualifiziert, mit den empfindlichen Natursteinen zu arbeiten. Daher muss der Auftragnehmer zwei hoch qualifizierte Mitarbeiter einsetzen, deren Lohn deutlich höher ist.

Daher muss ein neuer Mittellohn berechnet werden. Der kalkulierte Mittel- **810**
lohn für die ursprünglichen Fliesenarbeiten lag bei 50,00 €/h. Unter Ansatz der höheren Lohnkosten für die höher qualifizierten Mitarbeiter wird ein neuer Mittellohn in Höhe von 70,00 €/h durch den Auftragnehmer ermittelt und im Folgenden für die Ermittlung der Kostenart Lohn verwendet. Die geänderte Ermittlung des neuen Mittellohns ist der Kalkulation des Nachtrags beizufügen.

811 Der weitere Bestandteil der Ermittlung der Lohnkosten aus der Kalkulation ist der Leistungswert. Er wurde in der Kalkulation mit 2 m²/h für die Fliesenarbeiten angenommenen. Dieser Leistungswert ist für die Belegung mit den Natursteinen nicht mehr zutreffend. Daher muss durch den Auftragnehmer ein neuer Leistungswert ermittelt werden. Die neue Ermittlung des Leistungswertes kann mit verschiedenen Methoden vorgenommen werden. Diese wurden in Kapitel 8.12.1 erläutert.

Vorliegend wird unterstellt, dass der neue Leistungswert 1,25 m²/h beträgt. Die Vergütung in der Kostenart Lohn ermittelt sich also wie folgt.

100 m² : 1,25 m²/h = 80 h

80 h × 70,00 €/h Mittellohn = 5.600,00 €

812 In der Kostenart Material hat der Auftragnehmer nun statt der weißen Fliesen die Natursteine einzukaufen. Es wird unterstellt, dass die Natursteine 200,00 €/m² kosten. Der Auftragnehmer kann die Natursteine bei seinem Baustoffhändler einkaufen, bei dem er auch die Fliesen gekauft hätte. Damit betragen die tatsächlichen Mehrkosten gegenüber den ursprünglich vorgesehenen weißen Fliesen, die der Auftragnehmer mit 25,00 €/m² hätte einkaufen müssen, 175,00 €/m².

813 Weiterhin ist zu berücksichtigen, dass die Natursteine im Randbereich geschnitten werden müssen, was bei den Fliesen nicht der Fall war. Dadurch fällt im Gegensatz zu den Fliesen in erheblichem Umfang Verschnittmaterial an. Dieses Material kann aber nicht über die Fläche abgerechnet werden, da nur der ausgeführte Vordersatz in Höhe von 100 m² bei dem Einheitspreisvertrag zur Abrechnung kommt. Daher ist das Verschnittmaterial in die Kostenart Material einzurechnen. Es wird unterstellt, dass der Auftragnehmer durch den Schnitt im Randbereich 20 m² Naturstein mehr benötigt. Die Gesamtmenge beträgt also 120 m², welche in der Kostenart Material anzusetzen ist.

814 Der Auftragnehmer hatte in seiner Kalkulation für die weißen Fliesen einen Einkaufspreis in Höhe von 20,00 €/m² als Kosten angesetzt. Diese Kalkulationsannahme ist der Bestimmung des geänderten Preises zugrunde zu legen. Damit schreiben sich auch bei diesen Einzelkosten der Teilleistung die kalkulierten Kosten fort, sodass sich auch hier die in der Kalkulation enthaltenen Gewinne und Verluste durch die Veränderung der tatsächlich eintretenden Materialkosten fortsetzen. Der Vergütungsanteil für die Kostenart Material berechnet sich also für die geänderte Leistung mit den Natursteinen aus den in der Kalkulation angenommenen Kosten zuzüglich der tatsächlichen Kostensteigerung aufgrund des geänderten Materials wie folgt.

20,00 €/m² Fliesen weiß nach Kalkulation + 175,00 €/m² Kostenerhöhung für Natursteine = 195,00 €/m²

120 m² × 195,00 €/m² = 23.400,00 €

Bei genauer Betrachtungsweise kann man den Verlustbetrag in Höhe von 5 €/m² auf eine Menge von 100 m² beschränken, da die Mengenerhöhung auf 120 m² an der ändernden Anordnung liegt, die zu dem Anteil Verschnittmaterial führt.

In der Kostenart Gerät hatte der Auftragnehmer für den Hubsteiger 1.000,00 €/Monat in der Kalkulation angesetzt. Für die Zeitdauer hatte er den Leistungswert für das Fliesen und die Zeit der Ausführung des Nachunternehmers angesetzt. Es entstehen gegenüber den angesetzten Kosten für das Gerät Mehrkosten. Die Ermittlung für die Kostenart Gerät aus der Kalkulation ändert sich daher für den Nachtrag für die 100 m² Naturstein. **815**

Gerät Hubsteiger 1.000,00 €/Monat

80 h Zeitbedarf für Verlegen, 35 h Zeitbedarf für Nacharbeiten Verfugen ergeben 115 h Ausführungszeit. Dies entspricht einem ¾ Monat.

1.000,00 €/Monat × 0,75 Monate = 750,00 €

In der Kostenart Sonstiges war der Nachunternehmer für das Verfugen kalkuliert worden. Da der Nachunternehmer seinen Preis trotz der geänderten Leistung beibehält, ändern sich die Kosten in dieser Kostenart durch die Natursteine nicht. Die Kosten in der Kostenart Sonstiges berechnen sich daher wie folgt. **816**

500,00 € pauschal

Damit ergeben sich die Einzelkosten der Teilleistungen für die geänderte Leistung wie folgt. **817**

Lohn	5.600,00 €
Material	23.400,00 €
Gerät	750,00 €
Sonstiges	500,00 €
	30.250,00 €

16.12.4 Zuschläge Alternative 2

Die Zuschläge für Baustellengemeinkosten werden üblicherweise in voller Höhe auf die Einzelkosten der Teilleistungen der geänderten Leistung aufgeschlagen. Hierzu wurden bereits Ausführungen im Kapitel 8.6.2 gemacht. **818**

Die Zuschläge für allgemeine Geschäftskosten sind umsatzabhängig kalkuliert. Dementsprechend werden diese Zuschläge auch bei einer geänderten Leistung mit dem in der Kalkulation verwendeten Zuschlag versehen. Der Deckungsbeitrag erhöht sich hier entsprechend dem größeren Umsatz. In dem Fall, in dem durch die geänderte Leistung ein geringerer Deckungs- **819** beitrag erwirtschaftet wird, ist der ursprüngliche Betrag auf die geringeren Einzelkosten der Teilleistung umzulegen.

820 Der Zuschlag für das Wagnis ändert sich vorliegend durch die geänderte Leistung nicht. Das Ausführungs- und Gewährleistungswagnis steigt zwar durch die anspruchsvollere Ausführung. Da sich die Einzelkosten der Teilleistung entsprechend erhöhen, kann der Zuschlag für Wagnis auf die geänderten Einzelkosten der Teilleistungen mit dem in der Kalkulation verwendeten Zuschlagsatz berechnet werden.

Gleiches gilt auch für den Gewinnzuschlag.

821 Damit ergibt sich für die geänderte Leistung, dass die neu bestimmten Einzelkosten der Teilleistungen mit dem vollen Zuschlagsatz in Höhe von insgesamt 20 % beaufschlagt werden. Die Abrechnungssumme für den Nachtrag der geänderten Leistung berechnet sich daher wie folgt.

30.250,00 € Einzelkosten der geänderten Teilleistung × 1,2 Zuschlag = 36.300,00 €

822 § 650c Abs. 2 Satz 2 BGB sieht allerdings vor, dass eine Vermutung besteht, dass die auf Basis der Kalkulation fortgeschriebene Vergütung der Vergütung entspricht, die nach den tatsächlich erforderlichen Kosten, zuzüglich der Zuschläge, ermittelt worden ist. In der Alternative 1 des Falles ergab sich eine Vergütung auf der Grundlage der tatsächlich erforderlichen Kosten in Höhe von 36.924,09 €. Das ergibt eine Abweichung in folgender Höhe.

36.924,09 € - 36.300,00 € = 624,09 € oder in Höhe von ca. 1,5 %

823 Bei Abweichungen in dieser Größenordnung wird man davon ausgehen können, dass eine höhere Vergütung, die nach § 650c Abs. 1 BGB berechnet worden ist, noch der Vergütung, die nach § 650c Abs. 2 BGB berechnet worden ist, entspricht. Im Prinzip wird ersichtlich, dass bei der Verwendung der ursprünglichen Positionspreise, der darin enthaltenen Einzelkosten der Teilleistungen und der Zuschläge, der bei der konsequenten Preisfortschreibung enthaltene Verlust und Gewinn ebenfalls fortgeschrieben wird. Daher sind bei dieser Berechnungsmethode die Unterschiede zwischen der Ermittlung des Mehr- und Minderaufwandes nach den tatsächlich erforderlichen Kosten und der Preisfortschreibung gering.

824 Welche Berechnungsmethode sich in der Praxis letztlich durchsetzen wird, also rein nach den tatsächlich erforderlichen Kosten oder unter Berücksichtigung der Ausgangspreise, eventuell auch nur teilweise, ist derzeit fraglich.

16.13 Sachverhalt Zusätzliche Leistung

Bei zusätzlichen Leistungen ergeben sich keine Minderaufwände, da der vertragliche Leistungsumfang weiterhin ausgeführt wird. Daher ist bei zusätzlichen Leistungen eine Bestimmung der Vergütung nach den tatsächlich erforderlichen Kosten zuzüglich der Zuschläge möglich, wie es in Kapitel 16.6 erläutert wurde. Alternativ kann eine Preisfortschreibung erfolgen. Diese wurde in Kapitel 9 beschrieben. **825**

16.14 Sachverhalt Änderung der Bauzeit

Auch bei Einflüssen einer Anordnung des Auftraggebers auf die Bauzeit oder die Ausführungsdauer, die verlängernd oder verkürzend sein kann, sind die Nachträge entsprechend § 650c BGB zu berechnen. Hier stehen ebenfalls die beiden Alternativen zur Verfügung, entweder nach den Vertragspreisen die Nachträge zu berechnen wie in den Kapiteln 12 und 13 beschrieben, oder nach den tatsächlich erforderlichen Kosten. **826**

17 Ergänzende Erläuterungen

827 In diesem Kapitel werden Erläuterungen gegeben, die mit den einzelnen Nachträgen nicht direkt etwas zu tun haben. Sie betreffen aber Fragen der Abrechnung, die immer wieder vorkommen, auch bei Nachträgen.

17.1 Rabatt

828 Wenn der Auftragnehmer dem Auftraggeber einen Rabatt gewährt, ist dies eine vertragliche Vereinbarung. Daher sind zwei übereinstimmende Willenserklärungen erforderlich, mit denen die Vertragspartner den Rabatt festlegen. In der Praxis ist immer wieder festzustellen, dass bei der Vereinbarung des Rabatts sehr unsorgfältig vorgegangen wird. Der Rabatt wird meist schon nicht eindeutig vereinbart. Bei der Gewährung des Rabatts wird der Rabatt häufig einfach auf alle Rechnungsbeträge angewendet. Damit wird häufig schlicht Geld verschenkt.

Wichtig ist es also, wie immer zuerst die vertragliche Regelung zu suchen, mit der ein Rabatt gewährt wird. Diese Regelung muss einvernehmlich getroffen worden sein. Ist keine Regelung im Vertrag vorhanden, dass der Auftragnehmer Rabatt gewährt, muss er dies auch nicht tun. Hat der Auftragnehmer allerdings auf seine Rechnung geschrieben, dass er dem Auftraggeber einen Rabatt in x % Höhe gewährt, bietet der Auftragnehmer dem Auftraggeber eine Ergänzung des Vertrages an, nämlich die vertraglich vereinbarte Vergütung durch den Rabatt zu verringern.

829 Die Regelung zur Gewährung eines Rabatts oder Nachlasses muss sich auf eine bestimmte Summe, auf bestimmte Leistungen oder Zeiträume beziehen. Es ist also möglich, einen Rabatt in Höhe von x % zu gewähren auf die Auftragssumme, auf die Abrechnungssumme, auf alle Leistungen, die innerhalb der vertraglichen Bauzeit erbracht werden, auf alle Leistungen, die im Rahmen des Vertrages erbracht werden usw. Man erkennt also sehr schnell, dass meistens lediglich eine Vereinbarung getroffen wird, die schlicht Rabatt in einer gewissen Höhe vorsieht. Damit bleibt unklar, ob der Rabatt sich zum Beispiel auch auf Nachträge bezieht, da die Nachträge zum Zeitpunkt der Vereinbarung des Rabatts noch nicht bekannt waren.

830 Wurde also der Rabatt in dem Vertrag in einer gewissen prozentualen Höhe vereinbart, wird man im Regelfall davon ausgehen, dass dieser Rabatt nur auf die im Vertrag festgelegte Vergütung bezogen ist und daher nicht für Nachträge gewährt wird. Sieht der Vertrag eine Regelung vor, dass sich der Rabatt auch auf alle Nachträge bezieht, ist der Rabatt auch von der Vergütung für Nachträge in Abzug zu bringen. Insbesondere ein Rabatt, der in

der Schlussverhandlung gewährt wird als Nachlass von der Auftragssumme, wird in aller Regel ein einmaliger Rabatt sein, der sich nicht auf zukünftige Vergütungsforderungen bezieht.

Der vereinbarte Rabatt ist eine vertragliche Regelung, welche direkt die Ver- **831**
gütungshöhe für die erbrachten Leistungen betrifft. Der Auftragnehmer sagt zu, dass er die Vergütung jeweils um den zugesagten Rabatt verringert. Daher ist auf allen Rechnungen des Auftragnehmers der Rabatt auszuweisen und vom Rechnungsbetrag in Abzug zu bringen. Das bedeutet, dass der Rechnungsbetrag, der durch den Auftraggeber zu zahlen ist, nur der Betrag nach Abzug des Rabatts ist.

17.2 Skonto

Häufig wird neben einem Rabatt auch ein Skonto vorgesehen. Auch eine **832**
Skontoabrede bedarf einer vertraglichen Regelung. Daher ist, wie auch bei einem Rabatt, zunächst zu prüfen, ob in den vertraglichen Unterlagen eine Vereinbarung getroffen worden ist, ein Skonto zu gewähren. Findet sich keine Vereinbarung eines Skontos im Vertrag, ist der Auftraggeber nicht berechtigt, einen Abzug bei Zahlungen vorzunehmen.

In der Praxis finden sich allerdings auf Rechnungen der Auftragnehmer häu- **833**
fig Anmerkungen, dass ein Skonto in Höhe von x % gewährt wird, wenn die Zahlung innerhalb einer genannten Frist erfolgt. Diese Anmerkung in der Rechnung ist auch bei fehlender Skontoabrede im Vertrag ein Angebot des Auftragnehmers an seinen Auftraggeber, ein Skonto zu gewähren. Dies bezieht sich aber bei fehlenden sonstigen Gegebenheiten und bei fehlender vertraglicher Abrede nur auf die Rechnung, auf der sich eine entsprechende Anmerkung befindet.

Zahlt der Auftraggeber bei einer Skontoabrede im Vertrag oder bei einem **834**
Skontoangebot auf der Rechnung innerhalb der vereinbarten Frist, darf er von dem Rechnungsbetrag den vereinbarten Skontoabzug vornehmen. Das bedeutet, dass bei einer Skontoabrede vom Auftragnehmer zunächst der volle Betrag auf der Rechnung ausgewiesen wird. Im Gegensatz zu einem Rabatt ist also kein Skontoabzug bei dem Rechnungsbetrag vorzunehmen, da noch nicht bekannt ist, ob die Zahlung innerhalb der Frist erfolgt.

Zahlt der Auftraggeber nicht innerhalb der Frist, die einen Skontoabzug **835**
rechtfertigt, muss der Auftraggeber den vollen Rechnungsbetrag bezahlen. Zieht der Auftraggeber trotz Überschreitung der Zahlungsfrist Skonto ab, ist dieser Abzug also nicht gerechtfertigt. Der Auftragnehmer muss den Zahlungseingang überwachen und bei ungerechtfertigtem Skontoabzug den Betrag anmahnen.

17.3 Abschlagsrechnung

836 Abschlagsrechnungen können durch den Auftragnehmer an den Auftraggeber gestellt werden, auch wenn die im Vertrag vereinbarten Leistungen noch nicht vollständig erbracht sind. Das Recht, Abschlagsrechnungen zu stellen, ergibt sich aus § 632a BGB. Ist die Geltung der allgemeinen Geschäftsbedingungen der VOB/B vereinbart, ergibt sich das Recht zur Stellung von Abschlagsrechnungen aus § 16 Abs. 1 Nr. 1 VOB/B.

837 Die Höhe der Abschlagsrechnung darf dem Wert der bis dahin erbrachten und noch nicht berechneten Leistungen entsprechen. Der Auftragnehmer muss der Abschlagsrechnung einen entsprechenden Nachweis des Leistungsstandes beilegen. Das ist üblicherweise ein Aufmaß. Hat der Auftragnehmer Bauteile angefertigt oder Baustoffe bereits geliefert, kann er diese ebenfalls in der Abschlagsrechnung als erbrachte Leistung abrechnen. Dafür ist es aber erforderlich, dass er dem Auftraggeber diese Bauteile oder Baustoffe liefert und übereignet.

838 Zu beachten ist, dass in Verträgen Regelungen enthalten sein können, die Abschlagsrechnungen betreffen. Hier können Mindestbeträge festgelegt sein, zeitliche Vorgaben zur Stellung von Abschlagsrechnungen, zum Beispiel monatlich, oder andere Vorgaben. Hierzu gehören auch vereinbarte Zahlungspläne, die zu bestimmten Daten die Abrechnung von bestimmten Zahlungsbeträgen vorsehen. Diese vertraglichen Regelungen sind normalerweise vorrangig vereinbart und zu berücksichtigen.

839 Der Auftraggeber ist befugt, von dem in Rechnung gestellten Betrag auch bei Abschlagsrechnungen Einbehalte vorzunehmen, wenn die Leistung mangelhaft ist. Im Prinzip kann der Auftraggeber auch andere Gegenforderungen einbehalten oder in Abzug bringen, wie zum Beispiel vorausgegangene Überzahlungen. Der zu zahlende Betrag wird nach § 16 Abs. 1 Nr. 3 VOB/B 21 Tage nach Zugang bei dem Auftraggeber zur Zahlung fällig. Es können andere Zahlungsfristen im Vertrag bestimmt werden.

840 Dem Auftragnehmer ist anzuraten, in möglichst geringen Zeitabständen Abschlagsrechnungen zu stellen. Damit verringert er den ausstehenden Betrag für seine geleisteten Arbeiten, reduziert die Vorfinanzierung und erhält Sicherheit über die Liquidität. Mögliche Streitpotentiale reduzieren sich, da der letztlich ausstehende Betrag für die Schlussrechnung ebenfalls durch die Abschlagsrechnungen reduziert wird.

17.4 Schlussrechnung

Die Schlussrechnung wird durch den Auftragnehmer erstellt, wenn alle Arbeiten abgeschlossen sind. Der Auftraggeber soll durch die Schlussrechnung Sicherheit bekommen, welchen Betrag er letztlich für die Arbeiten zu bezahlen hat. Daher muss der Auftragnehmer alle Leistungen aufführen und in die Berechnung des Zahlungsbetrages einbeziehen. Im Prinzip kann man vereinfacht sagen, dass nach der Schlussrechnung „Schluss mit Rechnungen“ ist. Das bedeutet, dass der Auftragnehmer darauf achten muss, dass er alle abzurechnenden Leistungen berücksichtigt. Der Schlussrechnung nachgeschobene weitere Rechnungen führen zu Streit über die Frage, ob dies zulässig ist. Diese Streitigkeiten können durch eine sorgfältige Erstellung der Schlussrechnung vermieden werden. 841

In der Schlussrechnung sind alle Leistungen aufzuführen, die abgerechnet werden. Daher sind auch alle Leistungen anzugeben, welche bereits in Abschlagsrechnungen berücksichtigt worden sind. Hier gibt es meist vertragliche Vorgaben, wie die Beträge und Leistungsnachweise bezüglich vorab gestellter Abschlagsrechnungen in der Schlussrechnung aufzuführen sind. Letztlich besteht eine Schlussrechnung im Prinzip aus allen Nachweisen der ausgeführten Leistungen, der Angabe des Betrages der Vergütung für alle erbrachten Leistungen, also des Schlussrechnungsbetrages, der Angabe aller bezahlten Beträge aufgrund von Abschlagsrechnungen und dem sich damit ergebenden Betrag für die durch den Auftraggeber zu leistende Schlusszahlung. 842

Wenn im Vertrag keine weiteren Regelungen zur Aufstellung der Schlussrechnung enthalten sind, sind in § 14 Abs. 1 VOB/B Vorgaben angegeben. Der Auftragnehmer erstellt die Schlussrechnung nach den Positionen des vertraglichen Leistungsverzeichnisses und verwendet dabei nicht nur die Reihenfolge der Positionen des Leistungsverzeichnisses, sondern auch die Texte der Positionen. Für jede Position werden die Nachweise, dass die abgerechnete Menge erbracht worden ist, beigelegt. 843

Nachträge und andere Leistungen, welche sich nach Vertragsabschluss aufgrund von Anordnungen oder Änderungen des Vertrages ergeben haben, sollten separat in der Rechnung aufgeführt werden. Hier sind die Nachweise so zu führen, wie es bereits in Kapitel 2 angegeben wurde. Wenn sich der Auftragnehmer mit dem Auftraggeber bereits über die Höhe der Vergütung für geänderte oder zusätzliche Leistungen geeinigt hatte, reicht üblicherweise das Aufmaß bei der Nachtragsposition aus. 844

In der Praxis ist immer wieder zu beobachten, dass so genannte „Teilschlussrechnungen“ gestellt werden. Häufig meinen Auftragnehmer damit im Prinzip eine Schlussrechnung, wollen sich aber die Möglichkeit weiterer 845

Forderungen offen halten, falls sie etwas vergessen haben. Eine echte Teilschlussrechnung gibt es aber nur, wenn ein Teil des vertraglichen Leistungsumfangs abgenommen wird als abgeschlossener Teil der Gesamtleistung. Für diesen abgenommenen Leistungsteil kann dann eine Schlussrechnung gestellt werden, die nur einen Teil der Vergütung ausmacht. Bei den nur so genannten „Teilschlussrechnungen" handelt es sich um eine Abschlagsrechnung. Es spricht nichts dagegen, diese auch so zu bezeichnen.

846 Zu beachten ist, dass für die Stellung der Schlussrechnung in Verträgen Fristen zu finden sind, die der Auftragnehmer einhalten muss. In § 14 VOB/B findet sich ebenfalls eine Fristenregelung, welche den Auftragnehmer verpflichtet, abhängig von der Ausführungsfrist innerhalb eines bestimmten Zeitraums die Schlussrechnung zu erstellen. Wenn der Auftragnehmer seine Schlussrechnung nicht innerhalb der Fristen erstellt, kann der Auftraggeber die Schlussrechnung selbst erstellen lassen.

Wichtig!

Wenn die Geltung der VOB/B vereinbart ist, muss der Auftragnehmer beachten, dass nach Erhalt einer Schlusszahlung oder einer Prüfung der Schlussrechnung ein Vorbehalt bei dem Auftraggeber einzureichen ist, wenn der Auftragnehmer nicht einverstanden ist. Der Vorbehalt ist innerhalb von 28 Tagen ab Zugang der Prüfung oder der Zahlung zu erklären. Der Vorbehalt ist innerhalb weiterer 28 Tage zu begründen. Die entsprechenden Regelungen finden sich in § 16 Abs. 3 VOB/B.

Stichwortverzeichnis

Die angegebenen Zahlen verweisen auf die Randnummern.

W

Z